高等院校学前教育专业精品系列丛书

"互联网+" 新形态一体化精品教材

U0621870

幼儿科学教育与活动指导

总主编　裘指挥

主　编　何金明

副主编　阳学文　荣建波　何子玉

　　　　梅　花　翟悸灵

南開大学出版社

图书在版编目（CIP）数据

幼儿科学教育与活动指导 / 何金明主编 . —天津：
南开大学出版社，2018.4（2020.4 修订）

ISBN 978-7-310-05570-8

Ⅰ.①幼…　Ⅱ.①何…　Ⅲ.①学前教育–科学知识–
幼儿师范学校–教材　Ⅳ.①G613.3

中国版本图书馆 CIP 数据核字（2018）第 050240 号

南开大学出版社出版发行

出版人：刘运峰

地址：天津市南开区卫津路 94 号　　邮政编码：300071

营销部电话：（022）23508339　23500755

营销部传真：（022）23508542　　邮购部电话：（022）23502200

*

北京荣玉印刷有限公司印刷

全国各地新华书店经销

*

2020 年 4 月第 2 版　　2020 年 4 月第 2 次印刷

787×1092 毫米　16 开本　14 印张　360 千字

定价：42.00 元

如遇图书印装质量问题，请与本社营销部联系调换，电话：（022）23507125

　　曾子在《大学》中有句名言："致知在格物。""格物"就是要求人们亲历其事，亲操其物，即物穷理，增长见识。"致知"就是求为真知，从推致事物之理中探明本心之知。"格物致知"是"大学之道"的第一个阶梯，它要求人们研究了解每一种事物，以达到知识推究的极点。在 2000 多年的中国教育史中，曾子的这一思想没有得到广泛且深入的实践，以至我国历史上在科学技术领域，尤其在物理、化学、生物领域少有成就。

　　梁启超在《少年中国说》中有段名言："少年智则国智，少年富则国富，少年强则国强，少年独立则国独立，少年自由则国自由，少年进步则国进步，少年胜于欧洲，则国胜于欧洲，少年雄于地球，则国雄于地球。"除了这段名言，梁启超的另一至理名言"人生百年，立于幼学"，对当今的中国教育也不无启发。幼学阶段是人生的关键阶段，幼儿教育是中国强国战略的关键，中国要想在新工业革命中占有一席之地，尤其要做好幼儿科学教育，而幼儿科学教育就是要让幼儿"格物致知"。

　　本书依据《幼儿园教育指导纲要（试行）》的精神和《3—6 岁儿童学习与发展指南》中的相关要求，在借鉴、吸收了当前国内外幼儿科学教育领域的最新研究成果和作者工作体会与感悟的基础上，比较全面地探讨了幼儿科学教育与活动指导的基本理论与实践方法，体现了当今幼儿科学教育改革的成果，实现了与当前幼儿科学教育改革实践的密切结合。本书全面具体地介绍了幼儿科学教育的知识及操作方法，引导学习者结合当前幼儿科学教育改革的现状来思考和分析问题，以培养他们独立思考问题、分析问题、解决问题的方法和能力。

　　具体来说，本书具有以下几个方面的特点。

　　第一，知识全面。本书比较全面、系统地介绍了幼儿科学教育的目标、内容、方法、途径、评价等问题，希望学习者通过对本书的学习，能够对幼儿科学教育活动有一个较为全面的了解。

　　第二，内容生动。本书引用了许多一线幼儿教师在实际教学中的活动案例，以方便学习者通过学习这些生动的案例提高自身对幼儿科学教育活动的组织与指导能力。

　　第三，实践性强。本书向学习者提出了一些涵盖能力范围较广的技能实训要求，如幼儿科学教育目标的分析与设计、问题的提出与设计、活动过程的设计、教学评价的实训等等，希望通过实训来提高学习者分析、解决幼儿科学教育活动中各方面问题的能力。

    本书参考了许多国内外专家、学者的著述及其研究成果，引用了不少一线教师的教育实践案例，由于篇幅有限，未能详尽列出，在此一并对他们表示诚挚的谢意！此外，由于作者水平所限，书中疏漏之处在所难免，恳请各位同行、广大读者批评指正，我们将不断完善。联系电话：010-60206144，邮箱：2033489814@qq com。

编　者

CONTENTS 目 录

CHAPTER **3**

幼儿科学教育的途径与方法

CHAPTER **4**

教学中的幼儿科学教育

CHAPTER **5**

区角中的幼儿科学教育

CHAPTER **6**

游戏与生活中的幼儿科学教育

幼儿科学教育评价

CHAPTER 1

绪 论

关键词

科学；幼儿科学；幼儿科学教育

学习目标

1. 了解科学、科学态度的内涵，掌握科学探究的基本过程。
2. 了解幼儿科学的特点，掌握幼儿学习科学的特点和规律。
3. 理解幼儿科学教育的意义。

内容结构图

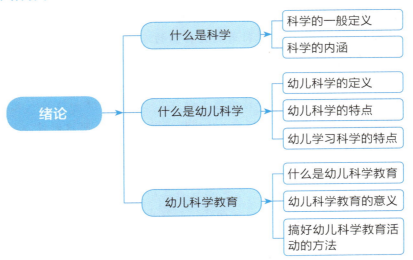

本章第一节主要讨论科学的内涵，即对科学是知识，是过程，是对待世界的一种态度做了一定的分析，并介绍了美国学者第得利列举的 18 种科学态度。第二节主要探讨幼儿科学的定义与特点、幼儿学习科学的特点。第三节讨论幼儿科学教育的意义，以及如何搞好幼儿科学教育活动。本章重点在于理解幼儿科学、幼儿学习科学的特点，掌握科学态度的含义；难点在于理解科学是探索世界、获取知识、发现规律的过程与方法。

 **问题导入**

达尔文小的时候，一次跟妈妈到花园里为小树培土。妈妈说："泥土是个宝，小树有了泥土才能生长。别小看这泥土，是它长出了青草，喂肥了牛羊，我们才有奶喝，才有肉吃；是它长出了小麦和棉花，我们才有饭吃，才有衣穿。泥土太宝贵了。"

 达尔文的这个故事，对于即将成为幼教工作者的你，有什么启发呢？

达尔文问："妈妈，那泥土能不能长出小狗来？"

"不能呀！"妈妈笑着说，"小狗是狗妈妈生的，不是泥土里长出来的。"

达尔文又问："我是妈妈生的，妈妈是外祖母生的，对吗？"

"对呀！所有的人都是他的妈妈生的。"

"那最早的妈妈又是谁生的？"

"是上帝！"

"那上帝是谁生的呢？"

妈妈答不上来了，她对达尔文说："孩子，世界上有好多事情对于我们来说都是个谜，你像小树一样快快长大吧，这些谜等待你去解开它们呢！"

上学以后，达尔文仍然保持着对大自然的浓厚兴趣，他骑马、打猎、钓鱼、采集矿石、捕捉昆虫、钻进树林观察鸟类的习性。对于达尔文来说，整个世界就是一个大问号，要探索、思考的事情实在太多了。他常常边观察边沉思，甚至忘记了危险。

有一次，达尔文一边在一座古堡上散步，一边像往常一样陷入沉思，他心不在焉地迈着缓慢的脚步，突然一脚踩空，从城垛上跌了下来。可这时候，达尔文的神智依然非常清醒，头脑还在思考问题。

分析：

爱因斯坦曾说过："提出一个问题往往比解决一个问题更重要。因为解决问题也许仅是一个数学上或实验上的技能而已。而提出新的问题，却需要有创造性的想象力，而且标志着科学的真正进步。"从达尔文的提问联想到身边的幼儿，我们就会发现，幼儿对多姿多彩的自然界充满好奇，在他们幼小的心里，有很多很多问题需要探索。而作为成年人的我们，应该如何对待幼儿的提问？如何引导幼儿思考呢？这也是幼儿科学教育的基本问题。

提到"科学"两个字，人们的第一反应通常是：那是高深的学问，科学研究只有高智商的人才——科学家才能做到。实际上，科学并非如人们想象的那么高不可攀、深不可测，它无处不在、无时不有，如人们生活中常见的风、雨、雷、电、雾霾，美丽的彩虹、食物的营养成分与热值、服装的化学成分及其舒适度等等，都与科学有关。

在对幼儿进行科学教育时，我们往往会提出这样的问题：什么是科学？幼儿能够学习科学吗？幼儿是否有必要学习科学？应该怎样对幼儿进行科学教育？要解决这些问题，我们首先要对科学有一个基本的认识和理解，尤其是广大幼儿教师，更要建立起正确的科学观和科学教育观。

笔记

第一节 什么是科学

一、科学的一般定义

科学，现代汉语的解释是分科而学之意，后指将各种知识通过细化分类研究，形成逐渐完整的知识体系。1979 年出版的《辞海》中写道：科学是关于自然、社会和思维的知识体系……是实践经验的结晶。它是有关发现、发明、创造与实践的学问，是人类探究、感悟宇宙万物变化规律的知识体系的总称。

科学与人类生活息息相关，我们的吃、穿、住、行，日常所见的日、月、星、云等自然现象，都与科学紧密相关。但是，对于没有科学知识的人来说，很多自然现象他们是解释不清楚的，因而觉得自然界是神秘的、未知的。我们生活中还有许多困难需要人们去解决，如疾病、垃圾、清洁的水源；我们生活中的事物还有许多需要人们去探索，如水果的存贮保质、自然灾害的管控、雾霾的形成；我们生活的地球、宇宙还有许多未知的、神秘的现象需要人们去研究，如量子、黑洞、臭氧空洞、光的控制，等等。这些都是需要研究的科学问题。

科学通常可以分为自然科学、社会科学和思维科学，现在又出现了"软科学"一说。研究大自然中有机或无机事物和现象的科学，如天文学、物理学、化学、生物学等，被称为"自然科学"。用科学的方法研究人类社会种种现象的科学，如经济学、政治学、法学、伦理学、历史学、社会学、心理学、教育学、管理学、人类学、民俗学、新闻学、传播学等，被称为"社会科学"。本书所说的科学主要是指自然科学且未包括数学。

二、科学的内涵

动态的科学观认为，科学不仅是知识体系，而且应该包括动态的知识生产过程。动态科学观启发我们，把科学教育仅仅看作对传统科学知识的认知是狭隘的，科学教育应该是培养能够参加科学活动的人，要通过科学活动育人，使儿童学会探索未知，发现真理，培养儿童运用科学知识、科学方法来了解环境、关心社会、解决问题的良

好习惯，使他们不断探求进步，并具有乐观、坚定的科学精神。因此，从科学教育的角度出发，我们应该从以下几方面来理解科学的内涵。

（一）科学是反映客观事实和规律的知识体系

"科学是知识体系"是人们对"科学"内涵最为常见的一种理解。人类通过长期的生产、生活实践和科学实验去认识自然、认识社会，并逐步将其所获得的正确认识和探索到的规律分门别类，形成一定的具有完备性的知识体系，这种知识体系具有真理性、经验性和可重复性。

1. 科学知识的真理性

真理，即客观事物及其规律在人的头脑中的正确反映。科学知识的真理性是指科学知识必须符合客观事实，它是对客观世界的真实反映。任何不能正确反映客观世界的知识，或是与客观事实不符的理论、解释，都应排除在科学知识之外。

随着科学技术水平的发展与提高，人类对事物及其规律的认识在不断地深入和完善。也就是说，人们对事物的科学认识并不是一成不变的，而是不断发展、变化的，过去认为是正确的、科学的知识完全可能被新的事实所否定或推翻，科学正是在不断否定和肯定的过程中得到发展的。因此，我们不能把科学知识的真理性误认为科学就是对世界的固定不变的"正确"解释，事实上，科学知识的真理性并不是绝对的。比如，人们对物质燃烧条件的最初认识是燃素，后来拉瓦锡发现并从空气中分离出氧气从而否定了"燃素说"。再如，人类对宇宙的认识经历了由"地心说"到"日心说"再到宇宙学的过程。人类早期认为地球是宇宙的中心，太阳围绕地球转，直到哥白尼提出"日心说"。而今天，我们认识到，太阳作为一颗恒星，也不是静止不动的，太阳也不是宇宙的中心，而是宇宙中一个微不足道的成员。因此，科学的真理性是相对的，人类对自然的认识是一个不断修正自我的发展过程。

2. 科学知识的经验性

科学知识的经验性是指科学知识来源于人类经验性的活动，而不是任何人的主观臆断。所谓经验性，就是人类在长期的生产劳动实践活动中，通过观察、操作、实验、收集和整理客观信息，并在此基础上进行分析、判断、推理等思维加工，发现的一定的规律。达尔文说："科学就是整理事实，从中发现规律，作出结论。"

科学知识的经验性强调的是客观的事实证据。因此，那些通过主观直觉获得的未经证实的"感悟"，或者某些权威人物的论断，以及那些打着科学旗号的"伪科学"知识，都不是建立在客观事实证据基础之上的，因而也都不是科学知识。

同时，我们也不能把科学知识的经验性狭隘地理解为个人的亲身经验。那些记录在书本上的科学知识，是人类长期生产生活实践经验的总结，对我们来说是一种宝贵的间接经验，也是我们获得科学知识的重要途径。

3. 科学知识的可重复性

科学知识的可重复性，是指科学知识是可以验证的、规律性的知识，应该经得起实践的检验。在相同的时空背景下，无论何人在何时何地重复某一实验，都能得到同样的结果，就说明这一结论是经得起验证的，是科学的。如水在100℃时沸腾，到0℃时结冰；向上抛出一物体，该物体会落回地面等，由这些自然现象得出的科学知识都是可重复的。

(二) 科学是探索世界、获取知识、发现规律的过程与方法

把科学理解为知识体系是从静态的角度来看的，但是"科学"不仅仅是一个名词，更是一种过程，它是人们探索世界、获取知识、发现规律的过程与方法。

（1）科学知识的获得需要经历一定的科学过程，并运用适当的科学方法。科学探索过程，即系统收集知识的过程，包括观察、分类、运用时空、确立关系、数量化、测量、交流、实验、控制变量、解释数据、下定义等方面的内容，通常可概括为六大步骤：发现问题、提出假设、设计实验、开展实验、不断总结、得出结论。在这些活动过程中，人们需要运用观察、质疑、假设、实验、抽象与概括、求同与求异、分析与综合、归纳与演绎等方法。

（2）科学不仅表现为结论的科学性，更表现为过程的科学性。人们的科学认识并不是一成不变而是不断发展、变化的，科学技术的发展，新技术、新工艺、新方法的运用，为人类更深刻更全面地认识世界、发现规律提供了丰富的思想和先进的技术。从过去的肉眼观察，到光学显微镜的应用，再到电子显微镜的应用，工具改进了，观察的结果可能就更精确了，这样过去认为是正确的、科学的知识可能被新的事实所推翻、否定，被新的认识、新的理论所取代。

科学知识虽然有可能被推翻，但获得科学知识的基本过程却是一直存在和长期起作用的。从某种意义上说，科学的客观性不仅在于其认识结果的客观及科学知识符合客观实际，更在于其过程的客观性，即在可观察的客观事实基础上进行合乎逻辑的推理，并将推理的结果进行验证。正是科学认识过程的科学性保证了科学知识的客观性。

随着科学技术的进步和科学研究手段、方法的日益更新，科学过程也日益复杂起来。但是，科学探究的基本过程却是相对稳定的。

科学探索的过程能改善一个人的思维方式及其解决问题的方式，培养人的能力、思维，优化人的行为习惯。科学研究的结果固然重要，但是，获得好结果的方法却更为重要，因此，只有认识"科学过程""科学方法"，才有可能全面把握科学的含义。由此可见，科学不仅表现为结论的科学性，更表现为过程的科学性、方法的科学性。美国学者威廉和玛丽指出，科学的本质就是模式建构的过程，是建构能够解释未知世界本质的心理影像的过程；思考、解决问题和形成概念是科学的全过程。我国学者赵学漱等人也认为，科学是一种不断前进和自我矫正的探究过程。

笔记

（三）科学是人类关于世界的看法和态度

科学是一种世界观，是人类关于世界（包括对科学活动和科学知识本身）的基本看法和态度。

1. 科学是关于世界的看法

20世纪90年代，美国科学促进协会在《面向全体美国人的科学》一书中提出，"科学世界观"的内涵应该包括以下四点[①]。

（1）世界是可以被认知的。科学认为世界上的万事万物都是有规律的，因而也是可以通过系统的研究加以认识的。即使是那些暂时无法解释的所谓"神秘"现象，也一定是受某种客观规律的支配，只是由于受到目前客观条件的制约，现在还无法解释，但将来也是可被认识的。

（2）科学认识是可以改变的。科学是获得知识的过程，在这个过程中，对原知识的改正甚至抛弃是正常的。没有尽善尽美的科学解释，只有不断修正的科学认知，只有这样才能使科学更具真理性。

（3）科学知识是持久的。尽管科学知识是可以改变的，但是这种改变并不是全盘抛弃。科学认识的发展具有持续性。换言之，新的知识往往是对旧有知识的修正和补充。

例如，历经20年的时间，哥白尼在不同的时间、不同的距离从地球上观察行星，每一个行星的情况都不相同，这使他意识到地球不可能位于行星轨道的中心。接着他又发现唯独太阳的周年变化不明显，这意味着地球和太阳的距离始终没有改变。如果地球不是宇宙的中心，那么宇宙的中心就是太阳。因此，哥白尼立刻想到如果把太阳放在宇宙的中心位置，那么地球就该绕着太阳运行，于是他提出了著名的"日心说"。

（4）科学不能为所有的问题提供完善的答案，不是所有的问题都能够通过科学来解决。对于那些涉及价值判断的问题，科学是无能为力的。例如，科学可以帮助人们认识世界，却无法决定人们如何运用它。

2. 科学是一种态度

一个具备了科学世界观的人，无论在对待哪种具体的事物时，他都能表现出科学的态度。科学态度是科学世界观的具体表现。

（1）美国学者第得利（P.B.Diederich）列举的18种科学态度[②]

①怀疑：不要对任何事情都认为理所当然，要问为什么；

②信任解决问题的可能性：相信任何问题都是可以解决的；

③渴望实验的证实：主张用实验来证明各种想法；

---

① 美国科学促进协会.面向全体美国人的科学[M].中国科学技术协会，译.北京：科学普及出版社，2001.

② 张俊.幼儿园科学教育[M].北京：人民教育出版社，2004.

④精确：用精确的试验而不是含糊不清或感情化的方式表达；

⑤喜欢新事物：对新生事物采取支持的态度；

⑥愿意改变意见：在可信的证据面前乐意改变自己的意见；

⑦谦虚：相信很多事情都是难以确定的，因此对未经证实的想法不过于自信；

⑧忠于真理：即使发现自己过去所下的结论是错误的也不感到羞耻，而是忠于事实；

⑨客观：不是凭自己的喜恶而是用事实来证实一件事；

⑩不迷信：对怪异的事情努力寻找科学的解释；

⑪渴望知识的完整性：努力寻求知识之间的普遍联系；

⑫保留判断力：对于别人的既定结果不急于表态，而是保留到自己调查清楚之后；

⑬区分假设和解决问题：知道假设是需要检验的，它不等于解决问题；

⑭假设的觉悟：对一个问题要不断地提出假设；

⑮判断的普遍性：相信通过科学实验得出的判断具有普遍的说服力；

⑯尊重理论：认识到科学理论的重要性；

⑰量化的习惯：喜欢用数字表达事物；

⑱接受概率的概念：认为自然界中很多事物的发生是随机的。

（2）美国科学促进协会颁布的"2061计划"提出的儿童需具有的科学态度

①好奇心：善于提出问题，并且积极地去寻求答案；

②尊重实证：思路开阔，积极主动地考虑不同的、有冲突的实证；

③批判地思考：权衡、观察和对观察到的事实进行评价；

④灵活性：积极主动地接受经证实的结论和重新考虑自己的认识；

⑤对变化世界敏感：有尊重生命和环境的觉悟。

科学探索过程中的科学精神、科学态度，也是科学的重要组成部分。科学精神是指由科学性质所决定并贯穿于科学活动之中的基本的精神状态和思维方式，它是人们在长期的科学实践活动中形成的共同信念、价值标准和行为规范的总称，是体现在科学知识中的思想或理念。科学精神一方面约束科学家的行为，是科学家在科学领域内取得成功的保证；另一方面，它也逐渐地渗入普通大众的意识深层，成为一种有坚持力、不怕困难、不辞辛劳、勇于创新的精神。

综上所述，人们可以给科学的内涵做一个全面的解释：科学是人们对客观世界的一种正确认识和知识体系，同时也是人们探索世界、获取知识的过程与方法，还是一种世界观、一种看待世界的方法和态度。只有正确认识与理解科学的内涵，才能形成正确的幼儿科学教育观，只有在正确幼儿科学教育观的指导下，人们才能正确地组织、开展幼儿科学教育实践活动。

第二节　什么是幼儿科学

一、幼儿科学的定义

与"科学"的内涵相对应，幼儿科学观有静态与动态之分。静态的幼儿科学观认为，幼儿科学就是与幼儿有密切联系，易于为幼儿所理解、接受的有关自然科学和渗透于社会生活的科学技术产品的普通知识。与此相对应的，幼儿科学教育就是科学知识的传授与学习。动态的幼儿科学观认为，幼儿科学是一种积极的探究、科学的认识和一种创造性的思考，他们将幼儿对周围的环境好奇、发问、观察并对现象进行解释这一过程称为"幼儿的科学"。可见，动态的幼儿科学观认为，幼儿科学不仅是指"普通知识"，更是指对"普通知识"所展开的探究。

二、幼儿科学的特点

幼儿科学不同于成人科学，幼儿有自己的"科学"。幼儿的科学是一种动态的、以探究为核心的科学。对幼儿"科学"是的正确认识，是我们对幼儿进行科学教育的前提。只有理解了"幼儿科学"的独特性，才能使幼儿的科学教育真正符合幼儿的年龄特点，并发挥其独特的价值。

（一）幼儿的科学探索与解释根植于生活经验

著名心理学家皮亚杰（J. Piaget，1971）认为，儿童是主动积极的个体，知识的求得是儿童与环境交互作用的结果，儿童透过感官经验来探索周围所发生的现象。耐森（Nelson）认为，儿童的认知过程镶嵌于他们的日常生活情境之中，儿童获得真实世界的知识几乎全部来自直接经验，主要来自对自身经验所做的解释，而非来自其他渠道，儿童不间断且非常用心地重组第一手经验与资料。王美芬（1993）研究发现，儿童对生命现象的解释用语，大都是从经验知觉而来的。王美芬在儿童呼吸和消化作用的认知研究中发现，儿童初步接触新刺激时，大都以经验来获得知识。王春奎和钟静的研究发现，儿童对速率概念的判断依据乃植根于生活经验。针对儿童空气概念的研究发现，儿童受生活经验与感官知觉的影响甚巨，他们以生活中所经历和感觉到的特征与功能来解释空气。[①] 由此可知，儿童的心智活动受限于平常的生活经验，他们会将与物体关联的各种印象或不同经验相联结，纵使它们之间并无共同点。

例如，冬季天气较冷，外婆反复告诉三岁的小玲：冬天的水很冷，即使热水也很

[①] 张维倩. 儿童科学学习的心理年龄特征研究综述 [J]. 学前教育研究，2007（1）.

快会冷，冬天喝冷水对身体不好。所以冷水要经过加热才能喝。当小玲看到妈妈给小狗喝冷水时，她会对妈妈说："妈妈，不能给狗狗喝冷水，要先加热才能喝。"于是，妈妈把勺子里的水让小玲用手测试，让她感受水的温度。

在这里，幼儿对冷水、热水的概念就是在生活中建立起来的，他们还学会了用手的感觉来确认水的温度，这就是"幼儿的科学"。幼儿在思考并试图解释自然界中的现象时，会根据过去的生活经验和当前观察到的事实，对自然现象做出自己的判断，尽管有时这种判断是错误的。

（二）幼儿的科学是一个自我建构的过程

幼儿的科学也不是一成不变的，它同样经历着一个不断变化的过程。儿童在大脑中组织外部信息的方式取决于多种因素，包括他们个人的经历、气质、个性以及文化。当这些因素结合起来时，每个儿童就形成了自己独特而持久的关于世界及其变化的理论。随着生活经验的丰富，幼儿对周围事物的认识也会不断改变。当这些直接或间接的经验与幼儿已有的认识发生冲突时，他们对事物的认识就会发生改变，这也是一个知识建构的过程。如某位五岁女孩有一天突然对妈妈说："我知道天上的星星为什么眨眼睛了。"妈妈很奇怪，因为从来没有人教过她。而孩子的解释则更令她奇怪："因为每颗星星上都有一个人，拿手电筒对着我们一会儿开、一会儿关。我们在地球上看，就好像是星星在眨眼睛。"这名幼儿的解释似乎离科学很远，与其说这是科学，还不如说是幻想。但是，这正是"幼儿的科学"。幼儿常常会对自然界的现象表现出好奇，并且通过自己的思考得到一个解释，尽管这个解释并非建立在事实的基础上，而是其主观想象的结果。

（三）幼儿的科学是对世界的独特理解

幼儿的科学是一种不完善的认识，是一种发展中的认识，同时也是一种独特的认识。幼儿难以从多个角度去认识事物，他们只能从自己的观察角度出发，获取一些表面的信息。同时幼儿也不能区分主观的体验和客观的信息，即主观感受与客观观察结果之间的区别。由于幼儿的科学带有主观色彩，具有想象的性质，他们往往从自己喜欢的意愿出发来解释事物。就像幼儿看到小船浮在水面上，他们会认为那是小船很勇敢。这是因为幼儿分不清主观想象和客观现实。他们相信自己的假想，认为这就是真的。同时幼儿也常常处于游戏的情景中，他们在一个假想的情景中观察着现实，探索着科学。比如"好心的狮子""盖房子的小猪""蔬菜奶奶""西红柿宝宝""南瓜爷爷"等，这些具有想象性质的虚假概念，在幼儿的世界里却是真实的、有趣的，这就是幼儿的科学。随着时间的推移，幼儿思维中主观想象的成分会慢慢减少，他们对事物的认识会更趋向于客观现实。

笔记

三、幼儿学习科学的特点

热爱探索、执着探究是科学家的共同特质，幼儿也是这样的。来到这个一切都是陌生的、未知的世界，他们有太多太多的"为什么""怎么样"需要解答。《幼儿园教育指导纲要（试行）》强调，应尽量创造条件让幼儿实际参加探究活动，使幼儿感受科学探究的过程与方法，体验发现的乐趣。探究是幼儿主动进入客观世界，从自身的经历、周围的事物和教师创设的环境中去主动观察、尝试操作、发现问题和解决问题的过程。因此，探究既是幼儿科学学习的目标，也是科学学习的方式，幼儿科学学习要以探究为核心。幼儿对于事物现象的解释受其经验、认知特点和思维水平的限制，常常具有自我中心和拟人化色彩，获得的知识具有非科学性。幼儿科学学习有其区别于其他年龄人群的特点，幼儿教师只有先认识并把握住这些特点，才能正确有效地针对幼儿开展科学教育活动。幼儿学习科学的特点如下。

（一）富于好奇心

富于好奇心是幼儿的一大心理特征。由于阅历少，知识经验贫乏，幼儿对接触到的新鲜事物，往往爱提"是什么"和"为什么"的问题。例如，"为什么鱼要生活在水里？""为什么夏天热、冬天冷？""为什么爸爸有胡子，而妈妈没有？""我是从哪里来的？"等。这些问题表明幼儿已经有了活跃的思维。再如，有的幼儿会趴在地上看蚂蚁怎样搬东西；有的幼儿会把闹钟拆开，看看是什么东西让钟表每天走个不停，等等。这些行为正是幼儿好奇心的表现。

著名科学家爱迪生在回答别人提出的他为什么会有那么多创造发明时说："我没有什么特别的才能，不过喜欢寻根刨底地探究问题罢了。"在爱迪生的童年和少年时期，正是由于母亲保护并支持了他的好奇心，热情地鼓励、启发、引导他，他才取得了极大的成功。这说明了，只有在得到鼓励、启发和引导的情况下，幼儿的好奇心才能得到培养，才会进一步发展成为幼儿认知的兴趣，而浓厚的认知兴趣又是幼儿求知的"发动机"，它与幼儿的愉快情感紧密相连，并有一种神奇的力量，能使幼儿乐不知倦地学习、探索，从而走进知识的殿堂。对待幼儿的好奇心和好问行为，教师一定要采取积极鼓励的态度，莫因嫌麻烦、责怪、置之不理等行为将幼儿的求知欲扼杀在摇篮中。此外，由于幼儿的好奇心往往缺乏明确的目的性，因此老师要积极予以引导，尽量给幼儿提供方便，使幼儿的求知欲得到满足。

（二）所提问题多是人类需要探索的科学问题

幼儿多好奇，且会因为好奇而会产生各种问题。尤其是到了 3 岁，幼儿已经具备了一些个性和特点，他们在认识事物的时候，也就是在思维方面，会表现出直觉行动思维这个特点来。他们凭着感知觉，凭着动作去认识事物、认识世界、积累经验。

比如，面对窗外的风雨雷电，幼儿会问："为什么会刮风呀？""为什么会下雨呀？""为什么会打雷呀？""为什么会打闪电呀？"当看到小兔子吃草时，他们会问"小兔子为什么要吃草？"等等。幼儿的好奇心还表现在好动。新买的汽车玩具，他们不仅会玩不释手，甚至有的幼儿会将其拆开，以搞明白是什么东西使小汽车能自动地跑。这时成人不要认为幼儿是在故意搞破坏，相反，他们正是在好奇心的驱使下才会有这样的探究行为。

美国宾州大学的艾福柯（Aifke）教授将自然科学的常见问题分为理论性问题和操作性问题两大类。其中，理论性问题是幼儿在好奇心驱动下常会问到的问题，是需要高度理论知识才能回答的问题。这些问题有的是一般人也难以回答的问题，有的则是幼儿难以理解和认识的问题。如"小鸟为什么能飞"就是一个涉及空气动力学的问题，且该问题也是科学家正在探索研究的问题，所以说幼儿提出的是一个问题也是人类需要探索或已经认识的基本科学问题。让幼儿产生疑惑的问题在本质上与科学家的问题并无太大的差异，不同的只是科学家们在以专业的方式从事幼儿自然而然在做的事，寻找着幼儿最关心问题的答案。

幼儿科学小知识
来源：新浪网

（三）幼儿以尝试错误来解决问题

皮亚杰认为，探索性行为是促进儿童发展的重要因素，儿童是一位主动的学习者，在知识建构的过程中，他们必须凭借与事物的接触和经验的累积，促进其个人的认知发展，因此他强调"尝试错误"的重要性。在学习的过程中，幼儿需要通过不断的探索来积累经验，他们以动作和行动来认识外界的事物，以尝试错误的方式来解决问题，并凭借听、看、触摸来发现问题从而得出结论。

心理学的研究证明：幼儿的年龄特点决定了他们对物质世界的认识还是感性的、具体形象的，其思维常常需要通过动作来展现。他们对物质世界的认识还必须以具体的事物与材料作为中介和桥梁，并在很大程度上借助于对物体的直接操作。

在解决问题的过程中，幼儿和科学家一样，也使用科学探究法，只是不自觉而已（表1-1）。然而，由于受到经验水平和思维特点的限制，幼儿探究解决问题的过程和方法具有很大的试误性。他们对事物特点的认识和对事物间关系的发现需要多次且长时间的尝试，不断排除无关因素，才能接近答案。

表1-1 科学家的探究与幼儿的探究比较

项目	科学家	幼儿
探究兴趣	长不大的孩子	与生俱来的好奇心
探究性质与结构	处于一定的历史阶段，选择自己熟悉、感兴趣的研究内容	处于教师设定的环境和材料之中，按照自己的想法去支配材料

笔记

续表

项目	科学家	幼儿
探究的程序与环节	面对的是人类的未知；在前人研究和自身观察的基础上进行假设和推论，文献资料非常重要；将成果公之于众，人类共享	人类已知而他们未知；在自身经验和观察的基础上进行假设；简约再现各科学的发现过程；只在同伴、师生之间分享和交流

（四）幼儿所获得的知识经验具有"非科学性"

受原有经验和思维水平的影响，幼儿形成了他们所独有的"天真幼稚理论"和"非科学性"的知识经验。幼儿在探索和认识事物过程中所表现出的不合乎成人逻辑的想法和做法，在他们已有经验和认知结构上却是极其合理的，是合乎他们"自身逻辑"的。幼儿对事物的认识不能抓住其本质特征，对事物及其关系的认识和解释只是根据自己具体接触到的表面现象来进行的。

幼儿总是用"儿童独特的眼光"来看待事物及其关系。他们的解释往往具有"人为的"和"万物有灵论"的色彩，还不能客观地解释自然事物和现象及其关系。幼儿在认知发展上的这种局限性决定了他们无法获得完全客观的认识，不能像中小学生那样学习真正的科学概念，而只能获得一些有关周围物质世界的经验，学习一些浅显的科学知识。

幼儿教师常常在托班和小班中使用"蔬菜奶奶""南瓜爷爷"这种拟人化的称谓，是由于托班、小班幼儿的心理发展不成熟，他们对世界的认知较天真，认为世界上万物都是有生命的，是和他们一样会说话、知冷暖的。当幼儿出现分离焦虑或注意力不集中时，教师往往采用这样一种拟人化的称谓来安抚幼儿的情绪或吸引幼儿的注意力。例如，当初入园的幼儿出现分离焦虑时，教师就会告诉幼儿："瞧，你的小熊宝宝和你一起来上学了呢！"教师就是运用这样一种"拟人化"的教育方式，借助幼儿熟悉的动物形象"××宝宝"来调动幼儿积极的情绪体验，消除焦虑，从而为幼儿营造出相对宽松、安全的心理环境。此外，一些教师认为由于托班、小班幼儿年纪小，心理发展不成熟，当问题出现时不大可能通过讲道理的方式让其明白，因此教师也往往采用拟人化的称谓对幼儿进行道德教育。例如，教师为了尽量不让小班幼儿将幼儿园积木带回家，便告诉幼儿："别拿积木回家，积木宝宝会想妈妈的。"通过这样一种方式，幼儿教师将抽象的大道理变得易于接受和认可。

这种实物拟人化的称谓抽象的事物变成了幼儿具体、可感的艺术形象，激发了幼儿的"泛灵心理"，从而让他们把外物同化到自己的活动中去，让幼儿自然而然的转变了思想，提高了从事活动的兴趣。因而，"拟人化"这种"非科学性"的教育在托班、小班教育中有其存在的意义。

第三节 幼儿科学教育

一、幼儿科学教育的内涵

秉持动态的幼儿科学观，我们可以把幼儿科学教育解释为：是对幼儿进行的科学启蒙教育。它是通过幼儿自身活动对周围物质世界（包括自然界和人工自然）进行感知、观察、操作，发现问题、寻求答案的探索过程；是幼儿获取广泛的科学经验，主动建构表象水平上的初级科学概念，初步学习科学方法与技能，培养科学态度和科学精神的过程；是发展幼儿好奇心，使其产生学习科学的兴趣，培养幼儿良好科学行为、习惯的过程。概括地说，幼儿科学教育是对幼儿进行科学素质的早期培养。

二、幼儿科学教育的意义

20 世纪 90 年代，我国提出了"科教兴国"的战略口号，把普及科学文化教育和提高国民素质作为实现我国经济、社会持续发展的战略目标。幼儿科学教育是幼儿素质教育的重要组成部分，幼儿科学教育是提高国民素质的起点，对社会发展及幼儿个体的发展都具有重要意义。

(一) 对社会发展的意义

英国《经济学家》杂志编辑保罗·麦基里（Paul Markillie）在给《经济参考报》记者的邮件采访回信中指出，制造业数字化将引领第三次工业革命，智能软件、新材料、灵敏机器人、新的制造方法及一系列基于网络的商业服务将形成合力，产生足以改变经济社会进程的巨大力量。因此，各国纷纷推出以培养科技英才为目标的科学教育计划，作为增强自己竞争实力的重要手段。很多国家，特别是发达国家，又认识到，仅仅靠少数科技人才是不行的，要从根本上提高整个民族的科技素养，就必须实施面向大众的科学教育。

麦基里还指出："制造业对一个国家及其经济来说都是至关重要的……新型制造业将创造出新的工作岗位。""中国或是其他国家，在迎接第三次工业革命时，最重要的一项准备就是提高工人的技能水平。"因此，2015 年 5 月 8 日，中国政府发布实施了制造强国战略的第一个十年行动纲领——《中国制造 2025》，提出了坚持"创新驱动、质量为先、绿色发展、结构优化、人才为本"的基本方针。

无论是科技人才的培养，还是公民整体科技素质的提高，都绝非一日之功，而是需要长期的努力。人生早期奠定的基础，对将来科学素养的发展具有重要意义。幼儿科学教育作为科学教育的基础，其教育对象的年龄特点，决定了幼儿科学教育的超前性，进而表现出对于社会发展的长远和潜在的意义。幼儿科学教育没有也不可能直接培养科学技术人才，但从长远来看，它所奠定的是未来一代人的科技素质基础，从这个摇篮中，将诞生符合未来科技社会需要、保证社会可持续发展的高素质公民。所以说幼儿科学教育为社会生产力的提高、民族的强盛和综合国力的增强，以及可持续性发展人才的培养奠定基础。

（二）对个体发展的意义

1. 促进幼儿认知能力的发展

根据现代脑科学的研究成果，我们知道学前期是幼儿神经系统和脑发育最快的时期，也是幼儿身心发展的最佳期、敏感期。这一时期的教育对人的认知能力（尤其是智力）的发展具有重大作用，也是发展幼儿认知及智力的必要条件。皮亚杰认为儿童的思维起源于动作。在整个学前时期，儿童处于直觉行动和具体形象思维阶段，幼儿的直接感知与事物的具体形象是儿童思维的重要支柱。由于幼儿的生活、知识经验都比较贫乏，认识水平较低，思维处于直观形象阶段，因此，他们的大多数认知活动都需要通过感官来对客观事物进行直接感知，从而获得对客观事物的粗浅认识。幼儿科学教育活动的内容应来自幼儿生活，来源于变化无穷的客观世界，能够给幼儿的大脑带来强烈的、丰富的、良性刺激，促进其大脑神经细胞功能的开发，使更多数量的

科学教育要从
娃娃抓起
来源：百度视频

脑细胞处于激活状态。幼儿科学教育是幼儿思维的"实验室"，科学活动为幼儿创设了丰富的感知环境，从客观上锻炼了幼儿的感知能力。科学教育内容的趣味性和生活化，为幼儿打开了探索未知世界的大门，充分满足了幼儿的好奇心，吸引了幼儿的注意力，培养了幼儿学习和探索的兴趣，促使其心理活动由无意性更好地向有意性发展，锻炼了幼儿的自控力，培养了他们学习的坚持性，促进了幼儿身心的和谐发展。

2. 是幼儿获取科学经验及方法的主要途径

早期科学经验是指年幼儿童以自身的感觉器官直接接触周围世界所获取的感性经验。这类经验对于年幼儿童是十分重要的，它将帮助幼儿认识、理解、解释周围和自身，从而适应周围世界，增强自我保护能力。

幼儿科学教育为幼儿提供了有关生物、物理、化学、天文、地理、人体、科技产品等多方面的科学现象，使幼儿与各种事物或自然现象直接接触、相互作用，从而获取广泛的早期科学经验。在科学教育的连续过程中，幼儿学习了运用各种感官去获取经验，学会分类简化信息，学习通过测量，使所获得的信息精确化。科学教育活动因教具的直观性和可操作性，更适合幼儿。幼儿在不断感知、操作、摆弄对象的过程中，学会了主动探索，进而增加了自己学习科学技术的可能性。因此，我们说幼儿科学教育是幼儿获取科学知识经验和方法的主要途径。

3．有利于培养幼儿的创新素质

在知识经济时代，创新与智力资本对民族进步、国家发展产生着极为深刻的影响，企业之间的竞争也越来越依靠新观念、新思想、新技术、新方法，创新成为相关机构获得竞争力的关键性因素。20 世纪中后期，众多学者开始关注创新，并对创新进行了富有开创性的研究。进入 21 世纪后，科技发展更加迅猛，国家之间的较量已经成为科技力量的较量，也就是创新人才的较量。

培养国民的科学素养及创新能力是时代发展的需要，也是个体成功和成才的关键。心理学研究表明，婴幼儿期是科学创造力发展的关键期。3~6 岁的幼儿往往好奇、好问、好动、好模仿、好探索；思维十分活跃，情绪易受感染；想象丰富、大胆；可塑性强。科学教育应该贯穿于整个基础教育过程之中，而幼儿园作为基础教育的奠基阶段，也应该高度重视科学教育。幼儿园科学教育作为终身教育的起步阶段，为幼儿创造了良好的环境氛围。广泛而有趣的科学教育内容、丰富多样的物质材料、宽松的探究氛围等在幼儿创造力的培养与发挥中起着重要的作用。幼儿园科学教育十分强调幼儿科学态度、科学情感、科学方法的培养，它遵循幼儿身心发展的规律，针对幼儿的认知特点，以幼儿为主体，形成发现式、探究式的教育活动，鼓励幼儿在"做中学"，充分调动了幼儿的积极性、主动性和创造性，有助于幼儿创新素质的培养。

4．有利于幼儿语言表达及其合作交往能力的提高

幼儿科学活动带领幼儿走进了奇妙无穷、丰富多彩的未知世界，让他们兴奋激动。每一次科学活动的发现和收获，都为幼儿积累了丰富的经验，提供了语言交流的素材。在认识自然的过程中，幼儿常常会问："这是什么？""那是什么？""它是怎样长大的呢？""它的叶子怎么是红色的？"幼儿的提问、回答和请求，幼儿间的陈述、商量、指示和命令，及其对事物的评价等，使他们想说、能说、会说、有得说。此外，在活动中，幼儿动手进行操作，合作开展实验，共同游戏，共同劳动、参观、游览，使自己的社会交往与合作能力得到了明显提高。

5．有助于充分发展幼儿的个性

幼儿对周围的一切都具有天生的好奇心。这种好奇心常常表现为对周围世界的注视、跟踪、观察、提问与操作等。好奇心是幼儿学习的内驱力和学习获得成功的先决条件，在幼儿形成对周围世界的积极态度中起着重要作用。幼儿园科学教育为幼儿提供了多种多样的有趣的科学活动，切实满足了幼儿的好奇心；再加上教师对活动的恰当指导、鼓励和支持，幼儿便会在好奇心的驱使下产生对事物持续的、较稳定的兴趣，从而保证自己在较长时间内专心致志于科学活动。

积极的自我概念和充分的自信心，来自于幼儿对自我能力的感受和认识。儿童早期对自己能力的良好感觉虽然会受成人的影响，但更重要的是其内部的感受。怀特曾说过："无人能授予儿童有能力的体验，谁也不能给予别人有能力的感受。"幼儿教

师所能做的，只是为幼儿变得有能力提供更多机会，允许幼儿自己决定使用什么方法，独立地与客观世界相互作用，自主地去感知、去操作、去探索。一旦幼儿有所发现或成功地解决了某个问题，他们就会充满愉悦感、满足感和成就感并感受到自己是有能力的。各种各样的科学活动，给予不同能力的幼儿在自己的水平上显示能力的可能性，为幼儿提供了独立、自主的发展机会。科学活动的实践证实了幼儿能在有趣的科学探索过程中有所发现，获得成功，从而促进自己自信心、坚持性、独立性、自主性等良好科学品质的发展。因此，我们可以说：幼儿园科学教育与未来社会人才素质的培养与提高紧密相连，其重要意义在于促进未来人才科学素质的早期培养和人的整体素质的发展。

三、搞好幼儿科学教育活动的方法

（一）选择适合的教材，合理、科学地设计活动

教师在选择教学材料的时候要根据幼儿年龄段的认知水平来进行，在设计活动的时候还要认清该阶段幼儿的科学发展目标，知道幼儿要认知什么、达到什么样的水平、培养哪些能力等。只有具备了明确的目标，才可以有的放矢地设计科学教育内容，有条不紊地开展科学教育活动。

（二）为幼儿准备充分的材料

在开展科学教育活动前，教师要先为幼儿提供丰富的材料，为他们运用多种感官、多种方式进行探索提供条件。比如，在"认识磁铁"活动中，教师要为幼儿准备大小不同的磁铁，铁板、塑料板、木板、纸板、玻璃板等，金属材料和非金属材料，让幼儿自己在操作过程中总结经验，探究发现材料的质地与能否相吸之间的关系。为了使每个幼儿都有探究的条件和可能，教师应该为幼儿提供足够的材料，使幼儿能够运用多种不同的方法进行研究和探索。

（三）灵活运用多种教学方法与策略

科学教育的内容丰富多彩、神奇有趣，教师要充分发挥科学的魅力，根据幼儿的年龄特点、活动内容、活动材料，通过多种途径、方法与策略，巧妙地组织科学教育活动。教师还要激发幼儿对科学的好奇心和探索欲望，引导幼儿用科学的方法去探究问题、解决问题，体验"做科学"的乐趣，培养一定的科学探究情感与认知能力。

（四）使科学活动与幼儿生活经验相结合

幼儿凭借与环境的互动，通过适应、组织、同化与调适等过程主动建构新知识。幼儿在生活中增长经验与知识，他们对于周围事物的探索及解释与其生活经验有关，故生活经验往往成为其解决问题所采用的策略来源。所以，科学活动的设计应选择与

幼儿生活经验相关且熟悉的主题；科学活动的实施应以幼儿的生活经验为前导来开展。另外，教学中除了应重视幼儿动手操作的实际经验外，亦应重视教师在幼儿科学学习过程中的影响与支持作用。幼儿科学教育内容的生活化举例见表1-2。

表1-2 幼儿科学教育内容的生活化举例

月份	主题及科学活动安排
9	主题——中秋节 区域活动——观察小虫 科学活动——哪种虫力量大；放大镜放大的小虫；光影活动小结；高矮、轻重比较；图形组合识别
10	主题——国庆节 科学活动——交通工具的认识；感知秋季的特点；认识温度计；认识常见的小家电；学会20以内的计数和统计
11	主题——我名字的来历、儿时趣事 动物（蝴蝶、蜜蜂、蜻蜓、小白兔等） 科学活动——量一量；液体的分辨方法；会"游泳"的鸡蛋（泡醋）
12	主题——时间快车 区域活动——小小钟表店 科学活动——认识钟表（整点、半点）；我的小车跑起来；旋转卡游戏
1~2	主题——小鬼学当家、迎春节 实践活动——小小面点师 科学活动——制作发声玩具；室内外温度的比较

（五）为幼儿提供机会，满足他们探求科学的欲望

幼儿对事物的学习有着浓烈的兴趣，对自然界的现象亦表现出好奇、好问和强烈的探索欲望，他们喜欢发问并动手探求。然而受限于自身的经历和思维，他们需要通过实际操作来获取经验，发现事物间的联系。因此，科学活动既要提供给幼儿探索的机会还要鼓励幼儿勇于尝试，引导他们通过自主的探究过程来修正自己的错误认识，回答自己的疑问。此外，教师营造出良好的科学学习环境，并引导幼儿主动操作，也是满足幼儿科学探索欲望的良好方法。

思考与练习

1. 请谈谈你对科学的认识。

2. 幼儿科学的特点是什么？

3. 幼儿学习科学的特点有哪些？

4. 简述幼儿科学教育的意义。

5. 你认为幼儿教师应该如何搞好幼儿科学教育活动？

 技能实训

请同学们课后实地或网上参观相关博物馆，完成如下任务。

1. 了解某一科学技术的发展进程及其国内外的最新科技成果。

2. 根据你的参观结果，以博物馆讲解员的身份写一份讲解报告或说明书。

CHAPTER 2

幼儿科学教育的目标与内容

关键词

幼儿科学教育；教育目标；教育内容；选择策略

学习目标

1. 了解制定幼儿科学教育目标的依据，掌握幼儿科学教育目标的基本内容。

2. 了解选择幼儿科学教育内容的依据和要求，掌握幼儿科学教育内容的选择范围。

3. 掌握在教学实践中贯彻幼儿科学教育目标与内容的策略。

内容结构图

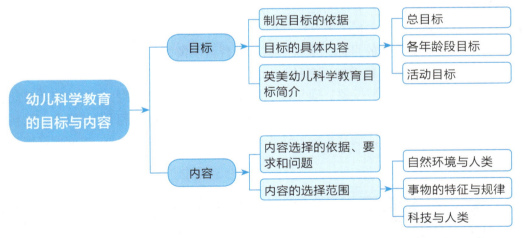

　　本章第一节介绍了幼儿科学教育的目标，主要阐述了幼儿科学教育目标制定的依据、具体内容及英美等国的幼儿科学教育目标。第二节介绍了幼儿科学教育的内容，主要阐明了选择幼儿科学教育内容的依据、要求及在选择实践中存在的问题，并具体讨论了幼儿科学教育内容的选择范围。本章重点在于理解幼儿科学教育目标的具体内容，掌握幼儿科学教育内容的选择范围；难点是如何将幼儿科学教育的目标与内容落实到幼儿科学教育活动中去。

问题导入

有的学前教育机构主张对学龄前儿童进行知识教育，并在实施学前教育的过程中添加了许多小学一年级时才需要学习的知识。这些机构的做法受到了某些家长的欢迎。这些家长认为自己的孩子提前学习一些小学知识，比起那些没学的幼儿 能够赢在起跑线上。

> **问题** 你认为这样的观点正确吗？你有哪些充分的理由来证明自己的观点？

分析：

上述主张一方面说明了有相当多的家长不了解幼儿学习与成长的规律和特点；另一方面，也是一些教育机构唯利是图，在利益面前不能坚守科学精神、科学态度，拔苗助长的结果。最终只能是危害幼儿、危害国家。所以作为幼儿教师，一要学习、掌握幼儿科学教育规律，在工作中尊重教育规律，按照规律从事教育活动；二要帮助家长认识并尊重幼儿科学教育规律。

教育目标是要把受教育者培养成什么样的人的问题，它是教育的出发点，也是教育的根本问题。教育者在实施教育活动前，就应该明确该活动要实现怎样的教育目标，并将其具体化，通过教育活动的各个环节去达成。

幼儿科学教育的目标侧重于对幼儿进行科学情感、科学态度、科学兴趣的培养，帮助他们初步掌握科学知识和科学的思维方法。但是，科学是一个非常广泛的概念，科学知识可以说包罗万象。幼儿科学教育又该教什么呢？哪些科学知识适合幼儿学习呢？对于幼儿教师来说，幼儿科学教育内容是实现幼儿教育目标的媒介，是科学活动设计与实施的依据，只有掌握了幼儿科学教育内容的选择范围，才能更好地为幼儿科学教育服务。

第一节　幼儿科学教育的目标

一、制定幼儿科学教育目标的依据

所谓教育目标，就是人们在进行教育活动之前，在头脑中预设的教育活动结束时所要取得的效果，是对教育效果的期望和要求。教育目标指明了教育要达到的标准或要求，是开展教育活动的依据。它不仅对教育内容、教育方法、教育手段和教育形式产生着影响，也影响着教育的结果，即幼儿的发展。

制定幼儿科学教学目标的依据主要有三个方面。

（一）国家建设、社会发展对未来公民的基本要求

不同时代、不同社会对于未来公民的基本要求是不一样的，社会对于公民的基本要求也必然会反映到学校教育中来。从幼儿教育的角度来看，当前社会发展呈现出如下基本特征。

一是经济全球化。人才国际化是经济全球化导致人力资源在全球范围内流动的必然结果。它是指人才已不再局限于一个地区或国家的范围内，而是以本民族的文化为背景，超越国家的范畴，在全球范围内进行开发和配置，即人力资源的开发、利用呈现出国际化的格局。人才国际化包括人才构成的国际化、人才流动的国际化、人才素质的国际化。

二是社会信息化、网络化。我们处于信息化时代中，以数字化、网络化、多媒体化为代表的现代信息技术，改变了人们传统的生活、学习和工作方式，也改变了人才成长的环境，影响着人才成长的方式，冲击着一些传统的人才理论。

三是生活智能化。科学技术日新月异的发展，使我们的生活与科技密切相关，智能机器、智能机器人、智能家居，科学技术在改变人们生活方式的同时，也对人类提出了更多的挑战。

四是人类生存环境的挑战。现代工业文明在创造大量物质财富的同时，也消耗了大量的自然资源，制造了大量的生活垃圾和工业垃圾，人类社会面临着自然资源枯竭、温室气体排放、海平面上升等环境问题，这些问题对人类的生存和发展提出了更多的新挑战。

以上这些社会发展特征对现代教育，尤其是科学教育提出了新的要求。那么，我们该如何通过对幼儿的科学教育来培养适应现代和未来社会需要的一代新人呢？教师应当如何将以上社会要求落实在幼儿科学教育的目标中呢？做法如下。

（1）树立正确的科学教育观，形成正确的幼儿科学教育价值取向。幼儿科学教育是培养幼儿获取科学知识和创新能力的平台，教师不能生硬地向幼儿灌输科学知识，而是要激发他们主动求知的欲望，培养幼儿的好奇心，通过科学活动让幼儿体验科学发现的过程和方法。

（2）培养幼儿对科学技术的积极态度。科学技术的发现发明过程，有时是漫长的，需要经过长期的努力和艰苦的付出。科学工作要求严谨，要求对事物持怀疑的态度，不迷信权威。

（3）培养幼儿的社会责任感，引导他们关注自然、关注社会，发现自然与社会中存在的问题，探寻解决问题的方法；引导他们认识、理解和运用科学技术改造自然、改造社会，提高人们的生活质量。幼儿科学教育既要重视培养幼儿尊重自然、热爱自

笔记

然、保护自然的情感，也要注意引导幼儿关注周围社会生活中的科学技术，促使其萌发初步的社会责任感。

中国著名儿童教育家陈鹤琴先生指出，"活教育"的目的是"做人，做中国人，做现代中国人"。他从"做人"开始，把教育目的划分为依次递进的三个层次，"做人"是"活教育"最为普通的目的。如何建立起完美的人际关系，借以参与生活、发现自然、改进社会，追求个人及人类的幸福便是一个做人的问题。所以活教育提倡学习如何做人，如何求社会进步、人类发展。"活教育"的第二层次"做中国人"，就是要培养每一位国民，使其具有热爱祖国、热爱人民，保卫祖国、建设祖国的爱国主义品质，这体现了教育目的的民族性。陈鹤琴最后把教育目的归结到"做现代中国人"上。他认为这样的人应具备五个方面的条件：健全的身体、建设的能力、创造的能力、合作的能力和服务精神。

（二）幼儿个体发展的需要

幼儿科学教育的目标，不仅要体现社会的需要，反映一定的社会价值观，还要根据儿童的发展水平，满足儿童发展的需要，促进儿童的发展。从本质上说，社会的需要和儿童个体发展的需要不是对立的，而是一致的、统一的。社会的需要是社会对其成员规格和质量的要求，这种要求必须通过儿童的个体发展才能具体实现。因此，我们还应深入思考儿童发展的特点和规律，在了解儿童发展需要的基础上，制定出符合儿童发展规律、能够促进儿童发展的幼儿科学教育目标。

对于幼儿个体的发展，南京师范大学张俊副教授提出以下观点[①]。

1. 完整发展观

张俊认为幼儿的发展是一个整体，幼儿发展的需要是整体的需要。我们要把幼儿的发展（包括身体、社会、情感、认知、品德等方面）看作一个整体发展的过程，因此，幼儿科学教育必须促进幼儿的全面、整体发展。即：在确定幼儿科学教育目标时，我们应当提出包括认知经验、方法技能、情感态度，以及个性品质等方面的综合性教育目标。如果单纯强调获取知识而忽视能力发展，或者强调认知发展而忽视情感、个性发展，或者把认知、情感和社会性的发展割裂开来，都有可能导致幼儿的畸形发展。

2. 年龄层次观

幼儿的发展具有明显的年龄特点，不同年龄幼儿的发展水平和发展需要是不同的，因此，教师在制定幼儿科学教育的目标时必须考虑其年龄的层次性，对不同年龄幼儿提出不同层次的目标。幼儿发展的年龄特点，是幼儿发展的一般规律在年龄上的具体表现。只有了解了这些特点，我们才能较好地把握各年龄幼儿的一般发展水平和可能达到的发展水平，并据此提出合适的教育要求，真正达到促进幼儿发展的目的。要求

① 张俊.幼儿园科学教育 [M].北京：人民教育出版社，2004.

过高或过低都不利于幼儿的发展。

3. 个体差异观

幼儿的发展具有明显差异，每个幼儿的个体需要是不同的。即使在同一年龄，每个幼儿的发展水平也会有很大差别，他们的个性倾向如兴趣、注意力、持久性等更是千差万别。比如，有的幼儿发展快，有的幼儿发展慢；有的幼儿反应快，有的幼儿反应慢；女孩与男孩兴趣差异明显等。这就决定了幼儿科学教育的目标不应是千人一面，而应充分考虑幼儿的个体差异性。要允许幼儿在自己水平上获得发展，让幼儿在不同的时间达到一定的水平，而不是要求幼儿在同一时间达到同一目标。要强调让幼儿通过自己的活动获取经验、获得发展，注重让每个幼儿用自己的方法、在自己的水平上获得经验，并针对不同幼儿提出不同要求。

（三）自然科学的学科特点

科学是指科学知识、科学过程与方法、科学世界观三部分，它具有以下两个特点。

第一，内容的广泛性和知识的严密性。即：自然科学的研究范围非常广泛，涉及整个物质世界，而构成自然科学的知识体系又是极为严密的逻辑体系。

第二，过程与方法的科学性。所谓科学的方法指的是实证的方法，自然科学崇尚实证的方法，强调通过事实的证据和逻辑的推理来获得新知识。

幼儿科学教育是幼儿学前教育的一部分，幼儿科学教育目标是幼儿学前教育总目标在科学教育领域的具体化，它应该既有科学的特点，充分反映科学及科学教育的独特性，又应该与幼儿学前教育的其他领域，如健康领域、语言领域、艺术领域的教育目标相一致。

在幼儿科学教育的目标中，自然科学的学科特点主要体现在以下几个方面。

1. 全面性

全面性是指幼儿教师要把科学知识、科学技能和方法、科学情感和态度作为幼儿科学教育目标体系的三个组成部分。

2. 基础性

基础性是指幼儿教师要立足于让幼儿获取广泛的科学经验，体现科学内容的广泛性，同时也要引导幼儿注意知识间的连续性，为他们将来形成科学概念和构建科学知识体系打下基础。

3. 情感性

情感性是指幼儿教师不但要注重幼儿科学知识、科学方法和技能的获取，更要注重对幼儿科学情感和科学态度的培养。

综上所述，社会的需要、幼儿个体发展的需要和学科的特点，是制定幼儿科学教育目标的三大依据。

二、幼儿科学教育目标的具体内容

幼儿科学教育的目标实际上是一个复杂的体系。从课程设计和实施的过程来看，幼儿科学教育的目标包括自上而下的三个层次：总目标、年龄阶段目标和活动目标。从纵向角度来看，幼儿科学教育目标的层次是一个由高度概括到具体逐级明确的过程，其中，总目标是最具概括性的层次，而教育活动目标则是最具操作性的层次。

（一）幼儿科学教育总目标

1. 幼儿科学教育总目标的内容

幼儿科学教育总目标是幼儿教育总目标的有机组成部分，是我国教育方针及教育目的在幼儿科学教育领域的具体体现。因此，在确立幼儿科学教育具体目标之前，首先应根据我国的教育方针、教育目的及幼儿教育的目标确定其总目标。所以，幼儿科学教育总目标就是指根据教育方针、教育目的及学前教育总目标制定的，幼儿在教师指导下进行科学活动时所应获得的发展。这一总目标将幼儿德、智、体、美全面发展的目标转化成幼儿科学教育领域中的具体发展目标，使得国家教育的总目标得以实现。

《幼儿园教育指导纲要（试行）》"科学"领域具体内容
来源：教育部门户网站

在 2001 年教育部颁布的《幼儿园教育指导纲要（试行）》提出的目标体系中，学前儿童科学教育的总目标是：对周围的事物、现象感兴趣，有好奇心和求知欲；能运用各种感官，动手、动脑，探究问题；能用适当的方式表达、交流探索的过程和结果；能从生活和游戏中感受事物的数量关系并体验到数学的重要和有趣；爱护动植物，关心周围环境，亲近大自然，珍惜自然资源，有初步的环保意识。

2. 幼儿科学教育总目标阐释

（1）我国幼儿科学教育目标的历史发展

我国对幼儿科学教育目标的认识，经历了一个历史发展的过程。中国最早的幼儿园课程标准是 1929 年由陈鹤琴先生拟定、由国民政府教育部颁发的《幼稚园课程暂行标准》。这部课程标准将"社会和自然"作为课程范围之一，其中所列的目标包括以下 4 点：①引导幼儿对于自然环境和人民活动进行观察，并培养其兴趣；②增进幼儿利用自然、满足生活、组织团体等最初的经验；③引导幼儿对于"人和社会自然的关系"的认识；④培养幼儿爱护自然物、讲究卫生、乐群等好习惯。

1949 年，中华人民共和国成立。1952 年，中华人民共和国中央教育部颁布了《幼儿园暂行教学纲要》和《幼儿园暂行规程》，提出了以体、智、德、美为核心的幼儿全面发展教育目标。其中有"培养幼儿正确运用感官和语言的基本能力，增进其对于环境的认识，以发展幼儿的智力"的内容，涉及科学教育方面的主要是智育的目标。1981 年，教育部颁布了《幼儿园教育纲要（试行草案）》，对规范当时的幼儿园教育发挥了重要的作用。这部《幼儿园教育纲要》开始将幼儿园的教育内容细分为卫生习惯、体育活动、思想品德、语言、常识、计算、音乐、美术八个方面，并详细规定了各个方面的教育内容和要求，还分别列出了小班、中班和大班的教育内容，实际上是一个详细的课程标准。科学教育的内容包含在"常识"中。其"常识"方面的教育要求是："丰富幼儿关于社会和自然方面粗浅的知识，扩大他们的眼界。培养他们对认识社会和自然的兴趣和求知欲望，逐步形成对待人们和周围事物的正确态度。发展幼儿的注意力、观察力、记忆力、想象力、思维力和语言表达能力。"这一目标要求将知识放在了首位，同时也提出了情感、态度方面的目标，能力培养方面也提得更加具体。

1989 年，国家教委发布了《幼儿园工作规程（试行）》，其中的幼儿园教育目标沿袭了 20 世纪 50 年代体、智、德、美的提法，但对幼儿园教育的具体内容则没有提及。

2001 年 7 月，我国教育部颁布的《幼儿园教育指导纲要（试行）》（以下简称《纲要》）将幼儿园教育内容划分为五大领域，"科学"被明确列为幼儿园教育内容的五大领域之一，数学也被纳入到科学教育领域之中，科学教育的目标内涵更加丰富全面了。

从以上可以看出，不同时期，由于观念、社会历史背景的不同，我国科学教育的目标内涵也不同，它是在历史中不断得到丰富和发展的。

（2）幼儿科学教育总目标的具体阐释

①知识与技能目标

幼儿园科学领域课程的智能目标，即科学知识与技能目标，主要是指让幼儿获得一些有关周围物质世界的基本经验，学习一些浅显的科学知识和技能。科学知识与技能作为构成科学素养的基本要素之一，是人们在科学实践中获得的关于客观世界的各种事物的本质与规律性认识及其操作本领，它具有客观真理性与逻辑系统性的特征，对提高儿童对客观世界的认识、促进儿童的智力发展和科学世界观的形成有着非常重要的作用。同时，科学知识与技能也是科学精神、态度、方法、能力、行为培养的基础。因此，幼儿园科学领域课程目标的内容设置应该包含智能目标这一要素。知识和技能是幼儿园制定课程目标必须要考虑的一个方面。

科学教育就是要让幼儿通过实践操作来体验并加深自己对某些科学知识的印象。比如，在学习浮力的内容时，教师一定要给幼儿准备不同材质的材料让他们实际操作体验，从而使其发现有些物质能浮于水面，有些物质不能浮于水面，而不是用讲授的方法告诉幼儿水有浮力。知识与技能是进一步学习其他内容和实现其他课程目标的基础，但是知识与技能只有在理解的基础上、实际的操作中才能内化为幼儿的基本经验，才能让幼儿真正掌握。这就需要教师将知识的学习与实际的体验密切结合起来，使幼儿在实践中体验知识，形成操作技能。

②方法与过程目标

我们常说，要给学生一把打开科学之门的"钥匙"，思想、方法就是这样的一把"钥匙"。幼儿对于科学思想、方法的掌握比对单纯科学知识的获得更有意义。

　　科学的一个重要特征就是其方法的科学性。所谓科学方法，一般地说，是指实证的方法，即通过可观察到的事实和建立在事实基础上的合乎逻辑的推理获取知识的方法，它和通过信仰和权威获取知识的方法相对立。具体地说，科学方法是指收集客观信息，整理加工信息和表达、实验、交流信息的方法。

　　由于幼儿的认知发展水平有限，他们并不能像成人那样通过严密的观察和实验来进行科学研究，解决科学问题，但这并不是说不能对他们进行科学方法的启蒙。《纲要》科学领域第 2 条目标中提出的"能运用各种感官，动手动脑，探究问题"，揭示了科学方法的实质在于探究问题，而幼儿科学探究的实质就是通过他们的感官观察、动手操作、动脑思考和表达交流来寻求问题的答案。观察、操作、思考和表达交流构成了幼儿科学探究的完整过程。

　　第一，观察。观察是一种有目的的知觉活动，同时也是一种基本的科学方法。因为幼儿的逻辑思维能力十分有限，他们获取科学知识的途径更多地依赖于直接的观察，所以对幼儿来说，观察是一种重要的科学探究方法。幼儿观察法的具体目标包括：学会运用多种感官感知物体的外部特征；学会比较观察不同物体或同类物体的特征；学会观察物体的运动和变化等。

　　第二，动手操作。操作不同于简单的摆弄，它是一种有特定目的的活动，具有以下特点：一是目的性。操作活动不同于无目的的摆弄，而是为了解决某个问题而开展的有意识活动。它或是为了探究现象的发生，或是为了对操作对象进行改造或加工，或是为了制造新物品。二是程序性。操作不是单个的动作，而是有着明确程序的一系列动作，有先做什么、后做什么之分。在有些操作活动中，对操作程序的把控甚至关系到结果的成败。

　　幼儿在进行操作活动时，会表现出明显的动作思维特点，即"在活动中思维"。他们很少在头脑中对操作的过程做预先的计划，对自己的操作结果也很少预测，因此也很难预见可能发生的错误。他们所获得的操作技巧完全来自于直接的、尝试错误式的操作经验，而操作活动的目的就是让幼儿在具体的操作中学会动手、动脑。

　　在科学教育活动中，幼儿动手操作的具体目标是：学会使用简单工具；学习使用工具制作简单产品；在操作过程中根据操作目标及时调整操作过程；对操作过程和结果进行思考、调整和修正。

　　第三，动脑思考。思考泛指幼儿的思维活动。作为科学方法之一的思考，指的是幼儿获取科学知识所必需的思维加工技能。幼儿的思维以具体形象思维为主，他们虽然还不能进行完全的逻辑思维，但可以借助实物或实物的形象和表象来思考事物与事物之间的关系，甚至进行某种程度的推理。幼儿动脑思考的目标主要包括：学会比较和概括，认识到事物的不同和相同；学习推论和预测，即根据观察到的现象，并结合自己已有的经验，推想它的原因，提出合理的解释，得出结论，并预测将来可能发生的现象。

笔记

第四，表达交流。《纲要》科学领域第 3 条目标提出："能用适当的方式表达、交流探索的过程和结果。"这说明《纲要》也强调表达、交流的重要性。因为表达交流本身不仅是一种科学过程技能，而且反映了建构主义的学习观念。表达，作为一种技能，是科学活动中必不可少的信息交流手段。在科学活动中，幼儿要通过适当的方式把自己观察、操作、思考的结果表达出来，即便是通过别人的启发、指导来开展科学活动，也需要学会表达。

幼儿表达交流的目标主要包括：学习用准确、有效的语言表达、交流自己在科学活动中的做法、想法和发现；学会用适当的方式表达自己在科学活动中的情绪体验，如体态、动作、表情等；学会用各种手段（如图表、绘画、作品等）展示自己的科学活动结果。

③情感目标

情感方面的目标在幼儿科学教育中是处于主要地位的，它对幼儿的影响也是深远的。

第一，情感目标体现了人们对科学内涵的完整把握。科学反映了人和自然的关系，它是人类长期不懈探究的结果。科学实质上体现了一种价值追求，是人类长期以来渴望了解自然、把握自然的情感反映。这种追求就是我们所说的科学精神，科学教育情感目标就是要在幼儿身上培养这种精神。当人们从思想的深层有了认识自然、把握自然的渴望，就有了科学探究的不竭动力。

第二，情感目标是促进幼儿全面发展、培养幼儿完美个性的保证。教育的目标在于促进人的全面发展。从幼儿发展的角度看，幼儿科学教育的目标不仅在于促进幼儿学习科学，更在于促进幼儿的全面发展。《纲要》中强调幼儿教育的根本任务是促进幼儿发展，培养其良好的品德、积极的情感态度和健康的人格。也就是说情感培养是幼儿教育的重要部分。在过去的传统认识中，科技活动重在学习科学，与情感培养无关。但教育教学实践证明，科技活动不但是培养幼儿科学技能、帮助幼儿学习科技知识、解决身边问题的良方，在幼儿情感培养的关键期，更是促进幼儿情感发展的乐土。科学教育的最终目的是要培养幼儿真善美的完美个性，而情感是实现这一目的的重要保证。

情感的内涵非常广泛，在幼儿科学教育中，《纲要》突出了以下两个方面。

一是发展幼儿的好奇心、兴趣和求知欲。《纲要》科学领域的第 1 条目标就是："对周围的事物、现象感兴趣，有好奇心和求知欲。"这一目标的具体内涵是：发展幼儿对周围各种事物（包括自然事物和科技产品）和现象（包括自然现象和科学现象）的好奇心，培养幼儿参与科学探索活动、科技制作活动的兴趣，激发幼儿的求知欲。这一条目标的核心是培养幼儿的理智感。所谓理智感，是指在科学认识的过程中所产生的情感，其最为重要的表现就是好奇心和学习科学的兴趣。幼儿对科学的态度，还反映在坚持性、探究精神和实事求是等方面。尽管这些在幼儿身上也许只是一点萌芽的表现，但它反映了科学态度甚至科学精神的实质。在科学教育中，教师要鼓励幼儿坚持探究行为，并引导他们从探究活动中来寻求问题的答案。

二是培养幼儿关爱环境的积极情感和态度。《纲要》科学领域的第5条目标是："爱护动植物，关心周围环境，亲近大自然，珍惜自然资源，有初步的环保意识。"这一目标的核心是建立人与自然的和谐关系。在全球环保问题日益严重的今天，提出这一目标具有重要的意义。

自然是科学的研究对象，也是人类赖以生存的环境。科学教育不仅要把自然看作认识的对象，还要把它看成道德的对象和审美的对象。也就是说，教师不仅要让幼儿形成对自然界的探究兴趣，还要激发幼儿对自然的责任感——从人类最基本的同情心出发，关爱生命、尊重自然；还要引导幼儿发现自然界的美，学会欣赏自然。只有这样，幼儿才能真正养成真善美的完整个性。

（二）幼儿科学教育各年龄段目标

2012年10月9日，教育部颁布《3~6岁儿童学习与发展指南》（以下简称《指南》），对幼儿科学教育目标依年龄分阶段做了具体的指导性说明，具体归纳如下。

1. 知识目标

（1）小班

①引导幼儿观察周围常见的个别自然物（如小猫、小狗、小草、石头等）的特征，获取粗浅的科学经验，初步了解它们与幼儿生活、与周围环境的具体关系。

②引导幼儿观察周围常见自然现象的明显特征，获取粗浅的科学经验，并感受它们和幼儿生活的关系。

③引导幼儿观察日常生活中直接接触的个别人造产品的特征及用途，获取粗浅的科学经验，感受它们给生活带来的方便。

（2）中班

①帮助幼儿获取有关自然环境中动植物及沙、石、水等无生命物质及其与人类关系的具体经验，了解不同环境中个别动、植物的形态特征和生活习性。

②帮助幼儿了解四季的特征及其与人们生活的关系，观察常见的自然现象，获取感性经验。

③引导幼儿获取周围生活中常见科技产品的具体知识和经验，初步了解它们在生活中的运用。

（3）大班

①帮助幼儿初步了解不同环境中的动、植物及其与环境的相互关系。

②向幼儿介绍周围生活中的环境污染现象和人们保护生态环境的活动。

③帮助幼儿获取有关季节、人类、动植物与环境等关系的感性经验，形成四季的初步概念。

④引导幼儿探索周围生活中常见的自然现象，获取有关的科学经验。

⑤让幼儿接触周围生活中的现代科学技术及其在生活中的应用。

2.过程与方法目标

（1）小班

①帮助幼儿了解各种感官在感知中的作用，学习正确使用各种感官感知的方法，发展感知能力。

②帮助幼儿掌握根据一个或两个特征从一组物体中挑选出某些物体并归为一类的分类方法。

③帮助幼儿学会通过目测等简单方法比较物体的形态大小和数量的差别。

④引导幼儿用词语或简单的句子描述事物的特征或自己的发现，与同伴、老师交流。

⑤帮助幼儿学习使用日常生活中常用科技产品的简单方法，参与简单的制作活动。

（2）中班

①帮助幼儿学会综合运用多种感官感知事物特征，发展观察力。

②帮助幼儿学会按照指定的标准，对物体进行简单分类。

③帮助幼儿学习运用简单的工具进行测量的方法。

④引导幼儿用自己的语言描述自己的发现，并与同伴、教师交流。

⑤指导幼儿学习使用常见科技产品的方法，运用简单工具进行制作活动。

（3）大班

①使幼儿能主动运用多种感官观察事物，学会观察的方法，发展观察力。

②使幼儿能按照自己规定的不同标准对物体进行分类。

③帮助幼儿学习使用各种工具进行自然测量，掌握正确的测量方法。

④引导幼儿用完整、连贯的语言与同伴、教师交流、分享自己的探索过程和结果，表达愿望，提出问题，参与讨论。

⑤引导幼儿学习使用常见科技产品的方法，使其能够运用简单工具和多种材料进行制作活动，能够发现物品和材料的多种特性和功能，并能表现出一定的创造性。

3.情感与态度目标

（1）小班

①激发幼儿对周围事物的好奇心，使其乐意感知和摆弄他们能够直接接触到的自然物和人造物。

②激发幼儿探索自然现象和参与制造活动的兴趣。

③引导幼儿喜爱动植物和周围环境，并能在成人的感染下表现出关心、爱护周围事物的情感。

（2）中班

①发展幼儿的好奇心，引导幼儿探究周围生活中常见的自然现象、自然物和人造物，使其愿意参加制作活动。

②培养幼儿关心、爱护动植物和周围环境的情感和行为。

（3）大班

①激发和培养幼儿好奇、好问、好探索的科学态度。

②激发幼儿对自然环境和现代科技产品的广泛兴趣，使他们能自己发现问题、提出问题、寻求答案。

③使幼儿喜欢并能主动参与、集中于自己的科学探索活动和制作活动。

④培养幼儿主动关心、爱护周围环境的情感和行为。

（三）幼儿科学教育活动目标

1. 幼儿科学教育活动目标的内涵

幼儿科学教育活动目标指的是在一次或一系列科学教育活动中要达到的教育效果。它是根据幼儿教育总目标、幼儿科学教育总目标、幼儿科学教育的年龄阶段目标，结合教育内容提出的具体的、可操作的目标；是在上层目标指导下对教育内容实施效果所提出的具体指标，是教师开展幼儿科学教育活动时的具体依据和指导，具有可操作性。

2. 幼儿科学教育活动目标的基本要求

教育活动目标所期望的结果应该是可操作的，即可以观察或测量到的。因此，教育活动目标通常采用"行为目标"的方式来表述，如"说出哪些物体放在水里是浮起来的，哪些物体放在水里是沉下去的……"。但是，对于那些很难表现为外部行为的目标内容，如兴趣、情感和态度等方面的发展目标，也可采用其他的方式来表述。

教育活动目标应全面反映幼儿科学教育总目标和年龄目标的要求。也就是说，一个教育活动的目标，应该涵盖知识、技能、情感价值观等多个领域。同时，活动目标也应结合教育活动的具体内容而有所侧重，如有的活动以培养科学方法为主要目标，而有的活动则以培养科学态度为主要目标。

教育活动目标应该体现出它与上层目标之间的联系，即是上层目标（总目标和年龄目标）的分解和具体化。此外，教育活动目标也要体现出与前后教育活动目标之间的联系，以保证幼儿学习和发展的连续性。

3. 幼儿科学教育活动目标的表述方式

幼儿科学教育活动目标又被称为课程目标（以下简称"课程目标"）。课程目标的选择和内容的设置主要指向教师对于课程目标的理解和价值倾向。一个完整的课程目标必须通过文本的方式加以呈现，以便将目标的内在选择进行具体化和文本化。同时，课程目标的表述方式也反映着教师对于课程目标的理解和价值取向，是课程目标选择和内容设置的具体表现。

课程目标的表述方式可以分为外显型和内隐型两种，外显型就是以可观察和可测量的行为来表述；内隐型则是要描述学生教育上的经历，不提出可测量的学习结果。这两种表述方式各有优势，教师学会合理运用它们，对于幼儿科学素养的培养至关重要。

（1）幼儿科学教育活动目标的外显型表述

泰勒认为，课程目标不在于要教师从事某些活动，而是要使学生的行为方式发生有重大意义的变化。因此，他注重课程目标的"行为"表述，主张以预先确定的精确、具体、可操作的行为目标来预测学生的变化，评价课程的成败。同时，他认为每一项行为指标应该包括三个构成要素：行为、条件、标准（表2-1）。幼儿科学知识和技能的掌握，科学方法和能力的培养，科学精神、态度和价值观的形成，以及科学行为和习惯的养成都可以通过一种外显的表述加以规定，从而为更好地实现这些目标提供具体依据，并为这些目标的实现提供评价保证。

表 2-1　课程目标表述要素

要素	具体反映	实例
核心的行为	做什么	让幼儿对不同物体进行敲打
行为产生的条件	在何种条件下做	在不需提醒时
行为的表现指标	做得怎么样	幼儿通过对不同物体的敲打感受到各种声音

①核心的行为。核心的行为是指要使幼儿达到什么样的学习结果。核心行为的表述主要是通过一系列的操作性动词加以实现的，它主要用来描述幼儿在这个活动中需要达到的行为目标。核心的行为可以分为用确定性的动词和含糊性的动词两种形式表述。

教师在教案上写目标时，经常会用"辨别""区分""说出"等确定性的动词来表述，如"让幼儿能够区分不同类型的物质""通过实验活动让他们说出哪些东西具有吸水性"等。这种明确的目标有利于活动的有序进行，也能够在最后很好地评估教师制定目标的实现程度。

在实际工作中，有些教师会运用"理解、知道、促进"等词语对课程目标加以表述，这些含糊性的动词，对于难以用确定性动词加以表述的内容有着重要的作用。比如，"帮助孩子明白杠杆可以举起重物，让孩子比较一下用杠杆和不用杠杆撬开物体的区别；帮助孩子理解声音从声源发出后是以波的形式通过空气进行传播的；让孩子们了解哪些菌类是可以食用的，哪些是不能食用的"等等。

核心的行为是制定每节课程目标时必须设置的内容。基于确定性动词具有较高的可操作性，而含糊性动词具有较好的情感表述性，因此，无论是以确定性动词还是以

笔记

含糊性动词加以表述，都要依据具体的课程内容进行综合运用，从而为课程内容的有效实施提供综合性保障。

②行为产生的条件。由于活动情境的不同，不同的核心行为需要在不同的情境中出现。因此，行为产生的条件是指这种设定的核心行为在什么样的情境和方式下才会发生。幼儿园科学领域课程有着不同的主题，每一主题培养幼儿核心行为的侧重点也不尽相同，因此，教师如何阐述核心行为发生的情境和方式，对于核心行为的实现有着重要的意义。

教师在设计教育活动的目标时，都是按照相应的主题来制定的，具体设置什么情境取决于活动的内容和主题。如"培养幼儿的健康意识，能够在不需要提醒的情况下主动饭后漱口""遇到打雷时不站在树下避雨"等，这种特定情况下的具体要求可以很好地指导教师的教学活动。条件是决定某一行为产生的环境因素，教师合理依据目标制定不同的条件来保障核心行为的产生，为目标的实现提供情境支撑，将使目标的描述更加具有针对性和实用性。

③行为的表现指标。行为的表现指标是指幼儿所应达到课程目标的最低水平，它是学习结果的评价依据，可以通过定量和定性两种方式加以说明。定量的说明方式即通过明确的、可量化的标准加以表述，一般用"百分比""分数"等来说明要达到的结果。例如，这次活动要使85%的幼儿认识不同种类的鱼；让班级中3/4的幼儿明白植物与环境的关系，培养他们的环保意识等。在教学实际中，幼儿教师运用定性的方式来表述课程标准的方法更加普通。定量和定性的表述方式各有自己的优势和劣势，定量易于为评价标准提供一个精确的、具体的和可操作的参考，但同时它又难以将一些内在的情感、态度、价值观等内容进行实际的度量；定性对于内在体验性内容进行表述较为适合，但是它过于含糊，缺乏一定的可操作性。因此，在对幼儿科学领域课程目标的行为表现指标进行表述时，教师要根据实际情况，合理利用不同的表述方式。

（2）幼儿科学教育活动目标的内隐型表述

科学知识社会学认为，科学知识具有建构性、情境性、动态性，幼儿是认知的主体，是知识意义的主动建构者。科学教育的过程不仅仅是让幼儿记住教科书所呈现的科学结论，科学情感、态度和价值观的培养才是科学教育的核心内容。因此，教师要为幼儿提供、合作、交流、探究的环境，让幼儿充分发挥自身的主动性和积极性。幼儿科学领域课程目标应该是一个包含科学知识与技能、科学方法与能力、科学情感、态度和价值观，以及科学行为和习惯的目标体系，它的每一个类目都需要按照实际情况运用不同的表述方式，没有任何一种表述方式是万能的。因此，外显型目标表述方式不能完全替代内隐型目标表述方式。

内隐型的表述方式主要是强调描述幼儿教育上的经历，不以可测量的学习结果为终极标准，这对于科学领域课程目标的完整、准确表述有着不可替代的作用。例如，"能够理解到、能够认识到、能够体会到""帮助理解、让他们知道、熟悉以下过

笔记

程"培养幼儿热爱科学的情感""激发幼儿的兴趣和探究欲""帮助幼儿理解视觉、嗅觉、味觉的作用"等词语进行的描述，用起来方便周到，且不至于将目标限定的过死，有利于教师进行适当的调整。更为重要的是，这些目标根本不能通过数量化的形式来体现，只能通过一些词语来说明。

外显型的目标表述方式虽然对于幼儿科学领域课程目标的制定有着重要的影响，但是该方式仍然存在着一定的不足，如科学情感、态度和价值观等目标就难以外显型的表述方式进行准确的说明，而内隐型的表述方式则能较好地满足这一需要。因此，课程目标的表述需要教师针对具体情况，结合科学领域课程的特性以及幼儿园一日活动的内容合理运用，使每一种表述方式都能发挥其最大的功效，进而做到优势互补，最大程度地促进幼儿的发展。

4. 幼儿科学教育活动目标的实现策略

课程目标制订之后，要想在完成教学任务的过程中实现教育目标，就需要教师运用适当的策略。在具体的教育活动过程中，教育目标的实现策略需要教师根据实际情况来做出选择。这里举两个例子来说明。

（1）预设—转化策略

预设—转化策略，是指教师通过创设既有教育价值又能引发幼儿兴趣的情境，引导幼儿观察、获得有关的信息，逐步明确要探究的问题，将课程目标转化为幼儿的需求，激发幼儿探究和学习的兴趣与动机。幼儿的兴趣和需要是课程目标实现的保证，然而教师制定的课程目标不一定都能满足幼儿的兴趣和需要，如"知道要保护小动物，要爱护各类植物，以保证生态环境的可持续发展"是个人作为社会成员必须具备的意识，无论是在当前还是在今后的学习、工作和生活中都具有重要的意义。但幼儿对这些目标和内容并没有直接的需求和兴趣，这就需要教师采用一定的教育策略，使幼儿产生学习和探究的需求、兴趣和动机，即将课程的目标和内容转化为幼儿的需求，激发幼儿的学习兴趣和动机。正如佐藤正夫所说："使学生意识到新事物同旧有知识与技能的关系（即意识到新事物同旧有经验、技能相类似、相关联），使学生直面凭借旧有经验、旧有知识与技能及业已形成的思考方式与活动方式来解决问题和困难，乃是使学生致力于解决新课题、从事新学习的两大条件。缺少了其中任何一个条件，都不能使他们的探索活动、思考活动积极化、能动化。"

课堂观察纪录片段 1

重量是什么

活动目标：帮助幼儿理解重量，让幼儿知道重量在生活中的作用。

活动准备：不同大小的石块、塑料球、纸片、羽毛、钥匙。

教师：小朋友们，看看今天老师给大家准备了什么？这里有好多好玩的东西，但是大家要听老师的指挥来行动哦！

幼儿：好的。

教师：今天，老师要带领大家一起来了解重量是什么。大家知道重量是什么吗？

幼儿：重量就是大的，重量就是很重，重量就是我比他重……

教师：（拿起两块大小差异大的石头），看看这里，这是一块很重的石头，这是一块很轻的石头。

此时，幼儿们一头雾水都没有出声，教师观察到了大家对于重量仍然不能理解。

教师：刚才某某小朋友提到重量就是我比他重，那么小朋友们想不想比一比谁更重？

幼儿们都争先恐后地回答：想。

于是，教师就将班级中的体重秤拿来，让每个幼儿轮流上去称自己的体重，并让孩子们记住自己的重量，最后让孩子们说出谁更重。评比出来最重的小朋友特别高兴，有些小朋友甚至还不服气，跃跃欲试地想跟他比个高低。

本案中教师将本来不太容易理解的概念转化为幼儿的实际兴趣，使幼儿产生学习和探究的欲望与动机，不仅让幼儿高兴地参与到活动中来，而且也让自己的课程目标得以顺利地实施，为课程目标的最终实现提供了重要的保证。

（2）顺应—生成策略

顺应—生成策略，是指教师首先对幼儿的兴趣点和关注点进行教育价值的判断，然后开发和利用幼儿需求和兴趣中有教育价值的内容，从而生成科学教育活动。

幼儿对某一事物或者某一现象感兴趣，说明对这一事物的探究适合幼儿的原有经验和水平。幼儿只有对学习和探究某一事物或现象保持兴趣，才能乐于接受教师的同类安排，才能激发出其真正的内在动机。因此，教育要充分利用幼儿感兴趣和有需求的事物，导出有价值的课程目标，并在兴趣的带动下将这一课程目标得到有效的实现。

课堂观察纪录片段2

醋泡蒜

活动目标：使幼儿了解醋的特性，懂得醋对人们生活的重要作用。

活动准备：一个装着醋和大蒜的透明玻璃杯。

当教师把这一玻璃杯拿来后，幼儿们发现大蒜都发黄了，他们都在问："这大蒜怎么发黄了呢？"这一问题成了幼儿的关注点，教师及时地顺应着幼儿的兴趣把醋可以让大蒜变黄这一问题进行下去，并让他们讨论"如果我们的牙齿沾到了醋会怎样"，大家纷纷讨论，最终形成了"醋也能让牙齿变黄，因此要经常刷牙"的结论。

这样即使预设的"使幼儿了解醋的特性，懂得醋对人们生活的重要作用"这一目标不能实现，也有利于"使幼儿了解醋对大蒜的腐蚀作用，使其懂得刷牙的实际意义，并最终养成经常刷牙的好习惯"。

三、英美幼儿科学教育目标简介

（一）英国幼儿科学教育目标简介

英国在从 2000 年 9 月开始实施的《基础阶段教育（3~5 岁）课程指南》中，共提出了六个学习领域，它们分别是：个性、社会性和情感的发展，交流、语言和读写，数学发展，认识和理解周围世界，身体发展，创造性发展。这里介绍的是"认识和理解周围世界"中的发展目标，其中又包括六个方面的具体内容。

国外幼儿科学教育课程的发展趋势
来源：河南教育科研网

1. 探索和调查的早期学习目标

（1）运用面部表情、身体动作及声音表示出好奇和兴趣。如：表现出对物体的好奇心，观察、摆弄物体；描述物体及事件的简单特征；仔细观察物体和生物，以便发现更多的信息；用各种感知觉去探究物体和材料；观察生物、物体、事件的特征，建立各特征之间的联系。

（2）探究物体。如：表现出对事物的发生机制及工作机制的兴趣；根据某一特征对物体进行分类；讨论看到过的事情和正在发生的事情；认识、评价自己的行为方式；注意到变化；仔细观察物体的相同点、不同点、结构及发生的变化；对新事物为什么发生及其工作机制提问。

2. 设计及制作技巧的早期学习目标

（1）探索结构性材料。

（2）认识到工具可以根据自己的目的来使用。

（3）连接物体的各部分去建构，并保持建构物的平衡。

（4）开始试着使用一定的工具，了解使用安全问题。

（5）利用各种材料，有目的地建构；正确、适当地使用简单的工具和技术。

（6）运用多种物体进行建造和建构，选择合适的资源，必要时调整自己的工作。

（7）选择所需要的工具和技术去设计、收集、连接他们正在使用的材料。

3. 信息交流技术的早期学习目标

（1）对信息交流技术产生兴趣。

（2）知道如何使用简单的设备。

（3）知道如何在电脑上完成一个简单的程序，或在信息交流技术机上实现一个简单的功能。

（4）发现并了解技术在日常生活中的应用。

（5）运用信息交流技术设计好的玩具来支持自己的学习。

4.感知时间的早期学习目标

（1）回忆并讨论自己所经历的重大事件。

（2）对与自己相似的人的生活表现出兴趣。

（3）开始区分过去与现在。

（4）认识自己、家人及其他人生活中过去经历的事件和现在发生的事件。

5.感知环境的早期学习目标

（1）对自己生活的世界表现出兴趣。

（2）谈论自己的居住环境和自然界，并就此提出一些问题。

（3）注意到当地环境的特点。

（4）观察、找出、确认自己的居住地及周围自然界的特征。

（5）考察周围环境，谈论自己喜欢和不喜欢的一些特征。

6.文化和信仰的早期学习目标

（1）表达对重要的私人事件的情感。

（2）讲述家庭或朋友家的重要事件。

（3）意识到他人的文化和信仰。

（4）开始认识自己的及他人的文化和信仰。

（二）美国幼儿科学教育目标简介

美国全美幼儿教育协会（NAEYC）制定的《幼儿科学教育标准》的主要内容如下。

（1）发展每个幼儿对世界的好奇心，使每个幼儿都对新鲜事物与事件有探究的欲望和兴趣；热爱生命；喜欢并欣赏美丽、整洁、和谐、有序的环境。

（2）发展幼儿发现问题、解决问题和做出决定的能力（科学探究的能力），使每个幼儿都能积极主动地参与科学活动；用适宜的感官去感知和了解新鲜事物；准确使用并照管好科学活动设备（如放大镜、磅秤等）；运用数量化的方法进行观察（如点数、测量）；区分物体、事件和现象之间的相似、差异和变化；对材料、事件和现象进行分类并解释理由；运用科学探究的过程（预测、收集数据）；乐于与同伴一起交流信息并欣赏他人的观点；熟悉或了解科学过程中共同的行为类型，如观察、交流、比较、建立关系、运用等。

（3）增进对自然界的认识，使每个幼儿都可以积极参与各种丰富科学经验的活动；经历各种不同科学领域的活动；了解与基本科学概念有关的技术；表现和交流科学知识。

第二节　幼儿科学教育的内容

一、幼儿科学教育内容的选择

（一）幼儿科学教育内容选择的依据

《幼儿园教育指导纲要（试行）》（以下简称《纲要》）与《3~6岁儿童学习与发展指南》（以下简称《指南》）都没有就科学领域的教育内容做出具体的规定。科学又是一个非常广泛的包罗万象的概念。在当前的幼儿课程领域中，没有哪个领域的内容像科学领域那样广泛而庞杂，这使得幼儿科学教育内容的选择成为困扰幼儿教育工作者的一大难题。那么，幼儿教师在科学教育活动中到底应该选取什么内容呢？

1. 符合《纲要》与《指南》的主要精神

幼儿科学教育内容的选择首先要根据《纲要》和《指南》的精神。《纲要》是幼儿园开展一切教育活动的指南，它虽然没有明确规定幼儿科学教育的内容范围，但是提出了3~6岁幼儿科学教育的内容和要求。《指南》也没有明确规定幼儿科学教育的内容，但在每个年龄阶段的发展目标中都有体现，如4~5岁幼儿能感知和发现动植物的生长变化等，《指南》为教师选择幼儿科学教育内容指出了方向。

2. 符合幼儿科学教育的目标

幼儿科学教育目标指明了科学教育要达到的标准或要求，也是教师选择科学教育内容、开展科学教育活动的依据。幼儿科学教育目标的实现有赖于幼儿科学教育内容，或者说幼儿科学教育内容是实现幼儿科学教育目标的重要载体。

3. 符合幼儿认知发展的特点

要保证幼儿科学教育内容的可行性、实效性，幼儿科学教育活动的内容就必须符合3~6岁幼儿身心发展的特点。这一阶段的幼儿思维具有从直觉操作性思维向具体形象性思维过渡、逻辑思维处于萌芽阶段的特点，他们对周围的世界充满好奇心与求知欲，总爱问"这是什么""那是什么""为什么"等一些问题，但是他们却只能理解一些简单的科学现象。所以教师选择科学教育内容时要考虑幼儿的身体状况、年龄特点、思维特点，不能选择超出幼儿操作能力和思维水平的科学知识，而是要从幼儿身边的事物与现象中选择他们这个年龄段能够理解和体验的内容。

4. 遵循科学自身的特点和规律

科学是人们对客观世界的一种正确认识和知识体系，同时也是人们探索世界、获取知识的过程，还是一种世界观，即一种看待世界的方式和态度。如前所述，完整意义上的科学内涵包括三个方面：作为探究结果的科学知识，贯穿科学探究过程的科学方法和以科学探究精神为核心的科学态度。强调尊重客观事实，反对个人主观臆断，重视获取科学知识的过程、方法和态度是科学本身的特点。因此，教师在选择幼儿科学教育活动内容时要体现科学自身的特点和规律。

（二）幼儿科学教育内容选择的要求

如何根据《纲要》的教育理念，合理选取科学教育内容，成为幼儿教师和学前教育研究者共同关心的问题。"引导幼儿对身边常见事物和现象的特点、变化规律产生兴趣和探究的欲望"，说明幼儿生活中常见的事物和现象都可以作为幼儿探究和学习的对象，科学教育内容的选择范围是非常广泛的；"从生活或媒体中幼儿熟悉的科技成果入手，引导幼儿感受科学技术对生活的影响"，说明日常生活中应用的科学技术也是科学教育的内容；"在幼儿生活经验的基础上，帮助幼儿了解自然、环境与人类生活的关系"，说明自然环境也是科学教育的内容之一。科学教育不再是传统意义上的常识教育或数学教育，也不是两者的简单相加，其内容更加宽泛、灵活。

因此，教师在选择幼儿科学教育的内容时应该遵循以下要求：科学性与启蒙性、生活性与整合性、广泛性与代表性、时代性与民族性及全球性、地方性与季节性。

1. 科学性与启蒙性

（1）科学性与启蒙性的内涵

科学性是指幼儿科学教育的内容必须符合科学原理，是对客观世界的正确反映，不违背科学事实。科学性包含两个方面：一是科学教育的内容应具有科学性，这是由幼儿科学教育的学科特点所决定的；二是指幼儿探索科学知识的方法与途径的科学性。因此教师要从两个方面来把握科学性的内涵：一是科学知识的"科学"；二是科学知识获得过程的"科学"。前者要求教师选择的科学知识是正确的、符合客观事实的，后者要求教师让幼儿用科学的方法去获得科学知识，探究事物的客观规律。

启蒙性则是指幼儿科学教育的内容应是粗浅的而不是系统的科学知识，它们应该成为激发幼儿好奇心与科学探索兴趣、启发幼儿科学学习的媒介，不能超越幼儿的发展水平和理解能力。启蒙性要求的实质就是幼儿科学教育的内容要符合幼儿的认知特点，能够激发幼儿学科学的积极性，培养幼儿的科学素养和科学探索能力，不过分强调科学知识本身。幼儿年龄小，受其身心发展和生活经验、范围的局限，他们还难以理解抽象的科学原理，因此，教师所选择的科学教育内容必须是幼儿能够理解和接受的。但启蒙性也并不意味着"简单""容易"，甚至低估幼儿的能力。如果选择的内容过于浅显，范围过窄、分量过少，会阻碍幼儿的认知发展，降低幼儿的知识能力水平。教师在选择科学教育内容的广度和深度时要考虑幼儿的接受能力和理解能力，既不低估幼儿的能力，也不急于求成，拔苗助长。

（2）科学性与启蒙性的关系

科学性与启蒙性，二者是不可分割的。强调选择内容的科学性，目的是对幼儿进行科学启蒙教育；而强调启蒙教育，主要是针对教育对象而言的，是要考虑幼儿的身心发展水平，因为对于幼儿来说，只有启蒙性的科学教育内容才能实现科学教育的目标。因此，教师在选择科学教育内容时，既要选择具有科学性的内容，也要考虑其启蒙性。在幼儿科学教育实践中，某些幼儿园教师存在着一些不正确的做法。例如，有的教师认为幼儿无法理解科学知识、科学原理，于是就用一些不恰当的比喻、故事、童话来解释科学现象；有的教师由于自己无法解释一些科技问题，就用瞎编的方法回答幼儿。如"汽车为什么能跑这么快"，某些教师的解释是"汽车肚子里有个大力神"；再如，午间休息时，为了幼儿不吵闹、好好睡觉，有的教师会恐吓吵闹的幼儿"大老虎不喜欢吵闹的宝宝"等。教师这样的做法显然违背了内容的科学性。

当然强调内容的科学性并不是要一味地使用一些专有名词、专业术语来对幼儿进行科学启蒙教育。但在进行启蒙教育时，更不能用一些不恰当的比喻、不正确的解释来进行。

（3）在教育实践中如何兼顾科学性和启蒙性

①选择幼儿生活中熟悉和感兴趣的事物或现象，引导其发现日常生活中的科学。我们每天都要吃一定量的盐。幼儿在家里常会听到"这个菜淡了""盐少了""这个菜太咸了""盐太多了"等话语，他们对盐的经验也就是这点儿。教师可以有计划、有目的地组织幼儿认识盐，使幼儿知道炒菜要放盐，没有盐的菜不好吃；盐是白色的，有粉末状也有颗粒状；盐没有气味，可溶解于水中；将盐溶解于水中，让幼儿体验盐味的咸、淡；了解盐的用途及其与人体健康的关系。毕竟，只有这种建立在幼儿一定的生活经验和感性认知基础上的科学启蒙教育，才能较好地实现教育目标。因此，教师要选择幼儿日常生活中熟悉的内容，引导其发现日常生活中的科学。

②通过简单、明显的现象，让幼儿以具体经验的方式获得对复杂、深奥科学知识的粗浅认识与理解。例如，在引导幼儿了解"浮力"时，幼儿对"下沉""上浮"的概念比较难理解，教师可以通过游戏的方式让幼儿自己动手操作，因为，有了直接的亲身体验，幼儿就会获得一些物质在水中会"上浮"，一些物质在水中会"下沉"的科学经验。

③选择幼儿可以直接探究的内容，让幼儿通过直接的探究活动，在力所能及的范围内学科学。需要指出的是，并不是所有的科学内容都适于幼儿，一些幼儿用感官无法直接感知、不能或不宜直接操作的和存在安全风险的内容不适合选用，如认识物质的可燃性、中西药物的药性、毒蜘蛛等；那些远离幼儿生活不能被幼儿直接感知的内容，如微生物的形态等，也可暂时不纳入幼儿科学教育的内容中。

笔记

2. 生活性与整合性

（1）生活性与整合性的内涵

生活性是指教师选择的科学教育内容应该贴近幼儿的生活，是幼儿日常生活中常见的科学现象。幼儿教师要从幼儿认知发展的年龄特点出发，选择和提取他们生活经验和能力可及的范围内的事物与现象，使幼儿能够看得见、摸得着，能用自己的感官去感知，能在直觉经验的基础上发现事物的属性，发现事物与事物之间的联系。幼儿科学教育内容越接近现实生活，越能引发幼儿的学习兴趣，幼儿科学探索的热情越高，学习的效果越好。如风、雨、电、光、热、力、弹性、重量等，这些都是生活中常见的，又是可以通过简单的演示和操作活动能使幼儿感觉到、并易于幼儿理解的内容。因此，教师在选择科学教育内容时要从幼儿的实际生活出发。

整合性指的是教师在选择科学教育内容时要从全局来考虑，以便与其他领域的内容不冲突、不重叠、不滞后、不超前、不偏不倚。整合性是由幼儿的身心发展水平和学习特点决定的。幼儿的生活是一个整体，幼儿的发展需要社会和自然的和谐整合，幼儿的成长需要各方面的营养，既需要风雨也需要阳光和空气。因此，科学教育内容只有与其他四大领域相互交叉、相互补充、相互渗透、相互贯通，达到有机结合，才能使幼儿的发展更具完整性。

比如，以幼儿感兴趣的"蚂蚁"作为主题活动，教师可将对蚂蚁的探究贯穿在幼儿教育的各领域内：音乐活动中唱《蚂蚁向前走》的歌曲；教学活动中安排《蚂蚁的分类》；艺术和手工活动安排《蚂蚁图案》。这样以"蚂蚁"作为主题，整个科学活动分别将对"蚂蚁"的探究渗透于艺术、社会、科学等领域，这既符合幼儿的年龄特点又能满足幼儿发展的需要。

（2）在教育实践中如何兼顾生活性和整合性

①依据幼儿的认知规律和特点选择内容。幼儿教师要有"目标"，深入学习和领会《纲要》在科学领域的内容要求，对科学活动内容选择的范围要做到心中有数，选择幼儿可以直接探究的内容，将复杂、抽象的科学知识寓于简单的现象之中呈现出来，做到"心中有内容"、有"幼儿"；要熟悉《指南》中小、中、大班幼儿的典型表现，从幼儿的生活出发，选择适合该年龄段幼儿的兴趣、需要以及认知和经验水平的内容，使其既适合幼儿的现有水平的又有一定的挑战性。

年龄越小，认知事物就越需要直观，所以，教师在选择科学教育的内容时应该使其浅显易懂；随着年龄的增长和幼儿认知事物能力的增强，科学教育内容的选择就要增加一定的深度和难度。比如幼儿对"水"的探究，不是一次活动或一个年龄阶段就能完成的，幼儿对"水"的认识应该经历一个由易到难、由表及里、由浅入深的过程，这就得分阶段来完成对"水"的探究。小班是初步了解水是无色、无味、透明的；中班进一步探索水的物理性质，以及水的浮力等现象；大班是探索水的三态变化。

②注重科学教育内容的生成。教师要做一个有心人，幼儿园的一日生活，只要教

师用心去观察，就会发现有许多科学问题和现象可以成为幼儿感兴趣的科学探究活动。偶发事件中觉察的小意外、问题探讨中引发的小游戏、动植物生长的小秘密，都可以成为生成新活动的依据。教师要随时关注生活、关注幼儿的兴趣，根据幼儿的兴趣、需要和生活中具有教育意义的偶发事件生成科学教育内容。比如，刚刚种植的小白菜，太阳一晒，没有精神了，歪倒在地里。可到了第二天早晨，小白菜又精神起来了。教师可借助这一现象，说明植物是有生命的，它需要阳光、水等条件才能生长。

3. 广泛性与代表性

（1）广泛性与代表性的内涵

广泛性是指教师选择的科学教育内容要尽量涉及多个方面，以便通过多种教育活动的开展来确保幼儿获得广泛的科学知识和科学经验。科学教育的内容涉及天文、地理、物理、化学、自然环境与人类之间的关系等，这些内容可以让幼儿了解我们周围世界的多样性，帮助幼儿积累丰富的科学经验。

代表性是指教师选择的科学教育内容要能典型反映某领域的基本知识结构，具有该内容所在领域的典型特征。虽然科学教育内容的可选择范围很广，但教师不能违背幼儿的认知规律，要尊重幼儿的身心发展特点。因此，教师要选择有代表性的科学教育内容来开展幼儿科学教育活动，不能因为内容广泛而对内容不加选择和限制。

（2）在教育实践中如何兼顾广泛性与代表性

①科学内容的广泛性和代表性并不保证所有内容都具有同样的科学性和学习价值，以及同样的可探索性和可操作性，同时也不保证所有内容都适合所有幼儿和所有学习情境。因此，教师要根据教育内容本身的特点、幼儿的认知能力和已获得的科学经验基础、当前的学习情境，对科学教育内容进行筛选。

②从广泛的范围中选择内容。科学教育的内容，可以是来自于日常生活，也可以来自于自然科学各学科领域。日常生活中，幼儿每天都会见到各种各样的事物和现象，如土地里的花草、池塘里的蝌蚪、家里的电器，物理学中的重力、浮力，化学中的化学反应，天体中的太阳、月亮、星星等。

③权衡所选内容的代表性。在广泛选择的基础上，教师还要权衡这些内容是否具有代表性，是否能反映某一学科领域中最基本的知识结构，这些内容有怎样的教育价值等问题。也就是说，要确保教师所选内容能够使幼儿举一反三，为幼儿以后学习其他类似的科学知识提供帮助。例如，选择兔子作为科学教育内容就比较有代表性，因为，兔子是幼儿在日常生活中常见、熟悉的小动物，引导幼儿认识兔子的外形特征、生活习性可以为幼儿以后认识其他动物打下基础。

④权衡各部分内容的均衡性。为了使幼儿对客观世界有一个较为完整的认识，教师要考虑各部分内容是否覆盖了科学教育的所有范围，各部分内容的比例是否适当。在实际工作中，有些教师会依据现实情况或自身熟悉程度来选取科学教育内容，过多地强调某个领域的知识而忽视其他领域的内容选择，甚至以偏概全。这往往是由于材

料准备较困难、时间精力有限所致。因此，我们建议教师事先在学期计划中就安排好不同领域的科学教育内容，既不偏重也不回避，尽量涉及各科学领域的知识。试想一下，如果某位教师整个学期都安排认识鱼类的内容，就会导致幼儿虽然认识了各种各样的鱼，但却失去了认识其他科学现象的机会，其知识、经验、经历、能力和情感便都不能得到丰富、发展和提高。

4. 时代性、民族性与全球性

（1）时代性、民族性与全球性的内涵

时代性是指幼儿科学教育的内容中要有体现时代特点的现代科技成果。现代科学技术的发展突飞猛进，并与人们的社会生产和生活紧密相连。传统的科学教育侧重于认识自然界而忽略了科学技术的内容，不能充分反映当代社会现实和幼儿周围的世界，从培养幼儿科学兴趣和科学素养的角度来说，这显然是不足的。因此，我们要选择与幼儿生活密切相关，能被幼儿理解并能满足其好奇心、激发其探索兴趣的科学技术成果，如无土栽培、家用电器、现代通信设备等，来充实幼儿科学教育的内容。

民族性是指科学教育的内容要充分挖掘我国各民族的优秀科技传统，传承、弘扬中华民族的优秀科技文化。教师既要让幼儿了解我国古代的许多发明创造为世界科技发展做出的卓越贡献，让幼儿了解我国现代科学技术和科技成果，激发幼儿的民族自尊心和自豪感，也要组织幼儿了解、学习、吸收世界各国其他民族的优秀科技文化。

全球性是指在幼儿教育中，教师不能闭关自守，要有"古为今用，洋为中用""海纳百川"的进取思想，不让我国的下一代做井底之蛙，要使他们既有民族文化的自信心，也有虚心向他人学习的胸怀和不甘落后的民族进取心。

（2）在教育实践中如何充分运用时代性、民族性与全球性教育资源

①选择幼儿生活中的先进科技成果。幼儿的实际生活与现代科学技术紧密相连，他们无时无刻不在享用科学技术的成果。教师可以选择一些幼儿身边的科技产品或科学技术作为科学教育的内容，如手机、遥控飞机、电子玩具等。

②选择介绍科技发展过程。通过这种内容可以让幼儿了解、体验科学技术的发展历程，使他们体验到现代科学技术的先进性，树立对科技人员的崇敬心理，培养他们对科学技术的强烈好奇心和探索科学技术的强烈兴趣。例如，造纸术是我国古代四大发明之一，通过开展"我们也会造纸"活动，不仅可以使幼儿知道古时候的人用什么方法造纸，还可以使他们了解造纸的现代工艺技术，在对比中体验科学技术的发展。

③引导幼儿认识我国具有民族特色的物产或世界各国其他民族特色的物产。我国具有民族特色的物产非常丰富，比如茶叶、陶瓷、丝绸等。陶瓷是中国的一大特产，制瓷技术与瓷器在古时候就享誉全球，教师可以选择这样的题材作为幼儿科学教育的内容，让幼儿观察、感受、欣赏一些瓷器，通过多媒体观察制瓷的工艺流程。各地幼儿园可发掘本地的具有地方特色的物产，以培养幼儿热爱祖国和家乡的情感。对世界各国其他民族特色物产的学习，有利于扩大幼儿的视野，使其看到其他民族的优秀文

笔记

化，知道世界的丰富性和文化的多样性，激起幼儿的上进心。

5. 地方性与季节性

（1）地方性与季节性的内涵

地方性和季节性是指幼儿科学教育内容的选择应结合各地的自然条件和季节特点，做到因地制宜，灵活选择。我国地大物博、经纬跨度大，植物、动物种类繁多，物产丰富，各地的地理环境不同，季节特点不同，自然现象也存在差异。这就要求教师要根据地域特点或季节特点来选择教学内容。

（2）在教育实践中如何运用地方性和季节性教育资源

①要注重从当地的自然和社会资源中挖掘和选择有价值的教育内容。不同地区、不同幼儿园都应该根据自身所处的社会环境、地理环境，在当地的资源中选择合适的科学教育内容，努力打造具有地方和本园特色的课程。

②就地取材。教师要灵活地运用当地事物来替换距离幼儿较远或难以搜集的材料。让幼儿观察、探索他们所熟悉的事物，不仅能激发他们的探索兴趣，还能培养他们热爱家乡的情感。各个地方幼儿园只要根据本地的特点选择幼儿较熟悉的事物来认识，即使他们认识的具体事物不同，也可以达到同样令人满意的效果。

③根据当地季节变化特点恰当编排教育内容。教师应该选择与季节同步的自然现象作为幼儿科学教育的内容，因为这些内容离幼儿最近，便于他们进行直接的观察和探索。大自然春夏秋冬四季更迭，气候随之产生相应的变化，人类以及动植物也同时演绎着各自形态和行为上的变化。所有这些都令幼儿生活的环境随着季节变化而出现不同的内容，为了让幼儿亲自经历并感受大自然的季节变化，教师选编教育内容时就要与本地的季节保持一致。

（三）幼儿科学教育内容选择中存在的问题

为了了解并研究我国幼儿科学教育的现状，有关专家通过对我国幼儿科学教育开展调查研究，发现了幼儿科学教育内容选择中存在的如下问题。

1. 选取范围广泛但内容不够均衡

调查显示，在当前幼儿科学教育活动中，选取生态环境科学、生命科学和物理、化学科学的比率显著高于科学技术和空间科学的比率，教师对各项科学教育内容有较为明显的偏爱倾向，科学教育内容没有真正广泛化和丰富化[①]。《纲要》倡导的"引导幼儿感受科学技术对生活的影响""引导幼儿对周围环境中的时间和空间等现象产生兴趣"的理念有待进一步落实。

---

① 梁玉华.《纲要》颁布 10 年来幼儿园科学教育内容改革探析 [J]. 幼儿教育：教育科学，2011（9）：12-15.

2. 随意性较大，倾向于回避自己不熟悉的内容

调查发现，受现实因素的影响，教师对科学教育内容的选择会表现出一定的随意性。首先，物质材料的局限会影响教师对科学教育内容的选择。许多教师倾向于根据本班现有材料来确定科学教育的内容。其次，他人观点会影响教师对科学教育内容的选择。当要公开展示科学教育活动时，大部分教师会选择物理、化学科学。一位教师很坦白地说："物理、化学内容更方便组织探究活动。而季节、气候等内容虽然指导起来很方便，但没有什么内容可探究的，通常要教师直接告诉幼儿，容易被观摩者认为是传统的教学方式。"最后，教师自身特点会影响其对科学教育内容的选择。许多教师会根据自身对科学知识的熟悉程度来选取科学教育内容，避开那些自己不太熟悉的内容。①

3. 难以确定有关科学知识的内部结构及其年龄适宜性

调查研究发现，在选取科学教育内容时，教师一是难以把握科学教育内容的年龄适宜性，二是较难确定有关科学知识的内部结构。很多教师认为自己对科学教育内容的把握还不够准确，不能确定它们适合哪个年龄阶段的幼儿，也不知道探究到什么程度合适。另外，幼儿对很多科学知识的探究不可能一蹴而就，需要在不同阶段对同一科学知识进行多次探究。也就是说，同一科学知识很可能成为不同年龄段幼儿共同的探究内容。这对教师提出了更大的挑战，要求教师必须清楚地了解相关科学知识的内部结构及其相应难度层次，并能够根据幼儿的年龄特点，准确判断这些知识所适合的年龄层次。然而，由于许多教师自身科学素养比较薄弱，他们对许多科学知识缺乏全面把握，很难准确分析科学知识的内部结构。②

4. 重现成的教材内容，轻幼儿的生活实际

研究发现，在幼儿科学教育实践中，教师主要依靠现成的教学参考资料来设计、组织教学活动，教育教学不是建立在对每个幼儿学习兴趣与需要的了解、顺应和尊重的基础上，而是教师要求幼儿参与到对他们来说可能是毫无意义的活动中去的，忽视了当地及本园的具体情况和幼儿的实际生活经验。这样不仅不能激发幼儿学习科学的兴趣和参与活动的积极性，还可能产生很多负面效果。

5. 重科学小实验与小制作，轻广泛的科学现象

科学教育的内容是很广泛的，包括人体和健康教育、动植物教育、生态和环境教育、操作和使用工具教育、自然科学现象教育和科技教育等。科学教育要求教师引导幼儿关注身边广泛的科学现象，以使其获得广泛的科学知识与体验。但在幼儿科学教

---

① 梁玉华.《纲要》颁布10年来幼儿园科学教育内容改革探析 [J]. 幼儿教育：教育科学，2011（9）：12-15.
② 梁玉华.《纲要》颁布10年来幼儿园科学教育内容改革探析 [J]. 幼儿教育：教育科学，2011（9）：12-15.

育实践中，一说到科学教育，教师就会选择一些科学小实验或科学小制作，认为幼儿只有在科学小实验或小制作中才有动手探究的机会，往往忽视了引导幼儿对周围生活中广泛科学现象的感知与观察；有些教师在选择科学小实验或小制作时，往往过分注重其新颖性，忽视了幼儿的认知能力，不易为幼儿所接受。

6. 注重科学概念的精确性，忽视幼儿的理解能力

幼儿由于年龄小，其思维以具体形象思维为主，理解能力还比较低，不能理解深奥的科学原理，对科学现象的认识也只是初步的。对他们来说，科学活动的作用是初步树立科学的思想，构建科学的思维方法，探索科学的活动过程，而非专业术语的精确表述。科学是需要绝对的精确，但对科学的描述应有精确和概述之分、定性和定量之别，教师应从幼儿的角度去表达、描述科学概念或科学现象，以使其易于被幼儿理解和接受。

二、幼儿科学教育内容的选择范围

（一）探究自然环境及其与人类生活的关系

随着幼儿科学教育的改革，人们已经把生态观的教育理念引入幼儿科学教育中。科教改革的最大变化是我们不能孤立地去认识自然环境中的动植物、非生物，而是要将其放在生态背景中去认识，特别强调热爱自然、保护自然、人与自然和谐相处的生态观点。幼儿在认识自然环境方面应该学习的内容有如下几点。

1. 自然界常见动植物与环境的关系

（1）观察常见的动植物

引导幼儿观察常见动植物的生长与生活，探索动植物的特征与多样性，使幼儿达到以下两点。

①能说出常见动植物的名称，并通过观察了解它们的外部特征，通过种植和饲养发现它们的生活习性和生长规律，了解它们与人类生活的关系。

②能探究和认识动植物的多样性。通过观察使幼儿认识到，动物中有体积较大的，如大象；也有体积极小的，如蚂蚁；有性情凶猛的，如老虎、狮子；也有性情温顺的，如小兔子；有的能在空中飞翔，如麻雀；有的会在水中游泳，如小鱼；有的是吃草的，如牛、马；有的是人类的好朋友，如小狗等。不同的植物，根、茎、叶、花、果实等都是不一样的，它们生长的环境以及需要的阳光、水、温度和土质等条件也是不一样的。

此外，对于不同年龄的幼儿，观察的对象、内容、方式和要求也是不同的。小班应该选择幼儿熟悉的、比较典型的动植物，如温顺的小鸡、小兔、小乌龟等。中班应该选择两种及以上的对象，以便幼儿在观察的基础上进行比较，如各种各样的树叶、石头、贝壳等。大班

中班科学活动
——各种各样的鸟

则可启发幼儿思考动植物的形态结构和功能之间的关系，如在观察啄木鸟时，教师可以引导幼儿讨论啄木鸟的嘴巴是什么样的，为什么会长成这样，它的爪子像什么，它有什么作用等。对于大班的幼儿来说，除了观察真实的对象，还可以通过让他们观看图片、录像等形式，初步了解动植物的多样性，如生活在不同环境中的动植物等。

（2）探索和初步发现动植物与环境的关系

①动植物生长与环境的关系。要通过亲自种植和饲养等活动，让幼儿知道动植物的生长离不开阳光、空气、水和土等条件；不同的动植物生长环境是不同的；动植物会随着季节的变化而变化；动植物、季节的变化与人们的生活息息相关等。

②动植物的多样性与环境的相互关系。要使幼儿认识到不同的环境中生活着不同的动植物，如"不怕冷的企鹅""泥土下的蚯蚓""森林里的动物""海洋里的大鲸鱼"等都反映了这些动物所生活的环境，脱离了这些环境，它们就难以生存。

③动植物和季节变化的关系。如探索冬天到了，动物和植物如何过冬（有的动物会冬眠，有的动物会改变自己的身体状态，有的植物会落叶等）；春天到了，动植物又有哪些变化等。

④动植物的形态结构与环境的关系。不同环境中的动植物在形态结构上是不同的，教师可以引导5岁以上幼儿关注和思考动植物的外部特征、生活习性、生活环境对动植物生存的意义。如兔子的长耳朵具有自我保护的作用，植物种子的形状有助于其传播等。

⑤动植物之间的关系。要使幼儿了解动植物之间有的是朋友，有的是敌人，如鳄鱼与牙签鸟是"好朋友"，捕鼠能手猫头鹰，老鹰是鸡的天敌，狮子是鹿的天敌等；动植物间的友好关系，如兔子—草—粪便—草的生长—兔子，种子发芽，植物生根、开花、结果等。

⑥动植物和人类的关系。要使幼儿了解人类在生活中如何利用动植物（食用、观赏等），人类要如何保护动植物（和谐相处等），以及不保护所造成的后果（如生态环境遭到破坏、出现沙尘暴、雾霾）等。

2. 自然界中的非生物与人和动植物的关系

自然界中的非生物主要是指沙、石、土、水、空气等。

（1）沙、石、土。沙、石、土是幼儿在生活中经常接触到并且非常喜欢玩的物质。应该让幼儿在玩沙子、玩泥土的探索活动中感知并比较它们的特征，了解它们在日常生活中的用途。教师让幼儿了解地球上覆盖着大量的沙、石、土，土是植物生长的宝地，沙、石上不适合生长植物；让幼儿了解土地与动植物和人类生存、生长的关系，教育他们要珍惜土地，合理利用并保护自然资源。

（2）水。让幼儿在与水接触的过程中，感受水的无色、无味、透明，引导他们探索一些和水有关的物理现象，如水向低处流、水有浮力、水能溶解一些物质等；让幼儿探索水的三态及其相互变化的现象，了解水对人、动植物的重要性，体验水是生命

笔记

之源；让幼儿了解自然界中的各种水源——江、河、湖、海等，使其懂得节约用水，保护水源。

（3）空气。让幼儿体会到空气就在我们周围，虽然我们看不见、摸不着但又离不开它。幼儿对空气难以理解，教师可以通过引导幼儿探索空气的流动（风）、充气等与空气有关的现象，以及空气污染来增强幼儿对空气的感性体验，使幼儿了解植物的生长与空气的关系，如植物可以净化空气，使空气更加清新；知道人类时时刻刻都在呼吸空气，空气是任何生命所不可缺少的物质；体会人类生活与空气的关系，如空气污染、保护空气等。

小班科学活动——会变颜色的叶子

3．人与自然环境的关系

（1）人体的外部结构、感觉器官和功能

①观察人的外部结构，主要包括头、颈、四肢、躯体、皮肤等，让幼儿感受其各自的功能。

②感知人的感觉器官，主要包括眼睛（视觉）、鼻子（嗅觉）、耳朵（听觉）、舌头（味觉）、手和脚（触觉）、皮肤等，让幼儿感受其各自的功能并知道怎样保护它们。

（2）人的内部生理和心理活动

①让幼儿感受人的生理活动，包括呼吸、消化、血液循环、排泄等。

②让幼儿感受人的心理活动，包括情绪、情感、想象和记忆等，知道人有不同的情绪表现形式，如高兴与微笑、伤心与哭泣等，学习控制自己的消极情绪，发展自己的积极情绪。

（3）人体的生长发展过程与保护

使幼儿了解人从出生、发育到衰老是一个自然的生命发展过程。教育幼儿可以通过锻炼身体，养成良好的生活、卫生习惯和合理的营养来保持身体的健康，预防疾病。

（4）开展自然生态环境教育

自然生态环境的教育，特别要体现人与自然的和谐关系。教师应该培养幼儿从小懂得人与自然环境的依存关系，使其了解人类在从自然环境中取得资源的同时，也对它造成了一定的破坏；使幼儿从小关注周围的环境，知道一些破坏环境的行为，懂得环境需要保护，并养成良好的环境保护习惯。

（二）探索身边事物的特点及其变化规律

物质世界在其变化和发展过程中表现出来的各种外部形态和联系，都是可以让幼儿进行探索的科学内容。尤其是常见的自然现象，更能吸引幼儿的好奇心和探究欲望。这些发生在幼儿身边的自然现象，有的夜以继日、循环往复地出现，有的则神奇莫测、变幻无穷，激发着幼儿去探索和了解。

自然现象对于幼儿探索科学、探索大自然的规律有着特别重要的意义。受到幼儿认知发展水平的限制，他们还不能理解抽象的科学概念，而自然现象则将深奥的科学

笔记

概念和原理以具体形象的方式呈现在幼儿的面前，符合幼儿的认知特点。幼儿对自然现象的探索，是其迈向科学殿堂的第一步。

幼儿学习自然科学现象的重点，应该是对具体现象的探索和科学经验的获得，而非对抽象科学概念和原理的掌握和理解。因此，让幼儿探索的事物应该来自幼儿身边，来自幼儿的生活。在幼儿探索自然科学现象的过程中，教师还要注意让幼儿了解这些现象与动植物，特别是与人类生活的密切关系，突出科学知识与日常生活的联系及其在日常生活中的应用。

幼儿可以探索的有关自然科学现象包括：气候和季节现象，简单、安全的化学现象，常见的物理现象，以及天文现象等。

1. 气候和季节现象

自然界中的气候和季节现象是四季变换规律的具体表现，它影响着动植物的生长和人类的生产、生活。观察和了解气候与季节现象，对于幼儿认识自己所生活的环境，主动适应环境，以及保护自己的身体健康都有重要的意义。但是，幼儿理解气候和季节也有一定的困难。因此，教师应该培养幼儿关注周围自然环境的兴趣，帮助他们积累这方面的经验。幼儿有关气候和季节现象的学习内容，主要是他们熟悉、可见的现象及其与人类、动植物的关系。

（1）观察和感受不同情形下的风的不同。

（2）观察空中的云及其运动和变化，特别是不同天气时云的变化。

（3）观察并记录晴天、阴天、雾天、雨天等不同的天气现象，体会大雨和小雨等的不同。

（4）观察和探索冬天常见的天气现象，如冰、雪、雾、霜等；夏天常见的天气现象，如雷、雨、彩虹等。

（5）知道一年有春、夏、秋、冬四个季节，观察其变化，感受并了解各个季节的典型特征，包括常见的天气、气温的变化，人类生活及动植物的变化等。

（6）初步了解季节变化与人类及动植物的关系、人如何适应季节变化等问题。

2. 化学现象

化学现象在幼儿的生活中比较常见。"化学小实验"是化学教学中可以用来进行幼儿科学启蒙教育的手段，它以小实验的形式出现，供幼儿进行探究学习。适用于幼儿科学教育的化学小实验是多种多样的，幼儿教师应该熟悉或了解这些实验，并依据它们的特性将之恰当地运用到幼儿科学启蒙教育之中。

（1）教师将化学小实验作为情景设置，吸引幼儿的注意力，激发幼儿参与主题活动的兴趣。这类小实验一般具有比较明显的现象，会产生魔术效应，能给幼儿较为强烈的视觉刺激，比如，指示剂的变色反应、色彩分离等。

（2）选择合适的化学小实验，组织幼儿开展主题探究，培养幼儿的探究能力。这

类小实验第一要具备高度的安全性和可操作性，第二要便于教师设计主题活动；探究时的影响因素不宜过多，要能让幼儿在通常状态下得出科学的探究结果，比如淀粉与碘酒的反应、维生素 C 的检测等。

（3）将化学小实验纳入区域活动中，拓宽幼儿探究的时间和空间，以便进一步促进幼儿的发展。这类小实验除了要具备安全性和可操作性外，实验材料还要易得，能满足幼儿反复探究、大量探究的欲望，实验结果也可以具有一定的开放性。比如，污水变清、喷泉实验等。

3. 物理现象

物理现象的内容既丰富又便于幼儿通过操作具体材料来进行探索。按照涉及的学科领域划分，物理现象主要包括力、光、热、声、电、磁等内容。

（1）力。力是由物体之间相互运动产生的，力的表现形式多种多样，有浮力、重力、推力、拉力、摩擦力、弹力、压力、吸引力、风力、电力等。力的具体探究内容有：感受力的大小，探索发现力的方向，探索力和运动之间的关系，以及不同大小方向的力和运动之间的关系。教师可以通过让幼儿玩跷跷板、天平、平衡架等来使幼儿探索平衡的条件，体验力的平衡。还可以使幼儿探索各种机械，以发现其作用；探索省力的方法，如车的轮子、滑轮、杠杆、倾斜面等；探索各种自然力（风力、水力），了解人类对它们的利用。

（2）光。赤橙黄绿青蓝紫，各种色彩的灯光会让幼儿兴奋激动。光和颜色与我们的生活紧密相连，幼儿可以探索光的现象有：认识光源（自然的、人造的）以及它们的不同，了解光对于人类的重要性。教师可以通过让幼儿玩各种光学仪器（如平面镜、三棱镜、凸透镜、凹透镜等）和日常的物品（如镜子等）、玩具（如望远镜、万花筒、吹泡泡等），来使幼儿探索光的反射和折射现象。还可以通过实验让幼儿探索、发现光和影子的关系，探索颜色的现象，如颜色的叠加和变化等。需要提醒的是，教师要告诉幼儿，当遇到强光刺激时，他们要知道保护自己的眼睛。

（3）冷与热。可结合日常经验，让幼儿探索以下内容：学习用自己的感觉器官（如用手摸或用眼睛看等）来判别物体的冷热；感受有的物体热，有的物体冷；探索并发现热的物体会变冷，冷的物体会变热；讨论可用什么办法使物体变冷、变热；知道天气的冷热；讨论夏天怎样散热，冬天怎样取暖保温，并能根据各地的情况了解、掌握几种常见的取暖或散热的方法。

（4）声。幼儿自出生起就能对外界的声音做出反应，声音是幼儿最初了解世界的重要信息来源。教师可结合听觉能力的培养让幼儿探索有关声音的内容：能辨别各种声音，如自然的声音、人的声音、机器的声音等；了解各种声音所代表的意义；探索各种能产生声音的物体和能产生声音的方法；探索各种声音的不同；通过游戏、实验等探索声音的传播；了解几种生活中常见的能传播声音的现代科技产品，探索它们是如何将声音传播得更远的；了解噪声的产生及其危害，让幼儿掌握一些遇到刺激性声音时保护耳朵的方法。

（5）电。幼儿生活的周围都是与电有关的物品，如电灯、电动玩具、电视、手机、电饭锅等，电无处不在，人类的生活离不开电。教师应该通过开展电的科学教育，让幼儿了解电的神奇力量，激发他们的好奇心与创新力。但电也是危险的，教师要对幼儿进行适当的用电知识教育，培养幼儿的安全用电意识。幼儿可以学习的电的内容有：通过游戏探索摩擦起电的现象；初步了解日常生活中电的来源，知道有煤电、水电、风电、核电和太阳能发电，知道电是发电厂通过电线输送来的；初步了解干电池也能生产电，在游戏或实验中探索干电池的用途；同时，教师还应该告诉幼儿，废旧的干电池是有毒的，不能随便丢弃；探索各种家用电器的功能，初步了解电在日常生活中的应用；让幼儿玩各种电动玩具或进行简单的实验操作；了解安全用电的基本常识。

（6）磁。指南针是我国古代的四大发明之一，磁的发现与运用历史悠久。但与其悠久历史相比，磁在生活与科技中的应用就显得很不够。尽管幼儿并不理解磁究竟是什么，但探索磁的现象却能激发幼儿的好奇心，增强他们进行科学探索的兴趣。幼儿可以学习的磁的内容有：探索各种大小和形状的磁铁，发现磁铁能吸铁的性质；对于大班的幼儿，还可以探索不同磁铁的磁力大小；通过游戏或实验探索磁铁之间的相互作用，发现吸引和排斥的现象；通过玩指南针或磁针，探索指南针指南的现象；了解磁铁在生活中的应用，寻找哪些物品里用到了磁铁。

4. 天文现象

天空有明亮的月亮、满天的星星和温暖的太阳，在幼儿的心目中，天空既无垠又神秘。即便从科学家的角度来看，天体也是神秘的，宇宙中仍有许多的事物和现象需要人类去探索。幼儿的思维难以理解抽象的天文知识，因此，在学前时期，教师不必向幼儿解释各种抽象的天文知识，但可以通过让幼儿直接观察天文现象来获取相关的经验。比如，可以让幼儿观察天空中的月相或通过实验让幼儿体会到太阳能给我们带来光和热，它是人、动物、植物生长所必需的。此外，教师也可以引导幼儿从图书等其他渠道来获取天文知识。

以上所列内容，是幼儿教师可以但非一定要对幼儿进行科学教育的内容。在实践中，教师更应该考虑幼儿的生活经验，切记幼儿探索的是"身边常见"的事物和现象。

（三）体验和探究科技及其对人类生活的影响

现代科技的迅速发展，使人类的生活发生了深刻的变化。生活在当代社会中的幼儿，无时无刻不受到科技的影响、不在享用着现代科技产品，他们对科技充满好奇心，如电视机里的图像是怎么传输进去的？手机里能听到妈妈说话，妈妈怎么到手机里去了呢？因此，教师可以通过让幼儿体验和探索现代科技产品及其技术来激发幼儿的科技探索兴趣，培养幼儿热爱科学的情感和善用科技的态度。

1.幼儿生活中常见的科技产品

（1）使幼儿认识现代家用电器，如电视机、电脑、洗衣机、电冰箱、空调、电饭煲等，初步掌握这些家用电器的使用方法，体会它们在家庭生活中的作用。

（2）观察各种常见的交通工具，如自行车、电动车、公交车、汽车、火车、飞机等，通过比较这些交通工具的异同，使幼儿了解它们的优缺点，体会它们和人们生活的关系。

（3）使幼儿探索现代通信工具，如固定电话、手机、网络等，体会它们给人类生活带来的便利。

（4）使幼儿学会正确使用和探索各种科技玩具，如遥控汽车、遥控飞机等，并在保证安全的前提下，鼓励幼儿拆装或动手自制玩具。

（5）使幼儿探索并初步了解几种农业科技产品，如无土栽培的蔬菜和瓜果、人工饲养的家禽和水产品、机械化养的鸡等。

2.常见科技产品的发展历史

教师可以通过向幼儿介绍生活中常见科技产品的发展历史，使其体会到它们与人们生活的关系。以陆地交通工具为例，现代交通工具多以汽车、火车为主，这是多数幼儿体验过的，但幼儿对过去人们使用的交通工具并不了解。教师可通过带领幼儿追踪人类陆地交通工具发展变化的历程：手推车—马车—自行车—汽车—火车，引导幼儿了解科学技术进步给人们的生产、生活带来的变化，点燃幼儿学科学、学技术、用科学、用技术的热情。与此同时，这种对常见科技产品发展历史的介绍，还可以使幼儿懂得一切事物都是不断发展的，而且随着经济和科学技术的进步，一切事物都会变得越来越好。

3.使用简单的工具

能制造和使用工具是人类与动物的一大区别。工具是人手的延伸，是技术的物化形式。幼儿使用最早、用得最多的就是筷子、汤匙、钥匙之类的工具，教师可引导幼儿说说这些工具的功能，也可以让幼儿学习使用生活、生产中常用的工具，了解这些工具的功能。比如，可以让幼儿尝试使用棍子、锤子、钳子、螺丝钉、扳手等工具，培养他们的实际操作能力，并使其在实践中认识到工具的用途，体验人们借助工具可以做更多更难事情的成就感。

4.简单的科技小制作

在了解科技产品和探索科学现象的基础上，教师可以让幼儿学习运用工具和废旧物品制作简单的科技玩具，如小汽车、风车、陀螺等。通过科技小制作，幼儿可以直接体验到其中的技术，培养自己动脑思考的好习惯，并获得一些具体的操作技巧。

笔记

5. 熟悉科学家、工程技术专家的故事

教师可以通过讲故事或看视频的方式，让幼儿了解科学家、工程技术专家如爱迪生、莱特兄弟、居里夫人、"中国现代火箭之父"——钱学森、"中国杂交水稻之父"——袁隆平、"中国第一位航天员"——杨利伟、著名数学家华罗庚等人的故事，及其对于科技发展所做的贡献；也可以请身边的科技工作人员与幼儿直接交流，了解科学家、工程技术专家的成长历程，分享科学家、工程技术专家在科研与技术创新中的快乐与成就，激发幼儿热爱科学、崇尚科技的情感。

 思考与练习

1. 制定幼儿科学教育目标时，教师需要考虑哪些因素？
2. 比较小班与中班的科学教育目标，说说它们有什么联系和区别？
3. 利用所学知识为大班科学活动《桥》或小班科学活动《吹泡泡》设计活动目标。
4. 简述幼儿科学教育内容选择的依据。
5. 简述如何兼顾幼儿科学教育的科学性和启蒙性。
6. 幼儿科学教育内容的范围包括哪些方面？

 技能实训

结合所学知识，对下面几个科学活动案例所设计的活动目标做出分析。

活动一："会游泳"的鹌鹑蛋

要求：探究鹌鹑蛋在水中、醋中以及不同浓度盐水中的沉浮。

目的：了解物体的沉浮和探究方法，培养幼儿的动手实验能力，体验沉浮这一现象。

活动二：观察纽扣

要求：观察并说说纽扣的种类、特点、功能。

目的：通过学习增进幼儿的观察、比较、分析、动手及表达交流能力，使他们学会扣纽扣。

活动三：吹泡泡

要求：探讨吹泡泡的液体和工具，用丰富的语言描述泡泡的形态等。

目的：通过吹泡泡培养幼儿的操作技能，增强幼儿的表达交流能力。

CHAPTER 3

幼儿科学教育的途径与方法

关键词

幼儿科学教育途径；集体教学；游戏；幼儿科学教育方法；探究式学习

学习目标

1. 了解幼儿科学教育途径与方法的独特性、重要性。

2. 了解幼儿科学教育的途径。

3. 理解探究式科学教学的基本理论，掌握幼儿探究式学习的基本步骤和指导策略。

4. 能够结合幼儿科学教育内容选择合适的方法。

内容结构图

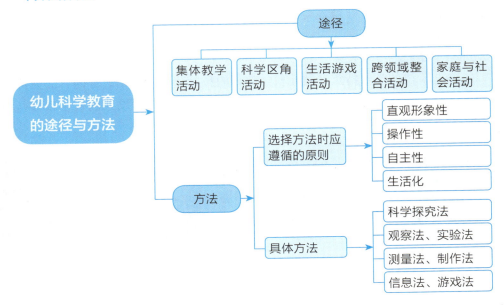

本章第一节简要介绍了集体教学、科学区角、生活游戏等开展幼儿科学教育活动的途径，第二节详细介绍了幼儿科学教育的方法。本章重点在于如何依据3~6岁幼儿的特点开展科学探究学习活动，难点在于如何组织跨领域的科学教育活动。

 **问题导入**

很多人都有这样的经历：冬季脱衣服或起床掀开棉被时，会有一些火光闪过。如果幼儿不知道这是什么，他们可能会感到恐惧，请问你能给幼儿解释这种现象吗？

科学实验表明，物体因摩擦而带的电，不是正电就是负电。用丝绸摩擦过的玻璃棒所带的电是正电；用毛皮摩擦过的橡胶棒所带的电是负电。相同的电荷有相互排斥的特性，而不同的电荷会互相吸引。

问题

在幼儿科学教育活动中，教师应该通过什么方法和步骤让幼儿了解左面提到的有关电荷方面的知识呢？

分析：

利用幼儿身边发生的现象对幼儿进行科学教育，能有效激发幼儿的好奇心，培养他们对科学的兴趣。而如何让幼儿获得这些现象中所包含的科学知识，如何通过这些科学知识的教学实现多方面的教育目的，则需要教师做深入的研究，找寻合适的方法和策略。

在确定了科学教育的目标，明确了相应的科学教育内容后，采用适当的途径和方法来开展幼儿科学教育就显得十分重要了。幼儿科学教育的途径与方法是关乎科学教育实践的两个重要问题，对这两个问题的掌握程度直接影响着教师的科学教育能力和幼儿科学学习的有效性。

幼儿阶段的学习特点、幼儿科学教育的目标和幼儿科学教育内容的独特性，共同决定了幼儿科学教育的途径与方法应该有别于其他年龄段幼儿的科学教育，也应该有别于幼儿园其他领域的教育。

第一节　幼儿科学教育的途径

一、集体教学活动

集体教学活动是幼儿教育活动的一种重要组织形式。幼儿科学教育中的集体科学教学活动，是指教师根据幼儿科学教育的目标，有计划、有目的地选择教学内容，提供相应的材料，面向全体幼儿开展的专门教学活动。

根据活动的形式特点，集体科学教学活动又分为观察认识类、实验操作类、交流讨论类、技术操作类等类型。

二、科学区角活动

幼儿科学教育中的科学区角活动，是指幼儿在专门的科学区角，自主选择活动内容、活动方式、活动材料、活动伙伴，并按照自己个性化的兴趣和原有水平进行各种科学探索和科学游戏的活动。幼儿在这里较为自由，可以找到适合自己的最佳学习方式，体验到快乐、自信和成功。

根据活动内容设置的不同，科学区角活动可以分为自然角和科学发现区两种类型。

三、生活游戏活动

(一) 生活中的科学教育

生活中的科学教育又称为随机性科学教育或偶然性科学教育。它是指在幼儿的生活中突然发生的一些有科学意义的，同时又激发了幼儿的好奇心、对幼儿来说是需要探索的或能激发幼儿探索欲望的事项。因此，在幼儿的一日生活中随机地进行科学教育，是幼儿科学教育的一条重要途径。生活是幼儿科学教育的基础和源泉，科学就在幼儿身边，幼儿一日生活中的衣、食、住、行、玩，一日生活中的所见所闻，都可能成为科学教育的内容。

大自然、大社会就是活教材。教育家陶行知先生曾经说过：生活即教育，社会即学校，"必须以大自然为您的生物园，才有丰富的收获……真教育是在大自然与大社会里办……"。大自然在一年中的每一个季节都给孩子们带来妙趣横生的礼物。在大自然中，幼儿感受、体验和发现着自然界的变化和奇妙，其乐无穷，受益无限。如在春季，教师可以带领幼儿去公园踏青，观赏各种千奇百怪的植物；在秋季，可以引导幼儿看落叶飞舞、看小草枯黄、看菊花开放；也可以带领幼儿去幼儿园附近的菜园参观，认识各种蔬菜。在我们的日常生活中，幼儿经常会产生很多疑问："牛奶是从哪里来的？""苹果是机器做的还是树上结的？""汽车为什么跑得快？"。要想给幼儿"活"的教育，教师就要善于抓住日常生活中的科学现象，对幼儿进行随机有效的教育引导。

日常生活中的散步更是科学教育的好机会。教师可以让幼儿注意各种花草树木的变化、天气的变化，或者让幼儿闭上眼睛感受一下风吹到身上、太阳照在身上的感觉，这对幼儿的发展是十分有利的。教师要鼓励幼儿通过动手、动口、动脑去感知和体验大自然，激发幼儿的好奇心，培养其敏锐的观察力，让幼儿尽情地运用感官去发现世界的奥秘。

(二) 游戏中的科学教育

游戏是为了满足儿童的心理需要，由儿童自发表现出的行为模式，它集娱乐性、趣味性、教育性于一体，是幼儿园里最基本的、最受幼儿喜欢的教育活动，也是对幼儿实施科学教育的重要途径。如何将科学知识教育、科学探索活动设计成游戏的形式，是幼儿科学教育的重要课题。

四、跨领域整合活动

《幼儿园教育指导纲要（试行）》将幼儿园教育内容分为五大领域，同时强调领域之间在课程实施层面的整合。幼儿园中的健康、社会、艺术、语言等领域的活动都应该而且可以渗透到科学教育领域中去。幼儿教师必须从幼儿发展的全局来组织科学教育活动，而不是局限于某一领域。

比如，美术活动是幼儿非常喜欢的活动。在美术活动中利用废旧材料，不仅能发展幼儿的动手动脑能力，使他们懂得废物利用、变废为宝，还可以使他们产生最初的成就感。例如，牛奶盒、一次性塑料杯是幼儿常见的废旧物品，教师可以问问他们牛奶盒除了可以装牛奶外，还有什么用途呢？他们可能会回答：牛奶盒可以给小兔子建造房子，给小汽车建造一个遮阳棚等。由此，教师既可以引导幼儿进行想象、探索，给幼儿自由创作的机会，同时也可以培养幼儿将废物变为可用资源的创新能力，培养他们的绿色环保意识。

体育活动也是幼儿十分喜欢的活动，教师要善于观察、引导。例如，在体育活动中，教师可以有意识地让幼儿比较各种体育器械的特征，感知圆形物体和方形物体哪一个拼起来又快又方便，还可以使幼儿将自己的生活经验运用到游戏中，体验圆形物体的优点和特性。

五、家庭与社区活动

（一）家庭中的科学教育

家庭教育是幼儿教育的重要组成部分，在家中对幼儿进行科学教育是幼儿家庭教育的重要内容。随着全民科学文化素质的提高，有一定科学知识素养的家长也会对幼儿进行有计划的教育活动，但更多的家庭则是无计划、无目标地对幼儿进行一些随机的科学教育活动。家长自身的科学素养水平，从多方面影响着其对幼儿科学教育的参与和指导。第一，家长科学知识的多寡，决定了其是否可以为幼儿的许多问题做出合理解释；第二，家长对待科学探究的态度，直接着影响其支持、指导幼儿探索世界的能力和水平；第三，家长是否具备科学精神，对幼儿探索世界的热情和积极性会产生重大影响。幼儿园应该加强家园互动，指导家长配合幼儿园的活动，提高家长的幼儿教育能力，使其充分运用家庭中的资源，如家庭中的物质设施、信息资源（书籍、报刊、电视、成人交流的信息）、人力资源等，来开展家庭科学教育活动。

（二）社区中的科学教育

幼儿园和社区的合作共育越来越成为幼儿教育领域颇受关注的研究课题。随着理论和实践的不断丰富，幼儿园已经逐步走进社区，将社区资源视为幼儿园教育的有益补充。"运用社会资源，既可以弥补幼儿园科学教育设备的不足，又可以使幼儿在社会大环境中亲自感受、体验，获得广泛的感性经验。"幼儿期大量感性经验的获得，为维持幼儿对周围世界的兴趣和进一步的探究奠定基础。随着小型社区（指街道办事处所辖区域）与微型社区（指居委会所在区域）建设的发展，政府加强了对社区资源的整合，幼儿园与同一辖区内的其他单位，如消防队、公安局、医院等之间的横向联系日益加强。幼儿园利用这类资源可以开展特定主题的活动，让幼儿在真实的社会生活中获得科学经验，感受现代科技的魅力，加深对科学与人类生活关系的理解。

第二节 幼儿科学教育的方法

一、选择幼儿科学教育方法应遵循的原则

1. 直观形象性原则

幼儿的思维处于具体形象思维阶段，因而幼儿时期的科学教育要尽量直观形象化。例如，对于幼儿来说，用图画的效果优于语言，实物的效果优于图画。因此，教师要多采用观察、参观或实物操作的方式，使事物的特点和事物之间的关系变得直观可感，以便幼儿认识物象背后的科学知识。当然，教育的直观形象性并不是一切信息的呈现都要形象化，而是关键教育内容的形象化。其实幼儿周围的世界本身就是形象化的，但它们并不都是有利于幼儿学习的，因为这种形象化没有突显出其知识性，没有以形象化的方式呈现事物表象背后的本质和规律。例如，幼儿看到很多肥皂是没有意义的，只有让他们认识到肥皂的去污性能才有意义，这就要求教师不只是提供肥皂这个形象，关键是要把肥皂的去污性能形象化。

2. 操作性原则

操作是幼儿探究世界、获得知识、发展思维的重要手段。皮亚杰认为，思维来源于动作，外显的动作会逐渐内化为隐性的形式，即思维。因而，在初级的思维阶段，在低层次的知识学习中，操作的作用是非常重要的，幼儿要通过操作来形成思维并获得知识。比如，踢球这个简单的操作，就能够使幼儿在踢的动作与球是滚动的之间建立联系，并进一步把踢的力量、方向与球运动的距离、方向等建立关联，同时使幼儿

产生了自我成就感，促进自我意识的发展，建立自我与世界的关系。可见，操作对于幼儿教育有着重要的意义，进行科学教育时尤其如此。

3. 自主性原则

幼儿不仅思维水平低，意志力水平也比较差，所以，以教师为中心的强制教育和知识灌输是不会有好效果的。幼儿科学活动应该是幼儿通过自身的各种活动，如看、摸、听、尝、嗅等，来获得感性经验。教师要尊重幼儿的主体性，让幼儿通过自主操作、自主探究，在兴趣中自主学习科学知识。教师主要作用则是通过情境的创设和教具的使用来引导幼儿，激发幼儿的科学学习兴趣。

4. 生活化原则

陶行知的"生活教育"理论反对以"教"为中心，主张"教学做合一"。他认为，幼儿教师的教学方法一定要由以"教"为中心转变为以"学"为中心，让幼儿学会学习。陶行知极其重视实践，在具体教学中，他特别强调"要解放孩子的头脑、双手、眼睛、嘴、空间、时间，使他们得到充分自由的生活，从自由的生活中得到真正的教育"。[1]

幼儿园的科学教育就是要充分利用周围环境，为幼儿创设条件，提供物质材料，帮助幼儿主动获取粗浅的科学知识和经验。在幼儿的生活周围，充满着各种有趣的科学现象，教师应让幼儿置身于广阔的社会生活中进行学习。生活化原则就是要使科学教育的内容生活化、教育环境生活化、教育方法生活化。

二、开展幼儿科学教育的具体方法

（一）科学探究是幼儿科学教育的基本方法

1. 探究式科学教育的理论基础

（1）建构主义的知识观

传统的知识观认为，知识是确定的、普遍的客观存在，学习就是获取这些客观知识的过程。这种知识观反映了传统社会中知识的存在状况。在传统社会中，知识的存在以其低传播性和高权威性为特征。因此，知识拥有绝对的权威，而拥有知识的人则拥有了"话语的霸权"。

在当代信息社会中，知识的存在状况发生了根本的改变，出现了高传播性和低权威性的特征。网络信息技术的发展，一方面使得信息的传播达到前所未有的快速，另一方面也降低了这些信息的权威性，使知识和信息开始分离。我们每天都会接收到各种各样的信息，这些信息却未必能成为自己的知识，因为它们或者不是我们所需要的，

---

① 王琴. 生活化的幼儿科学教育 [J]. 幼教天地，2014（51）.

或者不能真正帮助我们认识和理解周围的世界。在信息社会中，信息丰富而知识贫乏的人比比皆是。

建构主义知识观可以说是当代信息社会和知识存在状况的反映。作为对传统知识观的修正，建构主义知识观至少表现出以下三个方面的变革。

第一，从确定的知识观到批判性的知识观。在建构主义看来，知识不是对现实纯粹客观的反映，任何一种传载知识的符号系统也不是绝对真实的表征；知识不过是人们对客观世界的一种解释、假说，它不是问题的最终答案，也必将随着人们认识程度的深入而不断地改变，不断地出现新的假设和解释。因此，知识不是用来接受人们的顶礼膜拜而是用来接受批判的，没有批判，便没有知识的增长。

第二，从普遍的知识观到情境性的知识观。在建构主义看来，知识不是普遍的、放之四海而皆准的法则，它并不能绝对准确无误地概括整个世界的规律，也没有提供对于任何活动或问题都适用的方法。在解决具体问题的过程中，知识是不可能一用就准、一用就灵的，而是需要解决者针对具体问题的情景对原有知识进行再加工和再创造，这就是所谓的情境性。

第三，从客观的知识观到情境性的知识观。建构主义认为，知识是不可能以实体的形式存在于个体之外的，尽管个体通过语言赋予了知识一定的外在形式，并且获得了较为普遍的认同，但这并不意味着学习者对这种知识有同样的理解。真正的理解只能是由学习者基于自己的经验背景建构起来的，取决于特定情况下的学习活动过程。由于不同的人拥有不同的个人经验和认识立场，其对同一事物的理解完全可能是多样化的。

（2）建构主义的学习观

建构主义的知识观不仅颠覆了我们对知识的传统看法，同时也预示着对如何获得知识这一过程的新认识。建构主义的学习观可以概括为以下几点。

①学习是学习者主动建构知识的过程，而不是由教师把知识简单地传递给学生。学习者在学习过程中，根据自己的经验背景，对外部信息进行主动的选择、加工和处理，从而获得自己的意义，这种建构是他人无法取代的。学习是建构内在心理表征的过程，学习者并不是把知识从外界搬到记忆中，而是以自己已有的经验为基础，通过与外界的相互作用来建构新的理解。

②学习是学习者通过与学习环境之间的互动建构意义的过程。外部信息本身没有什么意义，意义是学习者通过新旧知识经验间的反复、双向的相互作用过程建构而成的。在学习过程中，每个学习者以自己原有的知识经验为基础，对新信息重新认识和编码，建构自己的理解。同时，学习者原有的知识经验因为新知识经验的进入也发生了调整和改变。

③学习是学习者新旧认知结构、新旧知识经验相互作用的过程。用皮亚杰的理论来说，学习是一个同化和顺应的过程，即学习者将外部信息纳入自己已有的或正在形

成的认知结构中，同时，学习者自己的认知结构也因新经验的出现而发生改变。学习不是简单的信息积累，而是新旧知识经验的冲突，以及由此引发的认知结构的重组。学习过程也不是简单的信息输入、存储和提取，而是新旧知识经验之间的双向相互作用过程。

④学习者以不同的方式建构对事物的理解，因而世界上不存在唯一标准的理解，但学习者之间的合作可以使理解更加丰富和全面。每个学习者并不是空着脑袋走进教室的，在日常生活和学习过程中，他们已经形成了自己的具有差异性的经验。对个体来说，这些经验都是新的知识经验的生长点；对团队来说，不同学习者对问题的差异性理解，在学习共同体中是一种宝贵的资源，它能引导学习者丰富和调整自己的理解。

（3）建构主义的教学观

建构主义教学观认为，教学过程是教师和学生对世界的意义进行合作性建构的过程，而不是"客观知识"的传递过程。建构主义的教学策略是以学习者为中心的，其目的是最大限度地促进学习者与情境的交互作用，以便他们主动地建构意义。教师在这个过程中起到的是组织者、引导者、帮助者和促进者的作用。[①]

建构主义者主张，教学过程应包含七个步骤或环节：一是分析教学目标，对整门课程及各教学单元进行教学目标分析，以确定当前教学的"主题"；二是创设情境，即创设与主题相关的、尽可能真实的情境；三是设计信息资源，即确定本主题教学所需信息资源的种类和每种资源所起的作用；四是设计自主学习方式，即根据所选择的不同教学方法，如支架式教学、抛锚式教学、随机进入式教学，充分考虑发挥学生的首创精神及其自我实现需求，对学生的自主学习做不同的设计；五是设计协作学习环境，如开展小组讨论、协商；六是评价学习效果，主要围绕自主学习能力、协作学习过程中的贡献、是否达到意义建构的要求进行；七是强化练习，纠正原有的错误理解或片面认识，最终达到符合要求的意义建构。[②]

因此，我们可以把建构主义教学模式概括为：以学生为中心。在整个教学过程中，教师是组织者、指导者、帮助者和促进者，他们利用情境、协作、会话等学习环境要素充分发挥学生的主动性、积极性和首创精神，最终达到使学生有效地实现对当前所学知识的意义建构的目的。[③] 可见，建构主义教学观本质上是对人的主体价值予以充分尊重的教学观，体现了现代教学论的发展方向。

受建构主义知识观、学习观和教学观的启发，在幼儿科学教育的理论和实践领域中还有很多问题需要我们去研究，如：幼儿科学教育怎样让幼儿真正经历科学探索的过程？怎样让幼儿获取真正属于自己的科学知识？如何根据具体的科学内容创设科学教育环境？教师在幼儿科学探究中应该扮演什么样的角色？在幼儿科学探究中如何真

① 崔景贵 . 建构主义教育观述评 [J]. 当代教育科学，2003（1）：9-11.
② 何克抗 . 建构主义——革新传统教学的理论基础（一）[J]. 学科教育，1998（3）.
③ 何克抗 . 建构主义——革新传统教学的理论基础（一）[J]. 学科教育，1998（3）.

正体现幼儿作为探究者的主体性？等等。

2.幼儿科学探究学习过程分析

在日常生活中，幼儿会产生很多自发的科学探究活动，这都是幼儿与对象世界的直接相互作用。幼儿会把木块放到水里玩，或者用纸折成纸船在水上"航行"。在这些没有明确目的的、宽松的"游戏"活动中，幼儿尽享科学探究的乐趣。而且，在这些自发的科学探究活动中，由于没有明确的目的，幼儿无须追求什么结果，常常只是为过程而过程，为探究而探究，他们便会完全沉浸、满足于探究的过程。比如幼儿把木块放到水里时，他们很可能不是在做什么"沉浮"实验，只是拿着一块木头玩水而已，但却能沉浸其中，乐此不疲。

有的学者提出，幼儿自发的科学探究活动有点类似于人类早期的科学探究过程：人们对科学知之甚少，其科学探究活动也是很盲目的，每一个科学发现都经历了很多曲折的探究活动，甚至都带有很大的偶然性。

科学探究是幼儿学科学的核心。明确幼儿科学教育的过程就是幼儿的科学探究过程，对于确保幼儿在科学教育中的主体地位具有非常重要的意义。不过，我们也要认识到，幼儿科学教育的过程，不同于幼儿自发的科学探究，它是在教师不同程度、不同方式参与下的科学探究过程，是教师对幼儿施加教育影响的过程。但从本质上来说，幼儿科学教育仍然是幼儿自己的科学探究过程。因为，尽管我们说教育是一种文化的传递活动，但它又具体地表现为一种特殊的认识过程。

大班科学探究活动
——会跑的气球玩具
来源：优酷网

根据建构主义的学习观，幼儿的科学教育过程不是教师单方面"教"的过程，也不是简单的"教师教、幼儿学"的过程，而是在教师引导下幼儿自主探究的过程。

幼儿的科学探究式学习过程一般包括以下几个步骤。

（1）产生疑问，提出探究主题。幼儿真正的主动探究和学习是从意识到有问题开始的。教师创设问题情境，使幼儿有了疑问，并产生想要寻求答案的愿望，主动探究才进入真正的准备状态。同时，只有探究的主题符合幼儿的年龄和经验水平，教师预设的问题才可能成为幼儿自己的问题，才能激发幼儿探究的兴趣。

（2）猜想和讨论，即幼儿运用已有的知识经验，对所遇到的问题和产生的疑问进行解释、猜想并做出判断。这时教师要调动幼儿原有的经验，鼓励幼儿运用自己的经验进行分析、猜想，让幼儿提出自己对观察、实验的意见或想法，同时，在讨论和分析过程中，教师还要注意引导幼儿学会简单的逻辑思维。

（3）按照自己的想法进行观察、实验。观察、实验的结果调节着幼儿的认识，验证着幼儿的解释是否合理，这是一个客观现实与幼儿的主观认识相互作用的过程。受到经验水平和思维特点的限制，幼儿探究解决问题的过程和方法具有很大的试误性，他们对事物特点的认识和对事物间关系的发现需要通过多次尝试及长时间的反复探索，不断排除无关因素，才能得到正确的结果。在这个过程中，教师要给予幼儿适当的帮助与指导，但不要干涉过多，更不能包办代替。

（4）记录、分析、整理探究的结果。随着观察和实验的进行，在不同的阶段，教师要鼓励、指导幼儿用适宜的方式及时、准确、全面地记录活动信息。如幼儿可以用图画、符号、表格、文字等适合自己的方式，记录活动的过程和结果。

（5）表达、交流探究的结果。由于幼儿的语言能力还处于学习、发展阶段，教师要注意倾听、鼓励并修复幼儿的关键陈述，发现并引导幼儿关注自己与同伴间的差异、矛盾，使他们形成敢于质疑的意识与习惯；要鼓励他们多发言，让他们在交流中学会表达、学会争论，在交流中进一步修正自己的认识与理解，培养严谨的治学风格。

例如，在某小班幼儿学习"咚咚响"的科学活动中，教师为幼儿提供了各种各样的实验材料——木块、石子、玻璃瓶、金属器具等等，供幼儿探究、探索物体受到敲打后发出不同声音的现象。在活动中，幼儿用这些材料分别做实验，发现了很多有趣的现象。敲打木块、玻璃瓶、金属器具等发出的各种不同的声音，使他们很兴奋，他们敲了这件又敲那件，有时轻轻地敲，有时重重地敲。在整个活动过程中，每个幼儿都有自己的发现，对活动的兴趣也很浓。教师还组织他们把自己的发现讲给大家听，并且进一步验证这些发现。最后，教师和幼儿一起总结了活动收获："我们今天玩得真开心，而且发现了很多秘密。敲打木块发出'咚''咚''咚'的声音，敲打玻璃瓶发出'当''当''当'的声音，敲打小瓷碗发出'呛''呛''呛'的声音。以后我们还可以敲打别的东西，听听有什么好听的声音。"

这是一个极其普通的科学活动。在这个活动中，整个科学教育过程的展开，表现为幼儿在教师提供的情境中所进行的自主探究活动。通过敲打不同的材料，幼儿听到了各式各样好听的声音。这一发现更加激起他们的好奇心，于是他们又尝试敲打不同的东西，以获取更多的发现。这就是幼儿的科学探究过程。

3. 幼儿科学探究活动的指导策略

（1）重视探究问题的提出，激发探究的愿望。探究性提问是幼儿自主探究的开端，其目的在于促使他们产生疑问，激发出强烈的探究欲望和学习愿望。在问题的启发下，幼儿的注意力高度集中，他们能够积极主动地投入探究活动之中，并在实际操作中发现问题。适宜幼儿科学探究活动的问题类型详见表3-1。

表3-1 幼儿探究活动适宜问题类型表

探究阶段	学习过程	问题举例
探究前期	注意	看到了什么 记得以前是什么
探究过程	观察	它看上去／闻起来／听起来／尝起来怎么样

笔记

探究阶段	学习过程	问题举例
探究过程	猜想	如果……会怎样 想一想会怎样 怎样才能…… 假如……会……
	验证	你做了什么才能让…… 你这样做发生了什么 你怎样…… 如何对它们进行分类 哪些可以放在一起
	推理	这些数据说明什么 你能想出与此类似的别的现象 / 事物吗
	对比	它们和你想的一样吗 它们怎么不同 / 相同
探究后期	交流	你还能想到其他的问题和方法吗 你认为是怎样的 你感觉是什么样的
	讨论	它是什么样的 为什么发生 还能怎样

（2）重视探究过程的指导，提高探究能力。探究能力是幼儿学习科学的基础，教师在开展科学教育的过程中，要精心组织策划探究活动，不仅要明确探究的目标，还要预测探究过程中可能出现的问题，对选择的方法也要有充分的认识，使幼儿通过探究学会观察周围的事物、提出问题，或对所学的问题提出各种假设，并在猜想和遐想的基础上，通过实验和测量来收集资料，得出结论，逐步形成科学探究能力。

指导正在进行探究的幼儿，首先要观察幼儿探究学习的情境。观察可以让教师能够更好地把握幼儿探究行为进行的程度，判断他们是否需要引导，以及需要给予什么样的指导。教师可以观察幼儿的行为，倾听幼儿的对话，关注幼儿是怎样思考和解释他们所看到的现象的，并以此作为进一步推进幼儿探究行为，引导他们思考的基础和依据。如在亮亮小朋友用自己的方式进行了关于水滴的探究活动之后，教师观察到他已经发现水滴在蜡纸上的运动这一点，就追问道："到底发生了什么？"当注意到亮亮已经关注到材料的表面与水滴的运动之间的关系时，教师又提示他比较一下水滴在蜡纸上的运动与在纸巾上的运动有什么不同。

（3）重视合作与交流，感受探究的乐趣。科学教育不仅强调幼儿要亲身经历探究和发现的过程，也倡导提高幼儿合作学习的意识和能力。因此，教师要鼓励幼儿把探究过程表达出来，引导他们积极地与同伴交流自己的看法，分享探究的乐趣，倾听鉴别同伴的观察结果，梳理头脑中的信息，感受探究的乐趣，形成科学思考的态度。

（4）重视个别探究和小组探究，为个体发展创造空间。每个幼儿探究的兴趣点不同，教师要尊重幼儿的个体需要，支持幼儿自发产生的个别探究和小组探究活动，为幼儿个体的发展创造条件。科学探究活动中教师的指导语运用观察表参见表 3-2。

表 3-2　科学探究活动中教师指导语运用观察表

观察日期：＿＿＿＿月＿＿＿＿日　　　　　地点：＿＿＿＿＿＿＿＿＿＿＿＿＿

活动名称：＿＿＿＿＿＿＿＿＿　　　活动开始时间：＿＿＿＿＿＿＿　　结束时间：＿＿＿＿＿＿＿

观察时间：＿＿＿＿时＿＿＿＿分到＿＿＿＿时＿＿＿＿分　　　　　观察者：＿＿＿＿＿＿＿

观察范围	科学探究活动		主题
探究活动过程	幼儿反应		教师言语行为
	非言语行为（表情、动作）	言语行为（提高、表达）	
探究前期	好奇、摆弄	是什么 / 为什么……	
	观察 / 感知 / 探索 / 尝试	以自我为中心的言语 / 怎么……	
	思索	可不可以……	
探究过程	观察	如果……就会…… / 是不是……	
	猜想、假设记录（绘画 / 记号 / 填写记录表）		
	实验、验证、尝试		
	收集证据（绘画 / 记号 / 填写记录表）		
	对比	是和……一样吗？不同？相同	
	推理	这样就……是不是可以……	
	结论、记录（绘画 / 记号 / 填写记录表）		
	请求帮助	老师，怎么……才能……	
探究后期	表达	我想……	
	交流	言语陈述	

4. 3～6 岁幼儿科学探究的年龄特点及其引导

（1）不同年龄段幼儿探究兴趣的差异

依据皮亚杰的儿童智慧发展阶段理论，儿童的心理发展可以分为四个阶段（表

3-3），在教学实践中教师可以根据不同年龄段幼儿的心理特点来激发幼儿的科学探究兴趣。

表3-3　儿童心理发展的四个阶段

四个阶段	大致年龄	特征
感知运动阶段	0~2 岁	凭感觉与动作发挥其图式功能；由本能性的反射动作发展到目的性的活动；对物体认识具有客体永恒性的概念
前运算阶段	2~7 岁	能使用语言表达概念，带有自我中心倾向；能使用符号代表实物；能思维但不合逻辑，不能全面认识事物
具体运算阶段	7~11 岁	能根据具体经验思维解决问题；能理解可逆性的道理；能理解守恒的道理，"自我中心"程度下降，提高了与他人沟通的能力
形式运算阶段	11~15 岁	能抽象思维；能按假设验证的科学法则解决问题；能按形式逻辑的法则思考问题

小班幼儿对自己日常喜欢、熟悉、可反复操作的事物更容易表现出关注与探究的兴趣。如问小班幼儿会选择探究什么样的车和喂养哪种小动物时，他们一般都集中倾向于选择玩具车，以及故事与儿歌中出现频率较高的小白兔。由此可见，一方面，小班幼儿对探究内容的选择具有较强的自我中心倾向，有着浓厚的主观情感色彩；另一方面，小班幼儿的选择常具有无意识性，极易受其他刺激的干扰，因此他们的探究兴趣通常是不稳定的。

35 个幼儿喜欢的科学小实验
来源：中国幼儿教师网

中班幼儿对生活中时有接触但不太熟悉的事物更容易表现出强烈的探究兴趣，喜欢观察特征明显、多元、有变化且好玩的事物与现象。如果问中班幼儿喜欢探究哪种车，他们的回答通常是公共汽车、小汽车、消防车、救护车等现实生活中实际存在的交通工具。如对公共汽车，中班幼儿往往会提出以下问题：公共汽车为什么有不同的车牌号？为什么站台上有的人上这一号码的车，而有的人则上另一些号码的车？这些车从哪里来，最后到哪里去？诸如此类的问题。同时他们还会对车子本身的结构感兴趣，试图弄明白为什么轮子都是圆的？汽车为什么会冒烟？为什么汽车要装那么多的镜子和灯？可见，中班幼儿对探究内容的选择会受到其日常生活经验和自身活动视角的影响，他们更多关注和探究与现实生活相关的具体事物，并渴望了解这些事物的用途、结构、功能、属性、特征、变化等。由此也可以看出，中班幼儿探究的目的性比小班幼儿增强了许多，不过他们的探究兴趣仍然是比较浅显的，当在实验探究过程中遇到困难时，许多幼儿容易放弃或模仿成功同伴的操作，而无意于深入探究。

大班幼儿则开始逐渐对有一定挑战性的内容或问题表现出探究兴趣，喜欢关注事物的变化、奇特的现象，以及事物的细节特点与功用等。如同样是探究车的活动，大班幼儿通常会对各种奇特的车型及其商标、动力与速度、不同功用等感兴趣，同时能拓展到其他交通工具如飞机、轮船等。可见，大班幼儿的探究兴趣虽然与中班幼儿相近，但他们的视角更为开阔，他们能通过收集与交流信息来拓展探究的范围与内容，并使探究活动向纵深推进。同时，大班幼儿的探究兴趣开始表现出个性化倾向，个体差异更为明显。

（2）不同年龄段幼儿探究方法的差异

小班幼儿正处于从直觉行动思维向具体形象思维过渡的发展阶段，这使得其科学探究更集中于真实具体、现象一目了然的情景和反复的操作感知活动。他们喜欢用手去触摸事物，也更依赖于手的感知与操作，这就要求教师为小班幼儿提供知觉特征显著的探究事物，并将"静态"的活动方式转变为"动态"的活动方式。此外，小班幼儿的探究视角很小，具有单视角叠加累积的认知特点，他们难以按一定的顺序对事物的结构和特点进行有序观察，也难以通过一次观察探究就获得对事物粗略的整体认识。[①] 针对小班幼儿这一特点，教师应多设计实验现象或结果呈现为"是或不是""有或没有""能或不能"等单维度判断式的探究活动，并采用逐点推进找相同、叠加累积的观察方式引导小班幼儿观察事物的外形特征。如在引导小班幼儿观察兔子的外形特征时，教师应首先观察小班幼儿对兔子身体各结构特征的关注程度，选择他们兴趣度较高的某个身体结构特征入手，而后逐一设计单个具体的观察项目，最后利用多份观察表（可涉及兔子的耳朵、眼睛、嘴巴、尾巴、身体皮毛、腿等），帮助小班幼儿形成有关兔子身体结构的整体认识。

中班幼儿开始以具体形象思维为主，其探究的视野从点扩大到面，在教师的引导下，能够围绕问题进行整体有序观察或两两比较探究。中班幼儿能够在观察记录表的提示下，有目的、按顺序地一次完成对兔子、公共汽车等事物从头到尾、从前到后的观察与记录。在喂养兔子的过程中，他们甚至还自发产生了对兔子喜欢吃什么的探究，如他们曾将菜叶、菜梗、菜花分开来喂，观察兔子更爱吃菜的哪一部分。可见，中班幼儿已经能够有选择地朝向既定刺激目标进行探究，只是他们对既定刺激物的探究还时常呈现出混沌未分化的状态。例如，在探究"春天的花"和"公共汽车"的活动中，中班幼儿几乎把春天所有能看到、正在开放的花都纳入观察范围，并认为它们都是春天才开的，同时也容易将外形相近的公共汽车与一般的客车相混淆。不过，家中成人喜欢种植花草或经常乘坐公共汽车的中班幼儿，则能较清晰地把握它们的区别。由此可见，中班幼儿对事物的判断十分依赖其当前感知与已有经验的连接。在缺乏已有经验支持和教师引导的情况下，中班幼儿常呈现自主试误式探究，对事物间复杂关系的观察与认识还比较困难。因此，中班幼儿对探究材料的结构性有较高的要求。在中班幼儿观察与比较事物或现象的过程中，教师应该鼓励他们多次尝试，以提升其探究活动的质量。

[①] 彭琦凡.3~6岁幼儿科学探究的年龄特点及其引导[J].学前教育研究，2010（12）.

大班幼儿的抽象逻辑思维有所发展，活动前预测、活动中检验和求证的能力较之中班幼儿有明显提高。能力强的大班幼儿有可能在探究活动前对自己要做的事有大致的想法，并能根据自己的想法进行自主探究，乐意反复尝试，探究解决问题，不轻易放弃。一些大班幼儿甚至开始喜欢追问，对事物的内隐特征或结构表现出探究兴趣。如在探究兔子的过程中，他们可能提出并研究如下问题：兔子的耳朵为什么有这么多的血管？兔宝宝刚生下来是什么样子的？兔宝宝吃下去的东西去哪儿了？等等。而在探究"春天"的教学活动中，他们的探究已不再集中在某个问题点上，而是出现了多角度的探究，如有的关注春天的花、草、树木；有的关注为什么春天菜园里的虫子这么多；有的关注春天墙壁为什么会"流汗"；有的关注春天为什么一直下雨，雨是怎么来的；有的甚至还注意到春天白天变长了。可见，大班幼儿已能关注到当前不在眼前的事物和现象，并能迁移已有经验来设想当前的事物与研究的问题。在成人的支持下，大班幼儿能展开持续性的探究活动，对所研究的问题或观察到的事物、现象进行简单的推理，解决问题或发现事物明显的规律与关系，建构前科学概念。[1]此外，在持续探究过程中，兴趣相同或相近的大班幼儿喜欢结成探究小组，这使得大班幼儿科学探究活动的深度与广度及其组织形式都更为复杂化。

（3）不同年龄段幼儿探究记录的差异

小班幼儿的探究记录具有较强的直观性与即时性，他们对操作过程感兴趣，满足于动作与游戏，但无意于记录与表达。这就需要教师利用小班幼儿的心理特征进行巧妙的引导。例如，在探究"春天天气"的教学活动中，教师根据小班幼儿喜欢玩转盘游戏的心理特点，设计了一个可以转动的"天气预报转盘"。转盘上画有雨天、阴天、晴天的标志图案，幼儿可以根据天气情况转动转盘上的指针，使其指向相应的天气标志；转盘边还有一个袋子，里边装着云朵的图片，有黑色、灰色和白色，幼儿可以根据当天的天气情况在转盘上插上不同颜色的云。这一形象有趣、可操作的"天气预报转盘"很快成为小班幼儿喜爱的玩具，不仅满足了他们喜欢情境性游戏与操作的需求，而且有力地支持了他们的实时观察与对应匹配，帮助他们逐步形成有意识记录的良好科学习惯。

中班幼儿会主动记录很多内容，如探究猜想与探究结果，所探究事物的外形特征、数量，明显的差异或变化等，但中班幼儿经常是看到什么就记录什么，常常主次不分，较难抓住关键信息，而且同伴间的模仿很明显，记录的坚持性也较差。因此，中班幼儿的记录活动仍然需要教师的引导与支持。由于中班幼儿已经具备了初步的分类、比较、对应和判断能力，因此只要教师善于引导，他们是能够掌握单维的2~4种材料，或二维的1~2种材料的表格式记录方法的。这种记录表格能促使幼儿以分散的视点聚焦于观察的重点内容和问题，从而大大提高中班幼儿观察与探索的目的性、针对性和

① 王儒芳，李红.影响学前儿童规则推理的因素研究综述 [J].西南师范大学学报，2007（5）.

持续性。同时，由于表格式记录具备清晰简洁、一目了然的特点，它可以有效支持中班幼儿的比较探索，减轻幼儿探索过程的认知负担，方便教师实时检查和了解每一位幼儿的观察与探索情况。

大班幼儿已经开始乐意尝试多元化、个性化的记录与表达方式。如有的大班幼儿喜欢自己写或请成人帮忙用简单的文字来记录和说明，以使记录图文并茂，便于阅读与交流；有的大班幼儿在教师的引导下还能运用数字来记录，并将数学统计的方法运用到记录统计和比较中，从而使记录更加客观严谨；还有的大班幼儿喜欢用图示的方式来记录，这主要是因为图示记录的弹性空间很大，是一种更为自主和个性化的表达方式，有助于表达幼儿基于不同经验背景和关注点而提出的想法与发现。教师应支持大班幼儿记录方式的多元化趋势，并鼓励他们采用多种记录方式，以拓展他们记录的形式与内涵。

（4）不同年龄段幼儿表达交流能力的差异

小班幼儿在探究过程中更多的是独自操作或观察，同伴间极少有交流，对教师的提问虽然能够做出实时的回答，但说得极为简单，并常常伴随着肢体动作。探究之后的集体交流对于小班幼儿来说更为困难，他们仍然缺乏与同伴交流的欲望，而且他们也往往难以回忆和表达自己在探究过程中的发现，脱口而出的一般是已有的想法或重复同伴的表达。因此，在探索后的集体交流阶段，教师应逐一呈现具体简洁的问题，以帮助幼儿缩小和具体化观察与表达的视点，同时教师还可以通过尽可能多地提供具体直观的凭借物，如播放幼儿探究时的录像等，来帮助幼儿再现、回忆和强化自己的探究发现与体验。此外，教师还应注意满足小班幼儿的情感需求，多鼓励他们。如教师可以适当重复幼儿的表达，以示对他们的尊重与信任，同时激发其他幼儿的表达欲。

中班幼儿则多有自己的探究记录过程，他们探究后的表达较小班幼儿也有长足的进步，其表达交流趋向活跃，而且幼幼间交流的语言简洁丰富、表情自然生动，能够有效地促进彼此之间的启发与模仿。如果教师用一系列问题予以引导，并支持幼儿根据自己的记录来表达，则可以看到中班幼儿的表述是趋向完整而有序的，幼儿之间的交流与讨论也更易集中于核心问题与内容，并促使他们达成共识、得出结论或产生新的问题。

随着合作能力与表达交流能力的发展，大班幼儿经常会边探究边交流讨论，甚至还会出现争论与协商。教师应鼓励大班幼儿主动发问和表达自己的已有经验，并指导幼儿先就不同的观点分别探究与记录，以便在探究结束后能根据翔实的事实证据来支持或修正自己的观点，或者通过轮流重复验证的方式来寻求更科学的认识。总之，对于大班幼儿来说，教师应重点支持和引导幼儿间、幼儿与富有经验的成人间基于事实的相互交流、分享和讨论，引导他们聆听别人的观点，并通过广泛的交流与讨论来拓展幼儿个体对事物和问题的关注点，及其认识、探究和记录的方式方法等，使幼儿在争论、辨析和反复验证中进一步学习倾听、表达、合作、探究的技巧，推进其学习的深入。[①]

综上所述，3~6 岁幼儿科学探究学习的特点和指导策略既具有共性又存在年龄差异。教师对幼儿的有效支持只有建立在了解不同发展水平幼儿的探究特点的基础之上，才能增进幼儿科学教育的适宜性，从而真正促进幼儿科学素养的全面发展。[②]

（二）其他幼儿科学教育方法

幼儿科学教育内容的丰富性，以及幼儿个性化的认知学习方式，决定了幼儿科学教育方法的多样化。虽然科学探究是幼儿科学教育的基本方法，但在科学探究过程中，幼儿还需要运用以下方法去完成探究的任务。

1. 观察法

幼儿科学教育中的观察法，是指在教师有目的、有计划地组织指导下，幼儿运用多种感官，感知事物、认识事物之间关系的方法。根据观察目的的不同，观察法可以分为个别观察、比较观察、跟踪观察等类型。

个别观察是指对单一事物、现象的观察，其目的在于认识事物的特征、属性等。比较观察是指对两种或两种以上事物的观察，其目的在于比较事物以发现其共性与差异。跟踪观察是当某事物或现象的特征、属性不能通过一两次观察就能发现，而是需要做长期的系统观察才能完成观察任务、实现观察目的的观察。

2. 实验法

幼儿科学教育中的实验法，是指在人为控制条件下，幼儿和教师借助一些材料、仪器、设备，通过操作实验对事物、现象进行探究的方法。根据实验目的的不同，可分为验证性实验、探索性实验等。验证性实验是指前实验者已经对研究对象的性质、特征做出了推断，实验目的在于验证或重复前人推断的正确性。探索性实验则是对未知（对幼儿来说）事物、现象的性质、特征进行科学探索的实验，是一种创新性的科学活动。

3. 信息法

信息法是指幼儿通过社会参与获得科学知识的形式。幼儿通过社会活动，以手势、动作、语言、图像、文字等形式获得科学知识，并运用这些形式表达和分享科学知识。信息法是幼儿获得科学知识的间接方法，也是今后学习科学知识的主要方法。

4. 游戏法

游戏法是指幼儿利用自然界的物质材料、科技玩具、图片等物品，进行具有游戏性质的科学操作活动。它是幼儿科学启蒙的有效方法。根据游戏形式的不同，可分为

---

① 周欣，赵振国，陈淑华 . 对早期儿童的学习与发展的再认识 [J]. 学前教育研究，2009（3）.
② 于忠海 . 让儿童成为研究者 [J]. 学前教育研究，2008（10）.

感知游戏、情境游戏、语言游戏、运动游戏和操作游戏等。

5. 测量法

测量法是指幼儿运用测量工具对测量对象的数量属性（长度、面积、体积、重量）进行测量的方法。测量法有利于培养幼儿对事物进行量化思考和对事物、现象的精确思维，可以促进幼儿思维能力的发展。

6. 制作法

制作法是指幼儿运用一定的材料和工具，根据自己的想象或设想，通过实际操作制作出某些物品的方法。它需要将幼儿的构思与操作结合起来，能培养幼儿的动手能力、模仿能力、空间思维能力和创新能力。科学小制作包括纸工、泥工和利用废旧材料进行的制作活动等。

三、幼儿科学教育实践活动举例

（一）中班幼儿科学活动 —— "溶解"

在活动室里，教师将幼儿分成若干个五人小组，并提供给每组两个一次性纸杯（杯子外面有类似刻度的黑色记号）、一碟盐、一根筷子、两个小水瓶、一张记录纸、一只记号笔。

教师：（拿起盐碟）谁能告诉老师，碟子里放的是什么？

幼儿1：是白糖。

幼儿2：是盐。

教师：对，碟子里放的是盐。如果我们把这些"盐"放到水里，那会怎么样呢？

幼儿：盐会不见的。

教师：对，把盐放到水里后，盐就"溶解"了。今天我们就来研究一下，哪些方法能够使"盐"溶解得快一些。你们先想一想有哪些方法呢？

幼儿纷纷说出自己的想法，主要是"搅拌"和用热水等方法。

教师：刚才小朋友们说了很多种方法。接下来，我们就来做个实验。实验是"搅拌"会不会使"盐"溶解得快？我为每组小朋友准备了两个纸杯，是用来放"盐"的。两个杯子里的"盐"要放得一样多。怎样才能知道"盐"放得一样多呢？你们看，这两个纸杯的外面都画着黑黑的记号，这就是放"盐"的记号。放入同样的盐后，我们再请组内两个小朋友一起倒上水，一只杯子放着不要动它，另一只杯子用筷子搅拌，然后请小朋友们比较一下，看看哪只杯子里的盐"溶解"得快，最后一起把结果记录下来。下面就请小朋友们按照老师讲的要求开始做实验，并记得把结果记录下来哦。

活动分析：

从上述案例可以看出，关于"溶解"的知识虽然不是教师直接告诉幼儿的，但在

笔记

整个科学探究的过程中，教师忽视了幼儿的主动参与，幼儿探究的每一步都被教师事先设定好，并被严格控制，幼儿只要按照教师规定的程序进行操作就可以得出结论，幼儿没有探究的空间，只是简单被动地接受信息，教师仍然是知识的权威，所谓的探究变成了教师原有封闭式教学的变式。在教师的控制下，幼儿的探究波澜不惊，教师既无法激发幼儿探究的兴趣，更无法使幼儿体验探究的艰辛和发现的快乐，幼儿自主建构知识的能力大大受限。这样的科学活动，只赋予了自主探究的外在形式而没有触及其内在的本质，是一种走过场式的探究活动。

（二）中班幼儿科学活动 —— "沉浮"

教师为幼儿提供了各种各样的实验材料——木块、石子、玻璃瓶等，供幼儿探究沉浮的现象。在活动中，幼儿用这些材料分别做实验，探究它们在水里的情况，结果发现了很多有趣的现象：有的幼儿发现木块是漂在水上的，尽管他一次又一次地尝试把木块按下去，但只要一松手，木块还是会漂上来。还有的幼儿发现玻璃瓶放进水里后，先是漂着的，过一会儿进了水，就慢慢地沉下去了；如果把玻璃瓶的盖子盖好，它就不会沉下去了……在整个活动过程中，每个幼儿都有自己的发现，对活动的兴趣也很浓。教师还组织他们把自己的发现讲给大家听，并且进一步验证这些发现。

最后，教师和幼儿一起总结了活动的收获："我们今天玩得真开心，而且发现了一个秘密：有些东西是浮在水上的，有的是沉到水里的。以后我们还可以把别的东西放到水里，看看它们会怎样。"

活动分析：

在这个活动中，整个科学教育过程的展开，表现为幼儿在教师提供的条件下所进行的自主探究活动。幼儿把不同的材料放进水中，发现了不同的结果。这一发现更加激起了幼儿的好奇心，于是他们又尝试用不同的材料做实验，以获得更多的发现。这就是幼儿的科学探究过程。

在本次科学探究过程中，幼儿获取了丰富的科学经验。他们不是被动地接受知识，而是主动地建构知识。他们通过自己的操作和尝试，知道哪些物体在水里是沉的，哪些是浮的，这些经验比教师告诉他们的知识更加直接、生动、丰富，也更加有意义。

在本次科学探究过程中，幼儿也学习到了科学的方法。探究的过程本身就是运用科学方法获取知识的过程，即使在很简单的探究活动中，也会有科学方法的存在：幼儿通过观察收集客观的信息——哪些是沉的，哪些是浮的；在这些信息的基础上，幼儿会做出推测——哪些可能是沉的，哪些可能是浮的；随后幼儿还会通过自己的实验来验证自己的推测；如果实验的结果与他们的推测不一样，会引起他们进一步的思考等等。

在本次科学探究过程中，幼儿的好奇心得到了充分的满足。幼儿对于世界的好奇是天生的，这种好奇是激发幼儿进行科学探究的内在动机。幼儿从科学探究过程中获得的满足不同于从教师那里得到问题的答案而带来的满足。因为后者是短暂的，它实际二不是引发而是中止了幼儿的探究。在自己的探究过程中，幼儿的满足是持续性的，即使不能马上得到答案，探究过程本身也能够给他们带来充分的满足感。

 思考与练习

1. 简述幼儿科学教育的基本途径及其特点。
2. 教师在选择幼儿科学教育方法时应遵循哪些原则？
3. 幼儿科学探究的基本步骤是什么？
4. 3~6 岁幼儿科学探究的年龄特点有哪些？

 技能实训

以下是某位幼儿教师设计的"我从哪里来"的幼儿科学探究活动，请你将其活动过程补充完整。

活动目标：

1. 对自我生命的起源感兴趣，知道是妈妈的子宫孕育了自己。
2. 初步了解胎儿在子宫内成长的粗浅知识，了解妈妈的辛苦，加深对妈妈的爱。

活动准备：

1. 胎儿在子宫内的成长模型或图片。
2. 故事《老师变胖了》，幼儿用书《我从哪里来》，教学挂图《我从哪里来》。

CHAPTER *4*

教学中的幼儿科学教育

关键词

科学教育活动设计；集体教学；观察认识；实验操作；科学讨论；技术操作

学习目标

1. 了解幼儿科学教育活动设计的内涵与基本要求。

2. 掌握集体教学活动、观察认识类活动、实验操作类活动的内涵、特点、设计与组织。

3. 掌握幼儿科学讨论类活动、技术操作类活动的内涵、特点、设计与组织。

4. 理解幼儿科学教育活动整合的意义，掌握科学教育活动整合的基本技能。

内容结构图

教学中的幼儿科学教育
- 幼儿科学教育活动设计的内涵、意义、要求与层次
- 集体教学活动的设计、组织与指导
- 观察认识类活动的设计、组织与指导
- 实验操作类活动的设计、组织与指导
- 科学讨论类活动的设计、组织与指导
- 技术操作类活动的设计、组织与指导
- 幼儿科学教育活动整合的理论基础与操作实践

本章第一节对幼儿科学教育活动设计的内涵、意义、要求和层次做了简单介绍；第二节至第六节分别对集体教学活动、观察认识类活动、实验操作类活动、科学讨论类活动、技术操作类活动的设计、组织与指导进行了详细介绍；第七节讨论了幼儿科学教育活动的整合问题。本章内容是本教材学习的重点，也是学生学习掌握的难点。

 **问题导入**

思维是一个人能力水平的体现，一个人的成功除了能力以外，更重要的是思维方式。所以，我们让孩子学习科学的目的，除了开阔他们的视野之外，更重要的是培养他们的科学思维方式。用科学教育、科学实验去活化我们下一代人的思维，是科学带给孩子的最重要的东西。其实科学离我们并不遥远，在幼儿科学教

> **问题** 如果你是这位老师，你应该怎样回应这个小朋友的质疑？你又将怎样在幼儿科学教育活动中组织幼儿探究地心引力现象呢？

育中，科学小实验不仅能培养幼儿的动手动脑能力，加深他们对与生活息息相关的事物的理解，还能使他们知道一些基本的科学原理。通过这些有趣的实验，幼儿将会发现，学习原来是这么简单，只要动动手指用用脑，就能将科学和生活巧妙地联系起来，既能玩得高兴，又能学得开心。事实上对于幼儿来说，科学教育的目的主要是通过科学实验激发他们对科学的兴趣和爱好，并在动手动脑的同时获得粗浅的经验。这种小实验可以在幼儿熟悉的事物和生活中经常开展。

例如，我们知道，由于地心引力的作用，空中的物体总是向下落到地面上。可是有的幼儿则会说："老师，不是这样的，气球就会向空中飞。"

分析：

在幼儿科学教育中，一般的教科书很少提出思维方式的问题。怎样的思维方式才是科学的？科学的思维方式有什么特点？怎样培养幼儿科学的思维方式？这些都是很有研究价值的问题。正如上面这位幼儿所说："老师，不是这样的，气球就会向空中飞。"该幼儿对老师作出的"空中的物体总是向下落到地面上"的结论敢于质疑，是非常值得肯定和鼓励的。

幼儿科学教育的基本途径包括三个方面：教学活动、游戏活动和生活活动。教学活动是指一切由教师发起的、旨在维持和促进幼儿学习行为的活动，它具有目的性强、便于计划、易于组织指导、教学效率高等特点，是教师和幼儿之间的共同活动。从当前的幼儿教育实践来看，教学活动是占据主导地位的幼儿科学教育途径。教学活动根据其活动形式可以分为集体教学类、观察认识类、实验操作类、科学讨论类和技术操作类教学活动。本章主要介绍通过教学活动而开展的幼儿科学教育。

第一节　幼儿科学教育活动设计概述

一、幼儿科学教育活动设计的内涵

所谓幼儿科学教育活动设计，从静态的角度看，就是教师依据一定的幼儿科学教育目标，选择一定的教育内容和方式，在一定的时间内向幼儿施加科学教育影响的方案。从动态的角度看，就是教师结合本地区、本园和本班幼儿的具体特点，把最高层次的科学教育决策，即国家的幼儿科学教育政策具体化的过程。幼儿科学教育活动设计的操作，实际上就是教师将幼儿科学教育活动的基本要素，即科学教育的目标、内容、教材、学习活动、媒介、时间、空间、环境、教学策略、评价等按一定的方式方法进行编排和处理。不同的编排和处理可以设计出多种多样的科学教育活动。由于教师的个性差异、知识背景差异、工作经历与能力等的差异，对于同一个课题，每位教师的教育活动设计可能各有特点，甚至相去甚远，其教学效果也会大相径庭。这种教学效果上的差异就是由于不同教师对各种教学要素处理的方式方法不同造成的。而如何对各要素进行处理，则是教育活动设计的策略问题。

二、幼儿科学教育活动设计的意义

幼儿科学教育是整个科学教育体系的起始阶段、基础环节。幼儿园开展科学教育活动可以激发幼儿对科学的兴趣和好奇心，使他们积累科学经验，掌握一些初步的科学技能，为以后的系统科学教育打下良好的基础。从小培养幼儿的科学素质，不仅是幼儿发展的需要，更是人类发展进步的必然要求。幼儿科学教育活动因幼儿期科学教育的重要性及"幼儿"主体的特殊性而具有其自身的特点，是不能随心所欲的，必须根据社会的需要和幼儿自身的特点精心策划。《幼儿园工作规程》规定：幼儿园的教育活动应该是有目的、有计划地引导幼儿自由、主动活动的多种形式的教育过程。只有经过设计的教育活动才是有目的、有计划的教育活动，幼儿的科学教育活动也不例外。活动设计是幼儿科学教育的重要环节，幼儿科学教育的目标与任务必须通过活动设计这一中间环节，才能转变为具体、实际的科学教育活动。对于幼儿教育来说，是否进行了活动设计工作，将直接影响科学活动开展得成功与否。教师如果能精心设计科学活动，就能充分发挥自己在幼儿科学教育活动中的作用，否则，幼儿科学教育活动就会变成没有方向、指导不力、放任自流的活动。

三、幼儿科学教育活动设计的基本要求

1. 全面贯彻幼儿科学教育目标

幼儿科学教育是以培养幼儿基本科学素质为目标的。教育工作者对我国幼儿科学教育目标有了比较深刻的认识，还要把这种认识落实到实际教学活动中去。教师在进行教育活动设计时必须全面落实幼儿科学教育目标，在注重其科学知识获得的同时，更要重视培养幼儿对自然和科学的积极情感、态度和能力。教育活动设计时，教师应该把科学教育的各方面目标有机地结合起来，使幼儿达到全面和谐的发展，只有这样才能算是完整地贯彻了幼儿科学教育的目标。

2. 激发幼儿的学习兴趣

皮亚杰认为："儿童和成人是完全相同的——他的行动是受兴趣或需要的规律所控制的。"兴趣的规律乃是整个体系随之运转的唯一轴心，儿童只有对他们进行的活动有兴趣，外部世界才能顺利同化于自我，从而使儿童在作用于客观过程中掌握知识。因此，教师设计幼儿科学活动时，应该充分考虑幼儿的兴趣和需要。教师设计的科学活动如果能吸引幼儿的注意，使其产生浓厚的兴趣，幼儿就会积极主动地参与到科学探索活动中去。但是，幼儿的兴趣多是直接兴趣，并且具有不持久、不稳定的特点，因此，教师在进行活动设计时，应重视如何激发幼儿持久的兴趣。以下的一些做法可供教师借鉴。

第一，选择有趣的课题内容。"对象对我们应当是新奇的事物，而且是有兴趣的新奇事物。"学习的最好刺激，就是对所学材料的兴趣，有趣的科学活动内容本身就能吸引幼儿。当幼儿第一次发现磁铁会吸住铁质的东西，放大镜会放大物体等现象时，他们的好奇心会驱使他们饶有兴趣地去进行科学探索活动。

第二，设计丰富多样的活动形式。在设计科学活动时，教师应注意不仅要让幼儿看和听，更多的是要让幼儿亲自动手操作。利用手、眼、耳、鼻、舌头等多种感官感知物体丰富的活动形式和主动参与，能保证幼儿在较长的时间里将兴趣集中于学科学的活动中。相反，被动地接受、单一的活动形式，会使幼儿很快因感到枯燥乏味而失去兴趣。

第三，设计步步推进的科学探索过程。当幼儿心中的疑问没有得到解决时，他们的探索兴趣会有增无减。当幼儿对引起现象发生的原因比对他们所发现的科学现象本身感兴趣时，说明他们正在发展一种更高层次的科学兴趣。教师的活动设计应能步步推进幼儿的科学探索过程，激发幼儿的好奇心，促进其科学兴趣的发展。

3. 保证幼儿的活动机会

幼儿是通过"活动"学习科学的。这里的"活动"，指的是幼儿与材料、周围环境间的相互作用，包括幼儿的感知活动和操作活动。也就是说，幼儿是通过实际的感知和操作活动来学习科学的。当幼儿直接接触事物、获取第一手经验时，他所学到的知识比从成人那里听到的更容易理解和保存。因此，教师设计的科学教育活动，应该保证幼儿有充分的活动机会，使其成为真正的幼儿的活动。

4. 设计整合化的幼儿科学活动

"整合"，在其哲学意义上是指"由系统的整体性及其系统核心的统摄、凝聚作用而导致的使若干相关部分或因素合成为一个新的统一整体的建构、序化过程"。现代教育整合理念的实质是"采用各种有机整合的方式，使教育系统之中分化了的各要素及其内部各成分之间有机联系起来"。设计整合化的幼儿科学活动，就是要使幼儿科学教育中彼此割裂的各个要素统整起来，成为一个开放性的系统，以便发挥系统的整体功能。

四、幼儿科学教育活动设计的层次

幼儿科学教育活动设计一般可以分为三个层次：学科领域或主题领域层次、单元教育活动层次、具体教育活动层次。各个层次教育活动设计的任务不同，具体操作也会有区别。科学教育活动设计的第一步是要明确自己是在哪一个层次上进行设计的，否则设计出来的东西就没有针对性。

1. 学科领域（主题领域）层次

"科学"这一学科领域或主题领域层次教育活动设计的任务主要是选择和确定科学教育活动内容的范围。有人认为科学教育应该包括数学、自然科学、科技知识三个方面的内容；有人认为幼儿科学教育内容的范围应该包括人体和健康、植物和动物、生态与环境教育、自然科学现象、科学技术教育五个方面；有人则将以下六个方面确定为科学教育的内容：人体和生命科学、自然现象、生态与环境、现代科学技术、科学方法和科学观念、科学的历史和本质。需要说明的是，科学教育内容的划分与选择，可以有许多角度，也可以出现许多新的内容范围，只要角度合理就可以成立。

2. 单元教育活动层次

单元教育活动层次，即科学教育各个内容领域中的各类教育活动。它是在"科学"这一学科领域或主题领域的内容确定之后进行的，主要任务是将各个内容领域按照一定的逻辑划分为一个个教育活动单元，并确定各单元的活动目标与内容。比如，我们可以按照四季将自然现象领域划分为温暖的春天、炎热的夏天、金色的秋天、寒冷的冬天四大教育活动单元。

3. 具体教育活动层次

具体教育活动是单元教育活动的具体化，它可以分为两种类型：一种是在一个单位时间里完成某个具体教育任务的教育活动，比如"认识植物的叶子"等。另一种是以一个个活动构成的一组教育活动，比如以"家禽"为内容的教育活动就可以是由五个活动——安排阅读家禽图书，到养殖场观看家禽，参观农场，搭建"农场"，绘画农场——构成的一组教育活动。在实际操作中，哪些需要设计成一组活动，哪些只需设计成一个独立的活动，可以由教师根据实际情况来具体把握。

第二节 集体教学活动

一、集体教学活动概述

1. 集体教学活动的内涵

集体教学活动是教师根据幼儿科学教育的目标，有计划、有目的地选择课题内容，提供相应的材料，面向全体幼儿开展的科学探索活动。也就是说，集体教学活动是以班级为单位、要求班级全体幼儿参与的科学活动。在集体教学活动中，教师通过对幼儿进行集中指导或个别指导，让每个幼儿通过自身的活动学习科学，从而使他们在原有的水平上获得发展。在幼儿园五大领域的实际教学中，集体教学活动的设计始终是其重点与难点。正如学前教育专家朱家雄教授所说的："任何一位学前教育专家都不敢否定集体教学活动的存在。"同时，集体教学活动对幼小衔接也具有独特的价值。

2. 集体教学活动的作用

集体教学活动对学前幼儿科学教育具有重要的作用。

（1）保证每个幼儿掌握基本的科学知识、方法和技能。由于幼儿个人的经验范围有很大的差异，探索的程度深浅不一，且幼儿科学教育的内容范围相当广泛，教师可以在科学集体教学活动中带领幼儿进行多方面的探索和学习。但是，为了保证每个幼儿都能掌握基本的科学知识和经验，教师必须从广泛的科学教育内容中选为全体幼儿设计集体教学活动课题。

（2）提高幼儿的学习效率。在集体教学活动中，幼儿的科学探索是在教师直接指导下的探索活动，这可以保证幼儿能够在较短的时间内、较快地掌握基本的科学知识、方法和技能，而如果让幼儿自己探索，他们必然会走很多弯路。在教师直接指导下的学习，使幼儿既经历了探索学习的过程，又能享受到成功的快乐，是一种高效率的学习方式。

（3）促进幼儿与同伴之间的相互交流、相互启发、相互学习。集体教学活动为幼儿提供了一种特定的学习气氛，幼儿在和同伴的相互交流、相互启发中，不仅可以得到共同的学习结果，还能分享共同学习所带来的乐趣和情绪体验，有利于形成幼儿集体学习的习惯，培养他们与别人合作、倾听别人的意见和观点、和别人进行讨论交流的治学风格。在幼儿的个别学习活动中是不可能达到这些教育效应的。

因此，集体教学活动是目前我国幼儿园普遍采用的一种教学活动类型。受到当前我国广大城乡幼儿园的条件限制，尤其是师幼人数比例的限制，集体教学活动更是一种适合我国国情的、高效率的教学活动。

3. 集体教学活动的特点

（1）学习内容统一、固定，由教师选择。集体教学活动的课题内容，一般是教师根据幼儿科学教育的总目标及其内容范围，结合本地、本园的具体情况，同时根据幼儿的年龄特点来选择和确定的。教师不仅确定学习内容，还会根据这一内容制定统一的活动目标。

（2）学习材料由教师统一提供，并保证每个幼儿的操作机会。在集体教学活动中，教师根据自己确定的活动课题目标和内容，设计并提供给幼儿足够的具体材料，让幼儿直接操作材料，学习科学。为了使幼儿拥有同等的学习机会，教师要为幼儿提供人手一套的材料，供每个幼儿进行操作。即使受条件限制，无法做到人手一套材料，也要通过交换的方式，保证每个幼儿都能参与操作活动。

（3）学习过程中教师的直接指导较多，时间和空间受限制。集体教学活动完全是由教师设计和组织的，教师不仅为幼儿提供操作的材料，还要事先设计出一个集体性的共同学习计划，包括学习实践和学习空间的利用；在活动过程中，教师也基本按照事先设计的过程组织开展活动，指导幼儿的操作和探索。在集体教学中，教师以各种方式，如探索问题、启发诱导、组织讨论等，参与幼儿的活动，对幼儿的活动进行指导。

（4）集体教学活动的形式并不意味着忽视幼儿的个性差异，更不排斥幼儿独立的学习。相反，在集体的环境中，每个幼儿都是通过自己的独立操作活动来进行学习的，同时他们还拥有与同伴、教师交流的机会。教师会根据每个幼儿的具体情况开展个别的指导，以保证每个幼儿都能在自己原有的水平上获得发展。

二、集体教学活动的设计

集体教学活动的设计主要包括活动课题的选择、活动目标的设计、活动材料的准备、活动过程的设计四个方面。

（一）活动课题的选择

科学课程的内容很广泛，而且并不是所有的内容都适合开展集体教学活动。课题的选择，就是从幼儿科学教育的广泛内容中选择出适合幼儿探索学习且便于教师组织开展的活动课题。因此，在选择集体教学活动的课题时，教师应考虑以下几点。

首先，选择最有代表性的科学内容。因为集体教学活动是要求所有幼儿都必须参与的活动，其内容也必须是最基本的、最具代表性的科学知识。在幼儿园的科学教育中，如果集体教学活动的数量太多必定会加重幼儿的学习负担。这就要求教师对丰富的科学教育内容进行筛选，以提供给幼儿他们最需要且最必要的内容。

其次，要尽可能引起幼儿探索的兴趣。皮亚杰曾经说过，一个人既不会注意太熟悉的东西，因为已经司空见惯，也不会注意不太熟悉的东西，因为和他的"图式"没有任何联系。因此，教师所提供的材料要想尽可能引起幼儿探索的兴趣，就应该是来自于幼儿实际生活经验的材料。教师要把幼儿的兴趣摆在重要的位置，关注幼儿的日常生活，找出能够使他们产生兴趣的材料。例如，磁铁、玩具车、各种形状的瓶子、盒子等，都是幼儿最为熟悉的材料，它们对幼儿有着极大的吸引力。同时，教师要避免选择那些离幼儿生活较远甚至是完全脱离幼儿实际经验的内容。例如，在集体教学活动中向幼儿介绍他们所知甚少的"3D打印"技术，就不太合适。

最后，还要考虑选择的内容是否适合集体活动。需要幼儿集中探索、共同学习、相互启发的内容，以及需要通过教师的引导和总结让幼儿获得某个具体结论的内容，比较适宜设计成集体教学活动的课题。而有的内容虽然很重要或者很有趣，但不便于组织集体教学活动，教师也不宜将其确定为集体教学活动的课题。例如，观察月亮的变化，就是一个只适合夜晚在家庭中进行的科学活动。

（二）活动目标的设计

在选定了集体教学活动的课题之后，就要设计活动的目标。科学教育活动目标的设计实际上就是将幼儿科学教育的总目标，在参考年龄阶段目标的基础上进行的具体化。教师在设计活动目标时，应该注意以下几点。

1. 目标要具体明确，具有可操作性

活动目标的设计要具体、明确，便于操作、检查和评估，切忌笼统、抽象。加涅和布里格斯建议教师以操作目标的形式来描写教学的结果，他们认为操作目标对教学的作用在于，它能具体明确地陈述将要学习的技能或态度，确定教学的需要，决定评价的指标。但在实际操作中，许多教师设计的目标并没有体现这一点。例如，有位教师将《冷冷的水》的行为目标确定为：通过幼儿的活动，探索冰变化的奥秘，激发幼儿的好奇心；知道冰会变化，并能用语言表达冰的变化及其特征；培养幼儿对科学的兴趣。第三条目标几乎放在任何一个活动中都能用，而且科学兴趣的培养放在任何一个年龄班都是可行的。正因其近乎是一个放之四海皆可用的目标，所以它显得抽象、空泛，缺乏可操作性，在活动结束之后，也无法用它来检测活动的效果。而如果是"激发幼儿喜欢探索有关冰的现象"，就可以通过幼儿外在的行为表现加以衡量。

2. 目标要有针对性

不同的活动内容，对幼儿发展所起的作用也不同。幼儿科学教育的总目标包括三大方面和若干具体内容，一次教学活动只是实现目标过程中的一步，教师在设计活动

目标时，不必也不可能把总目标的所有内容全部纳入其中，而应该在全面贯彻总目标的前提下，设计针对活动内容的特定目标。

例如，观察动植物的活动更适合培养幼儿观察事物特征的能力，及其对自然界的积极情感、态度和爱护小生命的行为等；而观察科学现象的活动，则更适合培养幼儿观察现象和变化的能力，及其对科学现象的好奇心和探索欲望等；而科技制作活动的重点，则是培养幼儿的操作技能。

3. 目标要有一定的层次性

幼儿的发展在不同年龄层次上呈现出明显的年龄特点，在同一年龄层次，不同地区或班级的幼儿、同一班级的不同幼儿也因其家庭背景、教育基础、个人发展水平等因素的影响，而呈现出较大的差异，这就要求教师在设计活动目标时要考虑幼儿所能达到的行为层次，并对不同的幼儿提出不同层次的要求。

例如，"发展幼儿的观察能力"是对每个年龄阶段都适用的目标，但这样的目标就不够具体，缺乏层次性。而"能够在教师的指导下运用多种感官进行观察""能够主动运用多种感官进行观察""能够系统、完整地观察事物的特征"等就体现了不同层次的要求。

4. 目标要有一定的灵活性

教育的对象是千差万别的，教育过程又是千变万化的，我们在要求活动目标尽可能具体、明确的同时，还要看到预先设计的目标不可能是一个固定的要求，而应具有一定的灵活性，以适应每个幼儿的个体差异和活动过程中可能出现的变化。教师不可能为每个幼儿设计一个目标，因此，"要求幼儿能够用自己的方法给叶子分类"，就是一个具有较大包容性的目标，无论对于能力强的幼儿，还是能力弱的幼儿都适用。

总之，目标是科学活动的行动指南，但不能成为活动的约束条件，活动目标不是固定不变的框架，而是可以随着活动的开展进行适当调整的。这是活动目标设计的一个基本指导思想。

5. 目标的表述前后要一致

设计者在制定目标时所站的角度不同，对目标的表述就不完全一样。若从教师的角度提出目标，那么强调的就是教师的教育行为，这种目标被称为教育目标。如果制定者是从幼儿的角度提出目标，那么它强调的就是幼儿的发展，强调的是在教师的影响下幼儿发生了哪些变化，这种目标被称为幼儿发展目标。如果制定者重在评价教育成效和幼儿的发展水平，使目标成为一种尺度，这种目标就被称为评价目标。这三种目标有它的统一性，彼此之间可以相互转换。比如，对"幼儿分类能力"的表述，就可以采用三种方式：①培养幼儿按大小分类的能力；②学习按大小分类；③会按大小分类。在具体的活动设计中，从什么角度提出目标，并不是什么原则性的问题，但是在表述上必须前后统一。

（三）活动材料的准备

依据皮亚杰的认知发展理论，对幼儿来说，最有效的学习发生在幼儿与环境的相互作用之中。活动材料和环境是幼儿科学探索活动的外部条件之一，活动材料是幼儿科学教育必不可少的物质保证，因此，材料的准备也是活动设计中的重要一环。活动材料的准备，既可以选择成品，也可以通过收集或制作的方式来完成。活动材料必须保证幼儿在活动中的操作需要，并且保证活动目标的达成。在准备材料时，教师应该注意以下几点。

1. 材料和活动目标的关系

教师应该首先考虑通过该活动，幼儿发展所要实现的目标，然后再考虑设计哪些材料以达到这些目标。比如在《有趣的镜子》活动中，教师应当为幼儿提供各式各样的镜子，如使图像变大的放大镜、看得远的望远镜、色彩斑斓的万花筒、变化多端的多棱镜等等，让幼儿感受各种镜子的"有趣"。在《认识沙子和水》的活动中，教师应该为幼儿提供管子、漏斗、小盆、沙、水等材料，让他们去探索沙子与水的特性。

2. 材料的结构

所谓材料的结构性，是指一个或一组材料所具有的特征，不同材料之间的联系和关系，材料中所蕴含的可探索性、可利用性等。例如，教师在让小班幼儿观察树叶时，就应该提供不同大小、不同形状、不同色彩的树叶等。幼儿关于树叶的经验能够很丰富，就是因为教师提供了有结构的材料——各种各样的树叶。

此外，教师在准备材料时还可以考虑"提供给幼儿的材料是成品，还是半成品""怎样为幼儿提供可以选择的材料""哪些材料可以引起幼儿的创造性使用"等问题。总之，教师准备的材料结构越丰富，教师对材料结构的认识越丰富，就越有利于幼儿的操作学习。

3. 材料的数量

有关研究表明：减少活动材料（玩具或操作物），幼儿会产生更多的冲突。材料充足与否，直接影响着幼儿的探索进程，影响到幼儿科学经验的获取。教师要尽量为幼儿提供充足的材料，保证幼儿操作活动的开展。但是，充足的材料并不意味着一味求多，教师应根据活动的具体性质来确定材料数量与幼儿人数的比例关系。有的活动需要每人一组材料，有的可以几个人一组材料，而有的活动可以全班一种材料。探索材料的设计既要从幼儿科学探索过程的需要出发，还要考虑到客观条件的限制。如观察鸭子的活动，就不可能也不必要为每个幼儿准备一只鸭子。在材料不足或难以准备时，教师可以给每个幼儿提供不同的材料，并在活动进行过程中引导他们相互交换手中的材料，以便使有限的材料发挥出最好的效益。

4. 材料的趣味性

心理学研究表明，幼儿的探索活动常常发端于对探索对象的兴趣，这种兴趣越浓，幼儿的探索活动就越持久。因此，提供有趣的、能激发幼儿探索欲望的材料显得尤为重要。选择材料时，教师可以从以下几方面加以考虑。

首先，材料外观上的趣味性。这种材料能使幼儿一看就喜欢，从而吸引幼儿对它们进行主动的探索。如光学游戏中"奇妙的转盘"、电学游戏中"会亮的灯塔"等材料。

其次，材料内容的趣味性。这种材料本身能让幼儿玩出一定的情节内容，并以其有趣的情节吸引幼儿。如磁铁游戏"龟兔赛跑"为幼儿提供了纸制龟、兔立体教具，回形针，塑料板，磁铁等材料，可以让幼儿玩出有趣的情节。

最后，材料使用方式的趣味性。教师提供的材料应尽量能让幼儿操作，以使其在做做玩玩、娱乐探索中增强学习科学的兴趣。教师要尽可能提供丰富的可操作的材料，指导幼儿多角度、多方面地探索、实验，以激发幼儿主动探究的欲望，让幼儿在与材料的相互作用中学习、感受科学发现的快乐。如在小实验"摩擦力"中，幼儿让三辆小车从同样坡度但是不同材料的斜面上滑下，即使教师不做讲解，幼儿也会在操作中发现光滑面的小车下滑最快。

（四）活动过程的设计

保加利亚的学者 T. H. 伏尔科夫认为，科学的本质不在于已经认识的真理，而在于探索真理；科学本身不是知识，而是产生知识的社会活动，是一种科学生产。[①] 幼儿科学探索过程的设计是正规性科学教育活动设计的核心。教师在设计科学活动的过程时，应当从活动的行为目标出发，具体考虑如何使幼儿通过科学探索的过程，达到这些行为目标。在此主要研究导入活动的设计、活动策略的设计、活动程序的设计、教师提问的设计、活动结束的设计五方面的内容。

1. 导入活动的设计

科学活动从一开始就应该激发起幼儿的兴趣和好奇心，调动起儿童参与活动的积极性与主动性，使幼儿在好奇心的驱使下，积极地投入科学探索的过程中。那么，教师应该怎样将幼儿吸引到一个正规性科学活动中去呢？一般来说，大致有以下几种方法。

（1）直接用问题导入。如"我们每天都要吃很多东西，这些食物都到哪里去了呢"，这个问题就能引起幼儿的思考和探索活动。

（2）从幼儿已有的经验导入。比如在"认识噪音污染"活动中，教师首先问幼儿："小朋友每天都要听到各种各样的声音，请你们说一说，你听到过哪些声音？""在你们听到过的声音中，哪些是好听的，哪些是不好听的？"幼儿在教师的启发下，联系自身已有的听觉经验，就很自然地进入了活动内容。

（3）从活动材料导入。幼儿看见桌上的物质材料，如一堆石头、一堆木头等，就会产生操作、摆弄的欲望。这时教师只要辅以简单明了的指令、说明或提问，幼儿就

① 夏禹龙.科学学基础 [M].北京：科学出版社，1983：45.

能很快地按照教师的设计进入科学探索活动中。

（4）直接用指令导入。如在"可爱的小脚丫"活动的开始，教师就对幼儿说："请小朋友们脱下自己的鞋袜，把它们放在椅子下面，然后仔细地看一看，你们的小脚丫是什么样的？"

（5）从周围的环境导入。如春天观赏野花的活动，教师可以带幼儿在园子里教学，一边交谈一边很自然地问幼儿"你们看见了什么？"

（6）利用读儿歌、猜谜语、做游戏等方式导入。例如在"早期性教育"系列活动之《男孩和女孩》这一课题中，某教师设计了"泼水节"游戏，告诉幼儿为了让大家玩得尽兴又不打湿衣服，要求小朋友们把衣服脱光参加游戏。玩水后，男孩和女孩相互用毛巾擦身，目的是让孩子们互相观察对方的主要性别特征。这个导入式的"泼水节"游戏，消除了幼儿的害羞心理和顾忌心理，自然而然地引入课题，使幼儿毫不尴尬地观察了对方的性别特征。

教师在进行导入活动设计时，应该力求其简短、有趣且指向明确。导入活动对于整个活动过程的开展很重要，成功的导入虽然未必会导致整个活动的顺利开展，但不成功的导入则有可能成为一次混乱活动的开端。

2. 活动策略的设计

"策略"一般是指为达到某种目的而使用的手段或方法。幼儿科学教育活动策略种类繁多，大致可以分为形式型策略和方法型策略。

幼儿科学活动设计
来源：优酷网

形式型策略就是以教学组织形式为中心的策略。美国教学设计专家肯普（J. E. Kemp）提出下列三种形式：集体教学形式、个别学习形式和小组教学形式。我国在《幼儿园教育指导纲要（试行）》中提出的幼儿园教育活动形式有游戏、体育活动、上课、观察、劳动、娱乐、日常生活七种。

方法型策略是以教学方法和教学技术为中心的策略。从教师的角度看，有讲解、演示、示范、范例、提问等；从幼儿的学习活动看，有观察、分类、测量、种植、饲养等；从教师与幼儿的互动看，有谈话、讨论等。美国教学设计专家梅里尔（M. D. Merrill）指出，不同类型的教学策略可以促进不同类型知识和技能的学习。在具体的科学活动中，教师应当根据科学教育活动的目标、幼儿发展的现实水平、特定的教育活动内容，以及特定的园内外教育资源来决定自己的教学策略。

幼儿在学习过程中的自由发挥程度是由教师这一媒介作用的质量所决定的。教师的方法型策略对幼儿科学教育活动的展开与深入有着重要的影响。教师的方法型策略又叫教学干预策略，是指教师通过什么方式去干预、影响幼儿的学习活动。教师对幼儿学习活动的控制差异，主要是通过不同性质的干预策略体现出来的。

科学教育过程中，教师使用教学干预策略的目的在于推动幼儿的主动探究与学习，使幼儿主动地与客观事物相互作用，促成幼儿认识的主动建构。具体表现在以下几个方面。

（1）使幼儿产生疑问或疑惑。幼儿真正的主动探究和学习是从意识到有问题开始的。幼儿有了疑问并产生想寻求答案的愿望后，主动探究就进入了真正的准备状态。

（2）支持、鼓励幼儿运用自己已有的经验去猜想和解释。运用已有的知识经验，对所遇到的问题和产生的疑问进行解释、猜想和判断，为幼儿认识的主动建构提供了可能。

（3）鼓励幼儿按照自己的想法作用于物体，尝试着自己解决问题。幼儿将自己的想法作用于物体，作用的结果、事实将会调节幼儿的认识，验证幼儿的解释。这是客观现实与幼儿的主观认识互相作用的过程，也是真正的主动建构过程。

教师应当根据教育活动的不同内容和幼儿学习发展的不同水平与差异来选择并确定教学策略，使教育活动的实施具有计划性。但是，选定的教学策略在具体教育活动展开过程中并不是一成不变的，教师必须根据活动当时的具体情况随机应变，采用恰当的干预方法。

3. 活动程序的设计

加涅把学习过程分为八个阶段：动机阶段、领会阶段、获得阶段、保持阶段、回忆阶段、概括阶段、操作阶段、反馈阶段。加涅认为，教学的整个过程可以视为一套程序，这个程序可以保证各个学习阶段的顺利进行。一个完整的教学程序始于形成动机和具体的期待，终于给学习者的学习活动提供反馈。教学程序设计的实质是根据行为目标确定适当的教学事件，其目的在于刺激、激活、支持和利用学习的内部过程。因此，可以说，整个活动程序是为实现教育活动目标而对教育内容的具体展开和教育方式方法的具体运用，是幼儿与环境、材料相互作用，获取科学经验，寻找和发现问题答案的过程。

一般来说，教师在设计教育活动程序时应遵循以下几条原则：第一，在活动过程中综合体现活动目标、教育内容、教育组织形式和教育策略的安排；第二，为教育活动的具体实施留有余地，便于自己根据幼儿的活动状况、活动扩展，随机调整教学干预策略，为课堂的再创造提供条件；第三，要保证幼儿有充足的活动时间、操作机会和表达机会。

总之，教师对教育活动过程的设计要做到活动前有周密细致的考虑，活动中有不失机智灵活的变化，以便教育活动能够顺利达到预期的目标。

活动程序的设计方法没有固定的模式，可以进行广泛的探索。但一般来说，应该包含以下几个方面：第一，认真寻找每一个教育活动展开的起点与终点，恰当选择在起点和终点所运用的教学策略；第二，分析并明确教育活动的重点与难点，以及准备在此采取的教育措施；第三，设计出清晰的活动步骤、与这些步骤相关的内容，及其所需要的玩具、教具等材料；第四，准备好需要重点提出的问题，主要包括为了引起幼儿学习兴趣的问题和为了检查幼儿学习效果的问题等。

4. 教师提问的设计

提问是教师对幼儿科学探究过程进行指导的重要策略。提问有两种：一种是封闭式问题；一种是开放式问题。封闭式问题的答案是限定的、唯一的，如"这是什么""是不是……"；而开放式问题则没有限定的答案，如"这像什么""你发现了什么""有些什么""用什么办法"等。教师提问质量的好坏，关键在于其能否通过问题启发幼儿的独立思考、操作和表达。教师应该更多地向幼儿提出开放式的问题，以便幼儿回忆并联系自己的以往经验，在自己的经验与水平的基础上进行发散性思维和创造性思维。同时，教师要鼓励幼儿用自己的方法去操作材料，使其与环境发生相互作用，并有所发现和创造；要激发幼儿的表达欲望，使其自由地表达他所获得的经验，表达他解决问题的方法与过程，表达他的发现与创造及其积极的情绪体验。

由此可见，与封闭式问题相反的是，开放式问题不是指向知识经验的获得，而是指向幼儿的操作与活动，指向幼儿的科学探索过程。教师在幼儿科学探索过程中所提的一系列问题，不是孤立的，而是紧密联系、环环相扣、步步深入的。

如《美丽的水声》是一个有关声音现象的课题，课堂上教师设计了以下问题。

"这儿有一盆水，请你们来洗洗手，洗手时仔细听一听，看看你能听到什么？"

"请你告诉大家，你听到了什么声音？"

"请小朋友来把这个大瓶和小瓶里的水倒在盆里，听听是什么声音？两个声音一样不一样？"

"如果老师把这一大盆水倒在地上，会是什么声音呢？"

"你们的小茶杯里有开水，请你们喝一喝，听听喝水时有什么声音？"

"刚才，小朋友喝了温开水，想一想水在烧开时有什么声音呢？"

"你还在哪里听到过水声？那个水声是怎样的？"

从教师设计的以上问题可以看出，它们有指示，也有提问。虽然幼儿开始时的操作是无目的的，但却是后面操作活动的必要准备。随着教师提问的一步步深入，幼儿也逐步深入到科学探索的过程中去了。

最后，教师在进行科学探索过程设计时应注意到，幼儿正规性科学探索活动是有时间限制的，一般小班不超过 20 分钟，中、大班不超过 30 分钟。但是，幼儿的探索欲望又是无止境的，所以正规性科学活动的结束应该是开放性的，教师可以鼓励幼儿在活动结束之后，继续在科学发现室或家里进行相关活动。

5. 活动结束的设计

集体教学活动通常有时间的限制，教师要精心设计活动的结束方式，使其既体现了活动的完满性，又不会终止幼儿的探索行为。活动结束的设计要充分体现开放性，在形式上也不必拘于常规。具体有以下几种方法可以借鉴。

（1）以艺术的方式（如绘画、唱歌、跳舞）结束。这样可以让幼儿充分、自由地表达自己在活动中的发现或感受。

（2）以教师和幼儿一起总结并评价这次活动结束。这是很多活动的结束方式。

（3）制作活动可以以幼儿相互展示自己的作品结束。这样没有完成的幼儿也可以在轻松的气氛中继续完成自己的作品。

（4）提出要求或建议，让幼儿在活动结束以后继续探索，或在今后的生活中注意观察。这样的结束可以使活动继续延伸。

（5）迁移幼儿的学习经验。可由教师提出一个类似的问题情境，让幼儿用已有的经验去解决，以检验幼儿对新知识的理解水平。

三、集体教学活动的组织与指导

（一）教师在集体教学活动前的准备

准备工作是实施活动的前提，直接影响着幼儿参与活动的积极性、活动的进程和活动的实际效果。活动准备是活动设计和活动实施的过渡环节，主要包括：知识的准备、情感的准备、材料的准备和空间环境的准备四项内容 。

1．知识的准备

要想对幼儿进行卓有成效的科学教育，幼儿教师必须具备广泛的科学知识。针对某一个具体的活动，教师只有了解了相关的科学知识，才能深入浅出地指导幼儿进行探索，并在幼儿提出问题时，能够因势利导地给予适当的帮助。所以，幼儿教师除了应在平时注意积累科学知识外，还应该在开展某个活动之前查阅相关的资料，以广泛地了解该科学知识。

2．情感的准备

幼儿的科学活动需要情感的支持，而幼儿的情感又容易受到成人的影响和感染。因此，教师自身能否以积极的情感投入到活动指导中去，直接影响着幼儿在活动中的情感体验和活动的效果。例如，某位小班教师在一次观察母鸡的活动中克服了消极的情绪，自然大方地把母鸡抱在怀里，使幼儿倍感亲切，他们都非常愿意去抚摸母鸡。所以，教师一定要以一种积极的情感投入到科学教育的活动中去。

3．材料的准备

活动之前的材料准备工作是一项艰巨的任务，教师可以采取各种方法，发动大家一起来准备。活动材料既可以由教师准备，也可以由教师带领幼儿事先收集，还可以让幼儿从家中带来，教师再根据幼儿带来的材料有目的地进行补充。这样不仅减轻了教师的工作负担，还把材料的准备巧妙地变成了一种活动的前奏和家园联系的途径。

4．空间环境的准备

空间对于集体教学活动的开展也是非常重要的，它会直接影响幼儿的探索和操作行为。一般来说，集体教学活动的人数较多，而且活动的形式多样，有动态的观察、操作，也静态的有交流和讨论。教师不仅要准备宽敞的空间，还要进行更细致的考虑，以便活动取得更好的效果。例如，提供什么样的活动场地？在室内还是在室外？如果在室外，是室外的空地还是自然环境中？如果在室内，是需要桌面空间还是地面空间？甚至连活动室内桌椅的摆放，也要考虑到活动的需要：怎样有利于幼儿的独立操作？怎样有利于幼儿之间的交流讨论？因为，这些因素都会影响到活动的效果。

（二）集体教学活动过程指导

1. 观察、分析幼儿的行为

在集体教学活动开展的过程中，教师可以通过各种方式对幼儿进行指导。而在一切指导之前，最重要的是仔细观察幼儿的行为，理解和分析幼儿的行为。

理解幼儿是指导幼儿的基础。教师观察幼儿的行为，可以获取有关幼儿学习的具体信息，包括：幼儿学到了什么？幼儿是怎样得到答案的？幼儿对材料的运用是否充分？有没有创造性地运用材料？幼儿的学习有没有遇到困难？幼儿在学习过程中的情绪表现是兴奋、平静、焦虑，还是得意忘形？教师通过观察这些外部行为，可以推知幼儿的内部心理过程。

2. 适当参与幼儿的活动

在观察的基础上，教师还可以适当参与幼儿的活动。教师的参与既能够使幼儿获得亲切感，形成共同学习的气氛，还可以对幼儿提供必要的帮助。但是，教师的参与不是代替幼儿自身的学习，而是在幼儿的水平上参与活动。教师是要通过自己的直接参与来与幼儿共同解决问题，来了解幼儿学习的情况，分享幼儿成功的乐趣，找出幼儿学习的困难，并通过启发性的问题和提示给幼儿提供有效的帮助。

3. 保证幼儿的活动机会

一般来说，一次集体教学活动的时间应控制在15~30分钟，具体可依幼儿的不同年龄而定。但是，如果幼儿探索的兴趣很高，也可以适当延长。在这有限的时间中，教师应给予幼儿充分的活动机会，通过提出有质量的问题来引导发幼儿的感知、操作、探索、表达等活动。

幼儿对材料的感知、操作是一个由表及里、由无目的到有目的的过程，因此教师要给幼儿留有足够的操作时间和操作次数。幼儿的重复操作是必要的，但要避免简单的重复，而是应在教师问题的指导下进行的更加明确和深入的探索。

给幼儿足够的思考时间，具体表现为教师提问后要有一定的等待时间，以便给幼儿留出充分的思考余地。在表达的过程中，幼儿更加明确和深入的思考往往还在进行，因此教师要给幼儿充分的表达时间，以及表达过程中的思考时间。教师还要给予幼儿充分的讨论、交流时间，让幼儿相互交流、相互启发。总之，在科学探究活动中，教师的任务不是把现成的科学知识传递给幼儿，而是要让幼儿经历探究和发现的过程，自己找到问题的答案。

4. 合理运用评价手段

在集体教学活动中，教学评价也是一种重要的指导方式，具有多方面的功能：它既可以对幼儿的学习结果做一个总结，又可以对幼儿的行为进行一种强化。教师的评价有语言的评价，也有非语言的评价，如眼神、动作、语气等。教师应充分利用这些评价方式，多开展积极的评价，充分肯定和强化幼儿在活动中的好的行为，如对幼儿积极参与科学活动、专心探索、积极思考、勇于表达，及其创造性行为给予充分的鼓励，让幼儿体验到发现和成功的快乐，而不是简单地以答对了没有、是否遵守纪律等作为评价的标准。

5. 集体、小组指导与个别指导相结合

集体教学活动是面向全体幼儿的教育活动，教师在组织活动时要兼顾集体和个别幼儿的需要。在组织和安排活动进程中，教师可以通过提问等方式实现对全体幼儿的指导，也可以在幼儿进行个别操作和探索活动时，对其进行个别指导；还可以以小组为单位进行操作学习活动，教师分别加以指导，以便教师接触更多的孩子，集中了解他们的学习状况。

集体教育活动的成败，关键在于教师。

第一，教师要相信幼儿，大胆解放思想，不要被求稳怕乱的思想束缚，从一开始就要放手：凡是幼儿能看到的就让他们自己观察，幼儿能说的就让他们自己说，幼儿能做的就由他们自己做，要让幼儿自己探索、思考、发现。否则，不仅教师自己的教学艺术不能得到充分发挥，还限制了幼儿科学活动的开展。

第二，教师要多提开放性的问题，不要限定幼儿的回答，应鼓励幼儿寻求多种答案。

第三，教师要避免以自己的语言或行为取代幼儿的表达和探索过程。

第四，教师既要让幼儿主动活动，又不能任其放任自流，而是要体现教师的主导作用，以帮助所有幼儿在自己原有水平上获得发展。

第三节 观察认识类活动

一、观察认识类活动概述

1. 观察认识类活动的内涵

观察认识类活动是指幼儿运用一定的观察方法，认识事物特征，以获取感性经验

的科学活动。它是一种被广泛应用的集体科学教学类型。皮亚杰曾经说过，如果说儿童科学教育还有什么价值的话，那就是对儿童观察能力的训练。

观察是知觉的一种特殊形式。它是从一定的目的和任务出发，有目的、有计划、比较持久地感知某种对象的过程，是知觉的高级形态。在幼儿科学教育中，观察是幼儿认识事物的最主要方法。观察是一种复杂的心理活动，它不仅能提高观察者感觉器官的机能，还可以锻炼其大脑处理信息的能力和速度。

2. 观察认识类活动的作用

观察认识类活动主要具有以下作用：第一，为幼儿提供直接与观察对象亲密接触的机会，使幼儿获得第一手的科学资料；第二，观察是一种基本的科学技能，幼儿通过观察可以学会科学的观察方法；第三，可以促进幼儿智力的发展。

在幼儿科学教育中，观察认识类活动是最为重要也是运用最为普遍的方法。在实践中，除了以观察为主线组织的科学活动外，在其他各种活动中，如实验、制作等，也离不开观察方法的运用。

3. 观察认识类活动的分类

现在我们讨论的观察认识类活动，指的是专门性的观察活动，是幼儿运用各种感官了解客观事物的特点、获取感性经验的科学活动。观察认识类活动涉及的学习对象非常丰富，涵盖了科学教育内容的各个方面，它既包括对物体的观察，也包括对自然和科学现象的观察。按照从易到难的顺序，我们通常将观察认识类活动分为个别物体和现象的观察、比较观察、长期系统观察三种类型，这三种观察活动适用于不同的观察对象，也适用于不同年龄的幼儿。

（1）个别物体和现象的观察：是指幼儿有目的地运用多种感官，对某一特定自然物、自然现象或科技产品进行的观察。

（2）比较观察：是指幼儿对两种或两种以上的自然物或自然现象、科技产品进行的观察和比较。比较观察是幼儿学习分类的基础。

（3）长期系统观察：是指幼儿为探索自然现象的发生（如动植物的生长、变化，天气、季节的变化等）而进行的连续、持久的观察。长期系统观察的特点是观察的时间长，对幼儿观察持久性的要求比较高。

二、观察认识类活动的设计

（一）活动目标的设计

要确定活动目标，教师首先要认真分析教学内容，然后再结合幼儿的经验、兴趣、能力，把教学总目标具体化。观察认识类活动的任务主要是借助于感知观察的方法，达到对事物特征的认识。观察认识类活动涉及的重要教学目标有以下几点。

（1）观察技能：运用多种感官感知事物的主要特征。

（2）表达技能：运用简单的语言讲述或用多种方式记录自己在活动中的发现。

（3）科学认识：认识事物的主要特征。

如表4-1所示，不同的观察内容、不同年龄段的幼儿，其具体的教学目标均不相同。

笔记

表4-1　观察认识类活动教学目标设计

教学目标		适用年龄	举例
一级目标	二级目标		
观察技能	运用多种感官感知事物特征	小班或以上	小班：认识西瓜。通过看、摸、吃感知西瓜的特征
	对不同的对象进行比较观察	中班或大班	中班：认识自行车、摩托车。观察比较自行车、摩托车的不同
	有顺序地观察事物特征	中班或大班	中班：观察梧桐树。观察梧桐树的干、枝、叶
	对事物进行长期系统的观察	中班或大班	大班：观察并记录小蝌蚪。学习观察并记录小蝌蚪的身体变化
	观察事物的变化和现象的发生	小班或以上	小班：盐怎么不见了。观察盐放入水中发生的变化
表达技能	运用语言大胆讲述自己在观察中的发现	小班	小班：认识西瓜。运用语言大胆讲述自己在观察西瓜中的发现
	运用完整的语言讲述并交流自己在观察中的发现	中班或大班	中班：认识自行车、摩托车。运用完整的语言讲述并与师、幼交流自己在观察中的发现
	运用图画、数字等多种方式记录自己的观察结果	中班或大班	大班：种植蚕豆。学习用图画表示所种蚕豆的生长变化
科学认识	认识观察对象的显著特征	小班	小班：观察水仙花的显著特征。观察水仙花的根、叶、花的显著特征
	认识观察对象的多样性	小班或以上	中班：各式各样的水果。知道有各式各样的水果
	认识到各个观察对象的异同	中班或大班	大班：各式各样的水生动物。观察各种水生动物的特点，知道它们都是生活在水中
	探寻观察对象的变化规律	大班	大班：种子发芽的条件。在观察的基础上探寻种子发芽与水的关系

（二）活动过程的设计

明确了活动的主题、任务，设计了活动的目标，接下来就是怎么实施的问题了，即：如何去完成教学任务，通过什么样的活动去落实教学目标。为了解决这些问题，就要做好整个活动过程的设计。根据观察对象的不同特点，观察认识类活动的设计思路是不一样的，因此，教师可以把观察认识类活动相对地分为物体观察活动、现象观察活动、展示观察活动和户外观察活动四种类型，以便进行活动过程的设计。

　　物体观察活动和现象观察活动的区别在于其观察对象和观察目的的不同。前者在于认识物体的特征，后者在于观察变化的发生。展示观察活动也属于一种对物体的观察，但由于其在活动形式上的不同而被单独列出来。户外观察活动则是由于其观察地点的特殊性而使它的设计与组织有所不同。如表4-2所示，在具体的教学设计中，教师要根据具体情况进行灵活调整。

表4-2　观察认识类活动教学过程设计

活动类别	设计要点	活动步骤	活动举例
物体观察活动	包括单一物体观察、同类物体观察、比较观察；教师可引导幼儿在观察的基础上进行表达交流，并通过指向性问题引导幼儿认识观察对象的显著特征；或比较物体的差异，或总结物体的共同特征	①出示观察对象 ②幼儿自由观察 ③表达交流 ④教师引导观察 ⑤表达交流 ⑥教师总结	小班：水果里的种子 中班：小鸡和小鸭
现象观察活动	现象观察活动的重点在于观察变化的发生，教师可将观察、指导、交流相结合，在观察后引导幼儿对观察到的现象展开讨论	①引出对象或问题 ②观察现象 ③观察中的交流与指导 ④教师组织讨论交流 ⑤教师总结	小班：盐去哪儿了 大班：纸浮在水面上
展示观察活动	展示观察活动常用于观察物体的多样性；展示活动的观察分别渗透于收集展品、布置展览和参观展览的环节中，收集展品、布置展览是渗透性的自由观察，参观展览则是在教师引导下的集中观察	①收集物体 ②布置展览 ③共同参观 ④表达交流 ⑤教师总结	小班：各式各样的水果 中班：各式各样的纸制品
户外观察活动	户外观察活动既有物体观察也有现象观察，由于人员分散、难于组织，此类观察可采取分组活动的形式。教师在活动设计时应该尽量减少集中指导，注重个别指导和个人体验	①提出问题、激发兴趣 ②进行个别观察的指导 ③分享和表达体验	中班：草长在哪里 大班：蚂蚁搬运粮食

三、观察认识类活动的组织与指导

（一）观察认识类活动的组织要点

第一，明确观察目的，引出观察任务。

第二，提出观察要求，指导幼儿用各种感官感知对象的属性。

第三，幼儿讨论观察结果，教师小结提升。

第四，结束与总结。

（二）观察认识类活动的指导要点

第一，利用观察对象的显著特征激发幼儿的观察兴趣。

第二，运用启发性问题引导幼儿观察；向幼儿提出明确具体的观察要求；给幼儿自由观察的空间。

第三，引导幼儿运用多种感官感知事物的特征。

第四，引导幼儿通过观察与操作相结合的方式来全面观察事物，了解观察对象的变化。

第五，鼓励幼儿用语言表达自己在观察中的发现；鼓励幼儿之间的交流，并注意纠正幼儿语言表达与观察不符的地方。

第六，指导幼儿学习用各种方法记录观察结果。

四、观察认识活动举例

（一）小班：水果里的种子

活动目标：

1.通过品尝橘子、葡萄、桂圆等水果，知道水果里的核就是种子。

2.运用多种感官感知。观察各种水果的种子，知道他们是不一样的，并大胆讲述自己的发现。

活动准备：

人手一盘已经认识的水果，如桂圆、橘子、葡萄、山楂等；分类盒每人一个。

活动过程：

1.认识水果，说说水果的名称。

教师：桌上有什么？你们认识它们吗？大声说说，它们各叫什么名字？

幼儿：葡萄、山楂……

教师：这些水果你们吃过吗？现在想吃吗？

2.吃水果、找种子。

要求幼儿吃水果时注意水果里有什么，并把自己发现的东西放在分类盒里。

教师引导幼儿将一样的种子放在一起，并启发幼儿思考：你们吃的水果里都有核吗？

3.感知观察各种水果的种子。

教师：看看、摸摸、压压、捏捏，这些"核"都一样吗？怎么不一样？请大家一起来说说。

幼儿：有大有小，有的两头尖……

4.教师和幼儿讨论、小结。

教师：这些东西平时我们都叫它核，它还有个名字叫"种子"。因为这些小东西

笔记

种到土里后会长大，长大后会结出果子，长成现在我们吃的水果，所以他们才叫"种子"。现在我们看看自己盘子里有哪些种子，并说说他们的名字吧。你们还知道哪些水果里面也有种子？以后在吃水果时注意看看，把它们的种子找出来。

活动建议：

把这些种子摆放在自然角，并在生活中继续收集各种种子。

活动分析：

该活动是小班幼儿下学期的一个物体观察类活动。活动过程设计两个前后联系的观察环节。第一次是幼儿自己在吃水果的过程中寻找种子、自由观察种子，第二次则是在老师引导下集中观察和讲述各种种子的特征，最后由教师对幼儿的观察结果进行了总结。作为对一类物体的观察而不是单个物体的观察，该活动对于小班幼儿来说具有一定的难度。但由于活动过程和幼儿品尝相结合，其中充满着"发现"的乐趣，幼儿也会有参与的兴趣。孩子未必都知道种子是什么，但它们发现水果里面都能找到种子，而且这些种子是各不相同的，实际上就为将来认识植物种子打下了经验基础。

（二）中班：荷花

活动目标：

1. 观察荷花的花朵、叶子、根茎、果实，初步了解荷花的主要特征。

2. 知道荷花不仅可以欣赏，它的每部分还可以用来做健康食品。

活动准备：

1. 幼儿用书、教学挂图。

2. 用色纸剪好的荷花花瓣及荷叶。

活动过程：

1. 教师用纸工的方法现场做出一朵荷花，激发幼儿的活动兴趣。

教师将一片片的花瓣和荷叶粘贴起来后放在水盆里，请幼儿观察。

教师：老师这里有一些花瓣和叶子，现在我将它们粘贴起来，请你们看看粘贴好的是一朵什么花？

教师：看出是什么花了吗？为什么你说是荷花？你在哪里见过荷花呢？

2. 看图了解荷花的生长过程。

（1）教师出示挂图，引导幼儿观察图片并提问。

教师：荷花是什么颜色的？花瓣是什么样子的？画面上每朵荷花都一样吗？都是怎样的？请你们用双手做出动作来表示一下。

教师：荷叶是什么样的？你感觉它是大大的还是小小的？它像什么？你觉得它漂亮吗？为什么？

（2）教师出示一个莲蓬后提问。

教师：这是什么？你见过吗？在哪里见过？它和荷花有什么关系呢？原来它就是荷花中间的花蕊慢慢凋谢后长成的果实。

3. 了解荷花各部分都可以用来做健康食品。

教师：你见过这些食品吗？请你仔细观察一下，说说它是用荷花的哪个部分做成的？你吃过吗？感觉怎样？

4. 游戏：荷花荷花几时开。

幼儿手拉手围成一圈，教师在圈内。当老师说到"开两朵"时，幼儿就要两两围成小圈。

活动建议：

本活动渗透了健康领域的内容。教师可以在美工角的墙面上布置池塘背景，鼓励幼儿用绘画或手工的形式表现荷花。

活动分析：

本活动的重点是让幼儿初步了解荷花的外形结构特点。活动开始时，教师通过粘贴花朵请幼儿猜的方式，既激发了幼儿的活动兴趣，又让幼儿对荷花的外形特征有了初步的感知。最后用游戏的形式，让幼儿对荷花有了更多的了解，使活动达到高潮，并顺势结束了活动。

（三）小班：春天来了

活动目标：

1. 通过观察，了解春天的一些显著特征。

2. 愿意仔细看图，并大胆说出自己看到的景象。

3. 学习在教师的引导、提醒下带着问题进行观察活动。

活动准备：

1. 幼儿用书、练习册。

2. 一些表现春天的卡片（柳树发芽、桃花开放、冬眠动物苏醒等）和白纸若干张。

活动过程：

1. 出示幼儿用书，引导幼儿看图观察。

教师：请翻开幼儿用书，看看图上都画了什么？（鼓励幼儿认真看图，积极表达）

教师：这幅图上美丽的花开了，蝴蝶围着花飞舞，蜜蜂采花蜜；地上的小草翠绿翠绿的；树上冒出了新芽，长出了嫩嫩的叶子；小乌龟醒了，晒着温暖的太阳；小朋友们穿着毛衣在游戏。猜猜这幅画画的是哪个季节的景象呢？

2. 带领幼儿寻找幼儿园里的春天。

（1）教师提出到户外观察的要求。

教师：现在我们要出去找一找幼儿园里的春天。小朋友在寻找的时候，要和老师一起，不要乱跑，注意安全。当你发现春天的时候，可以大声地告诉老师和其他小朋友。

（2）教师带领幼儿在幼儿园里寻找春天，幼儿在寻找的时候教师要注意观察，并鼓励他们积极地将自己的发现说出来。

笔记

大班科学活动
——蔬菜品种多

笔记

（3）集体总结寻找到的幼儿园里的春天。

教师：我们在幼儿园哪里找到春天了呀？

3.集体制作"美丽的春天"图画。

幼儿集体组画（可以根据人数进行分组）"美丽的春天"，进一步感知春天的特征。

活动建议：

在领域渗透活动环节，教师让幼儿用集体组画的方式来表现春天，进一步欣赏、感受它的美丽，使活动渗透到了美术领域。

区角活动：

语言角：鼓励幼儿大胆地与同伴说一说春天美在哪里。

美工角：继续完成组画"美丽的春天"。

家园共育：请爸爸妈妈带幼儿到户外寻找美丽的春天。

活动延伸：

（1）可以学习一些关于春天的歌曲，以表达对春天的热爱。

（2）完成练习册内容。

活动分析：

这节活动的重点是让幼儿寻找、观察、感受春天，但对于小班幼儿来说，他们并没有这方面的经验积累。因此在活动的开始，教师用图片展示的方法进行铺垫、引导，然后再让幼儿在园内寻找春天。这样既降低了活动的难度，也能让幼儿带着问题去观察，增加寻找、发现的成功率，增强幼儿的自信心。

（四）中班：各种各样的纸制品

活动目标：

1.收集、观察各种各样的纸制品，了解它们的质地和用途。

2.尝试给各种纸制品进行分类，布置纸制品的展览。

3.激发幼儿对纸制品的兴趣，使其了解纸制品的多样性及其与人们生活的关系。

活动准备：

教师和幼儿一起收集各种各样的纸制品：信纸、信封、纸扇子、贺卡、本子、书、餐巾纸、卷纸、卫生纸、牛奶盒、牙膏盒、火柴盒、洗衣粉盒、香水盒、纸包装、纸袋、糖盒、拼图、挂历、卡片、药袋、纸杯等等。

活动过程：

1.幼儿相互介绍、讨论收集来的纸制品。

教师：纸的种类多种多样，也可以做成各种各样的东西。小朋友们都收集了很多的纸制品，大家说说你们都收集了哪些纸制品？

2.引导幼儿观察各种各样的纸制品，并说说它们的用途；鼓励幼儿把这些纸制品展览出来。

3.幼儿自己讨论分几组来展览纸制品，各个小组分头布置展览；教师通过个别指

笔记

导来启发幼儿认识不同质地的纸制品及其用途。

4. 教师带领幼儿参观各个小组的纸制品展览，请各组小朋友介绍自己的展品。最后教师与幼儿一起做小结。

活动建议：

纸制品在日常生活中非常普遍，教师可以布置幼儿观察家中的纸制品，并进行适当分类。

活动分析：

该活动属于展示观察类活动。它以布置展览为中心，在收集、布置、介绍、参观等环节都贯穿了对纸制品多样性进行观察和认识的主题，且能充分调动幼儿的主动性；教师对幼儿观察的指导既有集中的，也有个别的。此类活动结束时，教师可以与幼儿一起对各种展品做一个小结，但是，如果幼儿参观的兴致很高，也可采用一种开放性的结束方式。

第四节　实验操作类活动

一、实验操作类活动概述

1. 实验操作类活动的内涵

科学实验是一种在人工控制条件下，通过操纵变量来观测事物的变化，从而探索事物内在规律的科学研究方法，通常包括实验准备、实验假设、实验操作、概括结论等步骤。正如巴普洛夫所指出的那样，"观察是收集自然现象所提供的东西，而实验则是从自然现象提取它所需要的东西"。

幼儿实验探究活动是幼儿科学教育中最主要的形式之一，它是指幼儿在教师的指导下，通过简单的实验来操作材料和仪器，以探究事物内在规律的活动。幼儿的实验活动并不像科学实验这样严格、复杂，但其基本过程和理念是一样的，也包括以上步骤。比如在《磁铁的奥秘》活动中，教师需要先准备好磁铁和各种材质的物品，以便幼儿在好奇心的驱使下产生疑问和猜测。例如，面对一块圆形塑料片时，幼儿会猜测磁铁会不会吸塑料，然后用磁铁尝试吸一吸。验证结果是不吸，他们可能会得出结论——磁铁不吸塑料；当然，幼儿的结论也可能是磁铁不吸塑料片，或不吸圆形物体。

2. 实验操作类活动的作用

（1）调动幼儿的积极性和主动性。在实验操作类活动中，幼儿可以亲自操纵并尝试改变物体，这能够极大地满足他们的探索欲望，调动他们学科学的积极性和主动性，培养他们的科学探索兴趣。

（2）让幼儿体验到科学探索的本质。通过真正的"做科学"，幼儿在不知不觉中经历了发现问题、提出问题、解决问题的科学探究过程。

（3）有助于幼儿理解科学现象。在试验操作中，幼儿亲身经历了科学探索的过程，获取了第一手感性材料，对科学现象有了直观的了解，这些往往能够成为使幼儿印象深刻的记忆。

（4）培养幼儿的动手操作能力，发展他们的观察、分析、思维能力，促进其智力与能力的综合发展。

（5）帮助幼儿形成科学实验的意识，以及用实验方法探索世界的态度与习惯。实验探究活动可以培养幼儿的科学意识，如对他人的观点不盲从、敢怀疑，有了想法就积极通过实践去检验；思考问题时养成猜想与反驳的习惯；形成用实验和科学逻辑否定别人的观点其实是科学的进步和对对方尊重的意识。这些科学意识、态度和习惯对幼儿的发展以及科学和社会的进步都有非常重要的作用。

3. 实验操作类活动的特点

第一，幼儿的实验操作是教育活动，而非科学活动，它是幼儿在教师设置的情境中，并在教师的指导下进行的科学探究活动，其根本意义是在科学探究过程中对幼儿进行教育。所以，幼儿实验操作类活动的关键在于探究过程，而不是实验发现，其发现也多数达不到科学理论的层面。比如，在磁铁实验中，幼儿只能大致总结出磁铁吸什么、不吸什么，根本不能触及磁学原理；又如，沉浮实验中，幼儿也往往只能探究出哪些东西下沉，哪些东西上浮，或者什么形状的上浮，根本不能探究出浮力的原理。即使他们能够总结出一些科学理论，也往往是前人早已发现的没有科学价值的理论。

第二，实验过程简略，没有严格的科学控制。幼儿的实验操作活动以定性实验为主，基本没有数量化，其假设、操作过程、结论等也都比较粗略。

第三，实验带有游戏性，在玩中做。幼儿有很强的游戏心理，生活中做各种事情往往都伴随着游戏状态，进行实验探究活动也一样，常常需要结合游戏的情境。

第四，实验泛化到生活中。由于幼儿的实验非常简略性，他们会把实验泛化到生活的方方面面，随时随地都在做实验。比如，幼儿的抛球活动就可被视为一个实验：抛出之前有预计——要抛向某处，然后抛出，之后看球下落的位置是否符合自己的预期，不符合则变换抛球动作，再抛，在不断变换抛球动作中，使球逐渐接近自己预计的目标，同时总结出自己的发现。广泛地看，甚至于说话、走路、吃饭、喝水、穿衣服、拿东西等活动都是幼儿的实验活动，在这些随时随地都可以进行的实验中，幼儿各方面的能力得到了长足的发展与进步。

二、实验操作类活动的设计

（一）活动目标的设计

实验操作类活动强调幼儿亲自动手操作实验对象，经历探究过程，以发现事物的变化及其相互联系。实验操作类活动要达到的重要教学目标包括以下几点。

（1）激发幼儿对科学的好奇心，即通过实验操作活动使幼儿的好奇心得到满足与促进。

（2）培养幼儿的科学探究能力，即让幼儿获得实验操作的经历，学会一定的实验操作技能，并能在实验操作中有所发现。

（3）使幼儿获得科学知识与经验，即让幼儿通过实验操作活动获得对事物、现象的基本认识。

实验操作类活动的目标设计如表 4-3 所示。

表 4-3　实验操作类活动的目标设计

教学目标		适应年龄	举例
一级目标	二级目标		
科学好奇心	能被新奇事物或现象所吸引	小班或以上	小班：沉浮。注意到有些东西放在水中会浮起来
	乐意探究新奇事物或现象	中班或大班	中班：沉浮。注意到有些东西放在水中会浮起来，而另一些东西放在水中会沉下去，并乐意用不同物品进行试验
	能对新奇事物或现象提出问题	大班	大班：沉浮。提出有关沉浮现象的问题，或自己尝试解决有关沉浮的问题
科学探究能力	能通过自己的观察操作获得发现	小班或以上	小班：沉浮。通过观察发现不同物体在水中的沉浮状况
	能对问题做出假设，并用自己的经验进行检验	中班或大班	中班：沉浮。能根据自己的经验预测不同物体在水中的沉浮变化，并通过实验加以检验
	能根据已经获得的资料进行合理推断，得出结论	中班或大班	中班：沉浮。在实验的基础上总结哪些物体在水中是下沉的，哪些是上浮的
	能根据过去的经验或逻辑推断，对现象进行解释和预测	大班	大班：潜水艇的秘密。能根据过去的经验来解释小小"潜水艇"的沉浮变化
科学知识与经验	通过实验知道物体抛到空中都会下落，不同物体的下落方式、速度都不一样	大班	大班：物体怎么下落

（二）活动过程的设计

实验操作类活动通常是由幼儿面对具体的材料，通过亲自探索和操作来发现其中的现象及规律的。根据幼儿年龄的不同、实验内容的差异和不同的活动目标，教师可采用不同的设计思路。

1. 演示—操作式

演示—操作式设计思路是指，先由教师对实验内容进行演示，然后幼儿按照教师演示的方法、步骤进行实验操作，并进一步进行观察，获得发现。该设计思路可以概括为：演示—模仿实验—观察—发现结果。

例如，某教师设计了一个《物体怎样下落》的实验活动，虽然他为幼儿提供了很多材料，但是幼儿在对这些材料进行自由探索时很难联想到"自由落体"这一科学现象，所以就需要教师先演示给幼儿看，然后再激发他们自己的探索兴趣。

演示—操作式设计思路虽便于教师组织活动，幼儿实验操作的目的性也较明确，但是教师的演示会不可避免地限制幼儿自己的想法，不能充分体现幼儿的自主探索学习。所以，这一形式主要适用于无法独立进行探索的低龄幼儿。

2. 猜想—验证式

猜想—验证式设计思路是指，针对某一问题，教师不让幼儿直接探索，而是先让他们猜想一下可能会得到什么结果，然后再让他们通过自己的实践探究活动去验证原来的猜想是否正确。该设计思路可以概括为：提出猜想—探究—交流总结—迁移、探究—获得结果。

例如，在沉浮实验活动中，幼儿开始时可能没有明确的预设，而是随意地把各种东西扔在水盆中，看哪些下沉、哪些飘浮，这个阶段的活动更偏于游戏性。之后，在边扔边看的过程中，幼儿逐渐开始解释、猜测。比如，有人会认为"大的东西下沉"，这就是假设，然后推理"这个大的弹力球扔进去会下沉"，于是扔进去，结果真的下沉，这就证实了他的猜测，他可能由此得出结论："大的东西下沉"。如果继续实验，比如，将一块大的泡沫塑料放进去，结果是漂浮，他就又否定了原来的预设，得出结论："有的大的东西浮着，有的下沉"，并因此否定用大小来判定沉浮的规律，然后提出新的猜测，比如"片状的浮着"，从而开启新的实验。

再如，某个幼儿看到一个指南针（为了易于辨识，老师在底座的四个方位分别贴有四种小动物）后很感兴趣，便转着玩。他一次次地转动，发现指针总是指向小猫，于是说："它转不到别的动物，只能转到小猫，它喜欢小猫。"这就是幼儿的猜测。之后，他又转动几次，快转、慢转、正转、反转、手扶着转，甚至按停住，最后还是指向小猫，这就证实了他的猜测。实验活动使幼儿的预设得到肯定，幼儿也会因此产生成就感，体会到发现的乐趣。

猜想—验证式实验适合应用于幼儿已有类似生活经验但答案并不明确的问题。因为幼儿猜想的实质，就是他们依据自身的生活经验，用自己的思维方式对问题进行的自主思考。

3. 自由—引导式

自由—引导式设计思路是指，教师首先通过材料引发幼儿的探究兴趣，让幼儿进行自由探索，然后教师在组织幼儿交流各自经验的基础上，引导他们进行有目的、有计划的探究活动。该设计思路可以概括为：自由探索—交流—引导探究—发现结果。

例如，在用实验的方法学习使用遥控器的活动中，幼儿可以通过按动不同按键来观察电视的变化，并在教师的指导下把按键与电视的变化对应起来，从而推测各个按键的功能，并在进一步的验证中明确不同按键的功能。

又如，在一个《纸杯》活动中，老师要引导幼儿探究纸杯不漏水的秘密。老师先带领幼儿亲自制作了纸杯，然后倒进水，不久纸杯就开始漏水。老师问："为什么买的纸杯不漏水，而我们制作的漏水呢？"有幼儿回答："因为买的纸杯厚。"于是，老师又找出一张厚纸，一起做了一个纸杯，问幼儿："这个会漏水吗？"幼儿回答："不会。"然后老师让幼儿倒进水试一试，结果不久之后，厚纸杯也漏水了。老师问幼儿："这个纸杯也很厚，但它漏水了，为什么呢？"幼儿回答："有的厚杯子不漏水，有的厚杯子漏水。"

自由—引导式设计思路在幼儿科学操作实验活动中的应用非常广泛。它能较好地将幼儿的自主探究与教师的引导结合起来，而且这种引导是建立在幼儿自由发现基础之上的侧面指导，不会束缚幼儿的探索活动。

三、实验操作类活动的组织与指导

1. 实验操作类活动的组织要点

（1）通过导入活动激发幼儿的好奇心和探索兴趣。
（2）介绍材料，使幼儿理解实验的要求与规则。
（3）提出问题，请幼儿思考、尝试、操作、发现。
（4）师幼、幼幼之间讨论、交流实验的过程和结果，教师归纳提升。
（5）活动的结束与延伸。

2. 实验操作类活动的指导要点

无论采用什么样的设计思路，教师在指导幼儿开展实验操作类活动时，都应该注意以下问题。

（1）提供充足、多样的实验材料，以保证幼儿能够通过反复操作与课题相互作用，在实验过程中去探索、发现、判断，自己找出问题的答案。幼儿的发现来自于他们自己的摆弄和操作，因此实验材料的提供非常重要。只有多样的材料才能使幼儿获得丰富的科学经验。在《各种各样的树》活动中，要想达到发展幼儿测量技能的目标，

笔记

教师就必须为幼儿准备充足的测量工具，如皮尺、绳子、带子等。在《看一看你的皮肤》活动中，要想让幼儿了解皮肤的结构，教师就应该为每个幼儿准备一个放大镜，以使幼儿获得比只用肉眼观察更丰富、更细致的经验。

（2）引导幼儿在实验中仔细观察，注意实验材料在操作过程中的变化；必要时，教师可以对幼儿的实验操作方法予以适当指导，同时也要引导幼儿学习记录实验中的发现。由于幼儿文字记录还有困难，故在教学实践中，教师常指导幼儿采用图形或图表的形式进行记录。

（3）激发幼儿的主动参与活动的热情，使实验活动成为他们自发的探索活动。在实验活动中，教师要给幼儿留有充足的操作时间，鼓励幼儿大胆尝试，激发起他们的探究欲望。对于幼儿的想法，教师也要予以支持。例如，在大班科学活动《有趣的不倒翁》中，教师请了3位幼儿上来碰一碰不倒翁后，说："大家都看到了，不倒翁怎么碰他都不会倒，你们猜猜是为什么呢？"有趣的现象激发了每个幼儿的好奇心，他们都迫不及待地想要探究不倒翁的秘密，幼儿探索的积极性就被调动起来了。

（4）组织幼儿就实验的现象和结论开展讨论、交流，引导幼儿分析试验中观察到的现象，鼓励幼儿解释实验的结果。当幼儿的解释出现错误时，教师不要急于纠正，而应把它交给幼儿，让他们自己做进一步的探索。

（5）鼓励幼儿提出问题，但不急于把问题的答案告诉幼儿，以免超越幼儿的理解能力，甚至沦为变相的知识灌输。教师要以参与者的姿态和幼儿展开平等的讨论，共同探究问题；要从幼儿的角度来思考问题，体会幼儿的疑惑。

四、实验操作活动举例

（一）小班：针筒注射站

活动目标：

1. 通过实验，观察有色水是怎样进出针筒的。

2. 能够根据问题大胆进行实验。

3. 愿意在活动中积极动脑，想办法解决问题。

活动准备：

干净的一次性针筒（不要针头）、玻璃杯、有色水、气球（每人一份）。

活动过程：

1. 迁移幼儿经验，激发幼儿的活动兴趣。

问问幼儿针筒里有什么？请幼儿学学护士打针的动作。

教师：小朋友们打过针吗？

教师：护士是怎样给我们打针的？先做什么？再做什么？请你学一学。

幼儿：将药水吸入针筒里……

教师：针筒里的药水最后跑到哪里去了？

2. 引导幼儿通过实验观察有色水是怎样进出针筒的。

（1）教师提问。

教师：最后针筒里的水真的会跑到我们的身体里吗？

（2）教师按步骤提出实验要求，鼓励幼儿动脑实验并进行讨论。

教师：这里有一支空针筒，请你先试试怎样将杯子里的水吸进针筒里。

幼儿尝试，教师巡回观察。

集体交流：说说自己是怎样将水吸进针筒里的。

教师总结：我们要先将针筒推到底，然后将针筒放进水里，再将推管向上拉，这样针筒里就注满水了。

教师：这里有一个空气球，请你想办法将针筒里的水放到气球里。

幼儿尝试，教师巡回观察。

集体交流：说说自己是怎样将针筒里的水放进气球里的。

教师总结：我们要把针筒头塞进气球里，将推管向下压，就像护士给我们打针一样。

（3）幼儿按照刚才的顺序，完整实验两到三次，进一步观察有色水进出针管的现象。

3. 鼓励幼儿积极、勇敢地面对打针。

教师：原来针筒里的药水就是这样跑进我们身体里的。那我们在生病需要打针时，应该怎样做呢？

活动建议：

区角活动： 将实验操作材料放在科学角，鼓励幼儿反复进行实验。

家园共育： 请家长帮忙搜集干净的一次性针筒（不要针头）。

活动分析：

对于小班幼儿来说，按照图示的顺序或者教师的语言指导进行实验的难度比较大，因此，在这节课程中，教师将活动分成了两个步骤来进行：（1）将水吸进针筒里；（2）将针筒里的水压进气球里。活动中，教师以引导者的身份提出问题，鼓励幼儿进行自主实验和探究，这既符合幼儿学习科学的特点，也给幼儿提供了锻炼思维、发展自我的机会。

（二）中班：拍球游戏

活动目标：

1. 通过拍球实验，观察力与反作用力的关系。

2. 通过实验观察球在不同材质地面上的弹跳高度，感知反作用力的大小。

3. 能积极根据要求进行实验，并在实验中认真观察、分析。

活动准备：

1. 幼儿已会拍球。

幼儿园"做中学"科学教育活动的思考与实践
来源：中国幼儿教师网

笔记

2. 铺有地毯的空旷场地和水泥地面的活动场地，以及其他地面比较粗糙的场地。

3. 球若干。

活动过程：

1. 实验游戏。鼓励幼儿观察球的弹跳，了解力与反作用力的关系。

（1）教师从膝盖高度将球丢下，让幼儿观察球能否弹跳起来。

教师：这里有一个球，如果我把球从膝盖这儿丢下，它会跳起来吗？（鼓励幼儿大胆发表自己的看法）

幼儿一人拿一个球进行实验。

教师：球跳起来了吗？

（2）鼓励幼儿想办法让球弹跳起来。

教师：怎样能让球跳起来呢？（鼓励幼儿大胆发表自己的看法）

教师观察幼儿让球跳起来的方法。

教师：你是怎样让球弹跳起来的呢？

（3）启发幼儿思考两次实验结果不一样的原因。

教师：为什么第一次球弹跳不起来，而第二次我们将丢球的高度提高，或者用手拍球的时候，球就能弹跳起来呢？

教师：当球碰到地面的力量比较大的时候，它就会弹跳得高；当球碰到地面的力量比较小时，它就会弹跳得低，甚至弹跳不起来。

2. 在铺有地毯的地面和水泥地面上拍球，使幼儿了解球的弹跳情况，感知反作用力的大小。

教师：现在请你分别在地毯和水泥地面上拍球，并在拍球的时候仔细观察球弹跳的高度。

幼儿自由拍球，教师鼓励幼儿观察球的弹跳高度。

3. 集体分享实验感受。

教师：刚才你在地毯上拍球时有什么感觉？在水泥地面上拍球时又有什么感觉呢？在哪个地面上拍球你感觉比较累？哪个地面上的球弹跳得高呢？

教师：原来在不一样的地面上拍球，球弹跳的高度也不一样。让我们带着球再到其他地方去试试吧。

活动建议：

活动延伸：教师带领幼儿在地板、草地等其他地面上拍球，并鼓励他们进行观察、比较，以使幼儿进一步感受在不同材质的地面上拍球，球的弹跳高度就会不同。

家园共育：活动前，请家长配合教师帮助幼儿掌握拍球技能。

活动分析：

此活动最为重要的一点是，活动前幼儿要掌握一定的拍球技能。此外，教师所准备球的充气量最好不要太足，只要保证拍时能弹跳起来即可。教师既可以根据园所情况选择地毯地面，也可以选择其他比较粗糙的地面来让幼儿进行拍球活动，使他们感知作用力与反作用力的大小。

（三）大班：有趣的弹簧玩具

活动目标：

1.能发现周围环境中的弹力现象。

2.学习将铁丝在筷子上缠绕成弹簧的技能。

3.能用较完整的语言表达探索制作过程中的感受。

活动准备：

1.多种塑料玩具和弹簧玩具。

2.各种弹簧。

3.与幼儿人数一致的筷子和细铁丝。

活动过程：

1.教师请幼儿玩收集到的各种玩具，激发他们的活动兴趣。

教师：请小朋友玩一玩桌上的玩具。

教师：大家在刚才玩玩具的过程中发现了什么？为什么有的玩具会动？有的玩具却不会动呢？

2.幼儿运用弹簧，再次进行操作。

教师：我们刚刚发现了有弹簧的玩具就会动。这里有各种各样的弹簧，请你玩一玩，看看它们有什么变化？

教师：说说你是怎么玩的这些弹簧的？它们有哪些变化？

教师在幼儿发现的基础上进行小结：能伸能缩，松手后能恢复原来的样子。

3.幼儿制作弹簧玩具。

教师指导幼儿将细铁丝紧紧地缠绕在圆筷子上，做出自制弹簧玩具。

4.幼儿玩自制的弹簧玩具。

活动分析：

该活动的主体部分属于"自由—引导式"的实验操作，即：让幼儿自由探索两种玩具（塑料玩具和弹簧玩具），并发现有弹簧的玩具会自己动，然后引导幼儿集中探索弹簧的特性。后面的动手制作环节既可以起到巩固幼儿科学发现的作用，又能进一步激发幼儿探索弹簧的兴趣。

笔记

第五节　科学讨论类活动

一、科学讨论类活动概述

1.科学讨论类活动的内涵

科学讨论类活动，是指在搜集、整理材料的基础上，通过师生的集体讨论、交流来使幼儿获得科学知识的活动，它主要适用于那些幼儿不便直接进行操作探究的科学内容。幼儿搜集资料的方式主要有参观调查（个别、集体），查阅图书、网络资料，个别或小组探究等。

2.科学讨论类活动的作用

（1）科学讨论前的搜集、整理资料既能最大限度地满足幼儿的学习欲望，扩大幼儿的视野。又能提升幼儿获取、分析、整理间接信息的能力，培养他们的信息意识及其对信息的敏感度。

（2）科学讨论类活动通常采用集体讨论的形式进行，这对于培养幼儿的语言表达能力、讨论交流能力，甚至辩论能力都是非常有益的。而活动中的讨论则给了幼儿一个理解别人思维的机会，能够有效地促进幼儿思维的社会化。

（3）在科学讨论类活动中，师幼之间、幼幼之间在科学问题的探索上是平等的，没有学术的权威，大家在一个民主、开放的气氛中讨论交流，有利于培养幼儿思维的广阔性、灵敏性，也有利于形成自由民主的学术氛围。

科学讨论类活动作为一种非研究性学习形式，主要适用于那些不易通过直接的探究进行学习，但又很重要或者幼儿很喜欢的科学内容。作为一种集体研讨性的学习活动，科学讨论类活动要求幼儿具备一定的交流能力，所以比较适合中、大班的幼儿。

3.科学讨论类活动的分类

在科学讨论类活动中，师幼互动、幼幼互动是讨论交流的主要形式。从师幼互动的行为出发，吴康宁教授将师生互动画分为控制—服从型、控制—反控制型和相互磋商型三种类型。按照互动程度不同，于浩将师生互动分为：表征性互动和实质性互动。王家瑾基于互动效果的考察，运用系统工程分析法，构建了师生互动行为的类型：正向互动型和反向互动型。姜勇、庞丽娟依据师幼交往的目的、内容等指标，深入研究了师幼交往的四种类型：严厉型、民主型、开放学习型、灌输型。

笔记

二、科学讨论类活动的设计

（一）活动主题的选择

活动主题的选择是指讨论什么问题。教师在选择活动主题时，一要考虑幼儿的生活经验，选择幼儿比较熟悉的问题；二要考虑幼儿的兴趣，以便调动幼儿的积极性；三要考虑信息资料来源的广泛性，使幼儿能采集到相关信息，并保证信息的丰富有用；同时，还要保证所选问题具有明显的科学教育意义。各年龄阶段科学讨论主题可参考表 4-4。

表 4-4　各年龄阶段科学讨论主题举例

年龄段	小班	中班	大班
主题	有趣的盒子	冬天的取暖器	蚂蚁家族
	好吃的水果	环境的关怀	地球生病了

（二）活动目标的设计

在科学讨论类活动中，教师主要是通过让幼儿围绕某一主题开展讨论交流，来达到培养幼儿的交流技能、分享他们的知识经验的目的。对于幼儿来说，科学讨论类活动的主要教学目标有：表达交流技能；科学知识和经验；搜集与整理信息。

在进行活动设计时，我们可以提出更为具体的目标，详见表 4-5。

表 4-5　科学讨论类活动目标设计举例

教学目标		适应年龄	举例
一级目标	二级目标		
表达交流技能	运用语言大胆讲述自己的观点	中班或大班	大胆讲述自己所知道的污染现象（大班：我们需要干净的河水）
	倾听、理解和评价他人的观点	中班或大班	大胆讲述自己所知道的科学知识，同时养成良好的倾听习惯，学会从别人的讲述中积累相关知识经验（大班：它们怎样保护自己）
	能够借助图画、表格、动作、形象等方式进行表达交流	中班或大班	学习用图画的方式记录河水污染情况（大班：我们需要干净的河水）

笔记

教学目标		适应年龄	举例
一级目标	二级目标		
科学知识和经验	丰富有关讨论主题的科学经验	中班或大班	通过收集资料和讨论，了解几种海洋生物自我保护的方法，知道这是生物适应生存环境的需要（大班：它们怎样保护自己）
	学习在收集和鉴别信息的基础上建构自己的科学知识	中班或大班	根据获得的信息做出茶叶是不是树叶的判断（大班：茶叶是树叶吗）
搜集与整理信息	知道一些常用的信息搜集方法	中班或大班	阅读、咨询、调查、参观等

（三）活动过程的设计

1. 活动准备

（1）幼儿搜集信息资料。科学讨论不同于操作类活动，幼儿需要获得间接的经验支持，所以在活动前期幼儿必须根据课题搜集相关信息资料。

（2）幼儿整理信息资料。根据课题搜集相关信息资料后，幼儿还要对信息资料进行一个熟悉、处理的过程，并采用表格等形式进行记录。

（3）教师准备相关材料。教师方面也要为讨论做好准备：一是要尽量找到与课题对应的实物，使讨论与操作形成有机结合；二是将一些抽象的信息资料进行形象化处理，并尽量使用多媒体来展示。

2. 活动形式

虽然科学讨论类活动不同于操作性的科学探究活动，但也绝不是语言讲述活动。它是建立在幼儿的直接或间接经验基础上的科学交流学习活动。因此，教师应该把幼儿的讨论交流活动和他们获取经验的求知活动结合起来。

根据幼儿活动准备的途径，可以把科学讨论类活动的设计形式大致分为以下三种。

（1）参观调查—汇报交流式。这类讨论活动一般是在带领幼儿外出参观，使其获得直观感受之后，由教师组织的汇报交流、经验分享活动。为了便于归来后的交流，幼儿可以采用绘画、拍照、摄像等方式将参观时获得的第一手资料记录下来，并在集体讨论时利用它们再现自己的经验。如大班《我们需要干净的河水》活动，就是在参观、调查的基础上而开展的讨论活动。

（2）个别探究—集中研讨式。对于一些幼儿共同感兴趣但认识可能出现不一致的问题，教师可以先让幼儿进行个别探究，然后在个别探究的基础上再进行集中研讨。如在教师提出"各种各样的鸟"这个问题时，有的幼儿认为会飞的动物就是鸟；有的幼儿看到树上有鸟巢，所以认为家在树上的动物就是鸟。教师要引导幼儿进行自主的研究，鼓励他们提出自己的看法及理由，然后通过集中研讨使不同的观点进行"碰撞"。研讨活动的目的不在于使幼儿获得一个正确的结论，而在于不同观点幼儿之间相互交流的过程。

（3）收集资料—共同分享式。有些活动需要幼儿通过收集资料的方式来积累知识经验。如在大班《爱护我们的家园——地球》活动中，教师可事先提供一些图书资料，或建议家长和幼儿一起查询有关资料，然后让幼儿在集体活动中和大家分享自己的经验与收获。

三、科学讨论类活动的组织与指导

科学讨论类活动的组织要点包括：提出问题、搜集信息资料、交流讨论、归纳总结。教师在开展科学讨论类活动时应注意以下几点。

（1）营造"民主""开放"的课堂气氛，充分体现平等对话的精神。教师不要预设结论，而应倾听幼儿的观点，让幼儿大胆地说；也不要因为担心"太吵闹"而不让幼儿相互争论。对于幼儿来说，教师既要鼓励他们大胆讲述自己的经验，又要培养他们尊重他人、善于倾听的治学风格，使科学讨论成为真正的"社会建构"学习，以便幼儿展开想象的翅膀，尽情发挥。例如，在《认识轮子》活动过程中，教师提出的："除了汽车、自行车、小推车有轮子外，哪些东西也应装上轮子？为什么？"的问题就具有探索性，幼儿说出了好多答案："鞋子装上轮子，我们穿上有轮子的鞋会跑得很快""电视机装上轮子搬起来很省力""电冰箱装上轮子可以推来推去""房子装上了轮子，可以搬来搬去，想住哪儿就把房子搬到哪儿"。"哪些东西也应装上轮子，为什么"是一个开放性的问题，它可以让幼儿的思想飞得更高、更远。

（2）正确定位自己的角色。科学讨论活动既要有形式上的讨论，又要有实质意义上的讨论，教师不能把科学讨论类活动变成灌输科学知识的课堂。因此，科学讨论活动中教师应该扮演的角色是组织者、参与者，师幼之间要有平等的发言权，不能由教师搞"一言堂"，而应该给幼儿充分表达的机会。

（3）扩展幼儿经验。教师可以利用视听媒体进一步丰富幼儿的知识经验，扩大幼儿的视野。

（4）帮助幼儿学会多种信息表述形式，使幼儿能够利用多种手段特别是艺术的手段来表达他们的科学知识。例如，教师可以组织幼儿进行艺术表演、摄影展示、图画展览等，使科学讨论活动的形式丰富多彩起来。

笔记

笔记

四、科学讨论活动举例

（一）大班：我们需要干净的河水

●活动一　调查：小河生病了

活动目标：

1. 调查附近小河的污染情况，寻找小河污染的原因。

2. 学习用绘画的方式记录小河的污染情况。

3. 萌发保护环境的情感。

活动准备：

1. 教师事先调查附近水域情况。

2. 为每个幼儿提供一套纸和笔。

活动过程：

1. 激发幼儿开展调查活动的愿望。

教师：我们幼儿园附近的小河生病了，今天老师要请小朋友当小记者去看看那条生病的河，看看它成了什么样。请你仔细观察，以便回园后能把你发现的情况画下来。

2. 组织幼儿实地观察河水污染的情况。

（1）提示幼儿注意安全。

教师：请大家看看河水现在是什么颜色，闻闻它有什么味道。

（2）引导幼儿观察河水的颜色，水面上的漂浮物，以及污染物散发出的阵阵臭味。

教师：请小记者们仔细看看，你发现了什么情况？

教师：请你们想一想，河里的这些垃圾是从哪里来的？水怎么会变成这样呢？

3. 组织幼儿回园后，把看到的情况画下来。

●活动二　讨论：我们需要干净的河水

活动目标：

1. 交流调查的结果，讨论水污染的原因及其解决办法。

2. 进一步激发幼儿保护水资源的意识，并教会他们如何采取力所能及的行动。

3. 鼓励幼儿大胆讲述自己所知道的河水污染现象，同时养成倾听他人讲话的习惯。

活动准备：

1. 幼儿观察记录图画若干。

2. 供幼儿欣赏的清洁水资源照片若干。

活动过程：

1. 和幼儿讨论河水污染的情况。

教师：前几天，我们当小记者去采访了一条小河，发现了一些情况，现在请你们互相谈谈自己的发现，也可以看看你们的图画纪录。

教师把幼儿的记录图画贴在绒板上，让幼儿边看边讲述自己的发现和感受，如说一说看到了什么，闻到了什么，水面漂浮着什么，为什么等。

2. 和幼儿讨论解决河水污染的办法，引导幼儿用自己的方法解决问题。

教师：小朋友快想想办法，怎样才能使河水变干净呢？

教师总结：如果大家都不乱扔垃圾到河里，把垃圾扔进垃圾箱，不把脏水、污水直接排入河里，那河水就会很干净了。

3. 和幼儿一起欣赏清洁水资源的照片（如九寨沟等），总结保护水的重要性，并启发幼儿采取力所能及的行动，如在被污染的河边竖立环保警示标志，给政府有关部门写信反映污染情况等等。

活动分析：

这个活动属于"参观调查—汇报交流式"的设计。教师先组织幼儿进行参观调查，了解小河污染的现状，并通过绘画的形式进行记录。回到幼儿园后，幼儿在自己的调查记录基础上进行讨论，总结小河污染的原因，并最终寻找力所能及的解决办法。教师提供的清洁水源图片，可以更强烈地激发幼儿保护水资源的情感与态度。在这个活动中，幼儿的绘画起到了非常重要的作用，它们既是一种调查记录，也是幼儿对被污染小河的认识及其情感的表达。事实上，从幼儿的表现来看，他们的绘画大都采用了灰色、褐色、黑色等阴暗的色彩，并以此来表达他们沉痛的心情。

（二）中班：环境的关怀

活动目标：

1. 了解周围环境给人们带来的好处，以及太阳、空气、土壤、水的作用。
2. 激发幼儿热爱自然、保护环境的情感。

活动准备：

幼儿用书，教学挂图。

活动过程：

1. 猜谜语，引导幼儿自由谈论太阳，激发活动兴趣。

教师：圆球红彤彤，挂在天空中，雨天看不见，晴天就出现。大家猜猜是什么？

教师：你知道太阳有什么用处吗？

（重点引导幼儿从太阳与动植物和人类的关系，以及人类对太阳的利用等方面进行讨论）

教师小结：万物生长靠阳光，没有阳光，植物就不能生长，人和动物就没办法生活，我们离不开太阳。

2. 引导幼儿观察教学挂图，初步了解环境在生活中的作用。

教师：小朋友，请你们仔细看看图，太阳在生活中还可以给我们帮什么忙？

（引导幼儿自由讲述）

教师小结：太阳不仅能给大家带来光明和温暖，还可以帮我们把衣服晒干，这样

笔记

笔记

我们就可以有干净的衣服穿了；太阳还可以变成太阳能，让我们有温暖的热水洗澡哦！

教师：那现在小朋友再找一下，看看水能给大家帮什么忙？

（引导幼儿自由讲述）

教师小结：水不仅可以帮我们解渴，也可以为小花小草解渴；河里的水不仅能让小鱼自由自在地游来游去，还可以让我们洗净自己的小脚丫哦！

教师：除了太阳和水，小朋友请你再找一找我们周围环境还给我们帮了哪些忙？

教师小结：大树不仅可以让小鸟安家，还可以让我们在它的树荫下乘凉。微风轻轻吹过我们的头发，为我们带来了清凉舒适的感觉。

3. 引导幼儿想一想生活中存在哪些破坏环境的行为。

教师：小朋友，请你们想一想，我们周围破坏环境的行为都有哪些？

（引导幼儿自由讲述）

教师：现在我们的自然环境逐渐被破坏，我们的生活也变得越来越不美好。所以我们一定要做一些力所能及的事情来保护我们的环境。

4. 引导幼儿思考我们怎样才能保护自己周围的环境。

教师：小朋友，请你们想一想，我们怎样才能保护周围的环境呢？

（引导幼儿自由讲述）

教师小结：小朋友们，我们可以从生活中的小事做起来保护环境，如平时不乱丢垃圾，懂得节约用水，保护小花小草等，这样我们的生活就会越来越美好了！

活动建议：

活动延伸：引导幼儿参加环境保护的户外活动，如帮小花小草浇水，清洁幼儿园的环境等。

活动变式：有条件的园所可以将附近环境造成破坏的照片或视频展示给幼儿，以激发他们的环境保护意识。

家园共育：引导幼儿帮助家长做一些力所能及的事情，以保护我们生活的环境。

活动分析：

幼儿期是人的环境意识和环保习惯萌发与养成的重要时期，在这个时期开展环境保护教育，能够激发幼儿热爱生态环境、保护生态环境的情感，并使他们逐步养成自觉保护生态环境的意识和行为。

（三）大班：地球生病了

活动目标：

1. 通过活动了解地球环境污染的严重性。

2. 增强环保意识，知道从日常生活中的点滴做起保护地球。

活动准备：

1. 环境污染的录像资料（汽车尾气污染、噪音污染、南北极冰雪融化、河水污染、泥石流等现象），地球图片。

2. 每组一大张白纸、一支笔。

笔记

活动过程:

1. 出示地球图片,导入活动主题。

教师:这是什么? 地球上有什么? 我们在地球上住得开心吗?

教师:可是你看地球怎么了? 它的表情是怎样的?

2. 播放录像,了解地球危机。

教师:为什么地球会伤心呢? 它到底怎么了? 请你看看下面这段录像吧!

(幼儿带着问题看录像)

教师:你看到地球怎么了?

(让幼儿分组讨论,并用图标标出地球面临的危机)

教师:原来地球生病了,我们再来看一次。、

(幼儿再次看录像)

教师:地球生了哪些病呢? 请你和自己组的同伴讨论一下,然后用笔画在这张白纸上,每组画一份。

(幼儿集体交流,讨论,绘画)

3. 激发幼儿讨论关爱地球的方法。

教师:地球生病了,有了这么多不好的现象,我们住在上面会怎样? 我们应该怎么办呢? 如何帮助地球治病呢?

教师:请你们每组再相互讨论一下,然后把每个治病方法画在每种病况的后面。

4. 幼儿分组讨论解决地球危机的方法。

5. 集体交流,教师总结。

教师:刚刚我们想了许多方法。但地球之所以会生病,和我们平时生活中的不良习惯是分不开的。所以我们如果想治好地球的病,就要从自己做起,然后还要告诉你们的爸爸妈妈、邻居、好朋友等许多人,让大家一起注意自己的行为。治好了地球的病,我们也就能更好地在地球上生活了。

6. 教师带领幼儿将本组的记录贴在园内合适的地方,并向其他班幼儿开展保护地球的宣传。

活动建议:

教学变式:如果没有录像,也可以在活动前鼓励幼儿和父母一起收集各种环境污染的照片;或者选择一处污染地带幼儿实地参观,让他们切身体验;也可以用地球生病的故事导入。

活动延伸:鼓励幼儿在园内开展环保大使的宣传活动,使他们从自身做起来保护地球的环境。

区角活动:

(1)语言角:鼓励幼儿创编故事——地球生病了。

（2）表演角：鼓励幼儿将自己创编的故事分角色进行表演。

活动分析：

本次活动的重点是引导幼儿关注周围的生活环境，了解环境对人们生活的重要性。活动设计环环相扣，层层递进：从用出示图片的方式导入话题，到用播放录像的方式鼓励幼儿发现问题、记录问题，再到最后的讨论、解决问题，这是一个完整的科学探索过程。最后，教师还指导幼儿将科学记录表张贴在了园内合适的地方，鼓励他们通过当环保形象大使来呼吁同伴一起保护环境，拯救地球。这不仅激发了幼儿的环保意识，也让他们在活动中得到了进一步的锻炼。

第六节　技术操作类活动

一、技术操作类活动概述

1. 技术操作类活动的内涵

技术操作类活动是指学习制作科技产品、使用科技产品或掌握某些工具的操作方法、技能的科学活动。它是幼儿了解、感受、运用、体验科技的重要手段。幼儿科学教育中的技术操作活动主要包括两种"技术"：一是设计技术，即幼儿在进行科技小制作时要思考的方法；二是使用技术，即幼儿在学习使用某种科技产品或工具时要掌握的操作技巧。

2. 技术操作类活动的作用

（1）使幼儿获得对技术的直接体验。例如，教师在让幼儿学习运用工具和材料制作小风车、不倒翁、手电筒等小作品的过程中，可以让他们亲历"技术设计"的过程，使其获得对技术本质的初步体验。

（2）加深幼儿对有关科学现象的理解。例如，幼儿通过自己"制作拖把"，就会在制作过程中发现有的材料"吸水"，有的材料不"吸水"。

（3）让幼儿获得一些具体的制作和操作技巧，使幼儿拥有一双灵巧的手，培养他们动手操作的技能和习惯。

3. 技术操作类活动的分类

幼儿的技术操作类活动包括科技小制作和使用科技产品两大类。

科技小制作活动就是让幼儿学习运用工具和材料制作一些简单的产品。例如，在《制作拖把》活动中教师拿出已准备好的：旧报纸、旧布料、塑料袋、水等材料后，请小朋友们从中选择一种材料来制作拖把。通过亲自动手操作，幼儿就会知道制作拖把要选择那些吸水性强且结实耐用的材料。

使用科技产品或工具的活动，就是让幼儿认识日常生活中的一些工具，了解它们的用途，并学会使用这些工具，使其操作能力得到发展。例如，在探索如何把冻在冰里的玩具取出来时，幼儿用摔、敲、往上面吹气等方法都没有成功。这时，教师说："那里有许多工具，如锯、钳子、锤子等，也许你们能用得上！"这就使得幼儿体验到，借助工具可以帮助人们解决一些实际困难，且不同的工具有着不同的功能。

二、技术操作类活动的设计

（一）活动主题的确定

幼儿的技术操作类活动主要是科技小制作与使用科技产品，其活动主题也是围绕这两方面来确定。主题的确定主要考虑以下因素：一是内容要来自幼儿的日常生活，能够引导幼儿探索生活中的科技产品；二是幼儿必须具备相关的经验，并且有能力完成；三是所涉及的科技产品或制作材料容易搜集，适合幼儿探索与操作。如小班科技活动：我让电筒亮起来；中班科技活动：制作树叶标本、神奇的车轴；大班科技活动：制作小风车。

（二）活动目标的设计

幼儿通过技术操作类科学活动所要达到的主要教学目标有：提高技术操作能力；体验科技制作的乐趣（表4-6）。技术操作能力是指幼儿运用工具或材料，对客观对象或材料进行操作、加工或制作新产品的能力。

表 4-6　技术操作类科学活动主要教学目标

教学目标		适应年龄	举例
一级目标	二级目标		
技术操作能力	掌握简单工具的使用方法	小班或以上	学习推、按、拧等不同方法来打开手电筒（小班：我让电筒亮起来）
	能够按程序进行操作或制作	中班或大班	通过操作了解制浆造纸的程序（大班：我们也会造纸）
	能够设计并制作简单的物品	中班或大班	学会选取合适的材料制作简易喷水壶（中班：自制喷水壶）
科学情感态度	体验操作的乐趣，获得科技制作的经验	小班或以上	学会制作纸盒琴（小班：会唱歌的盒子）

（三）活动过程的设计

技术操作类活动可以分为：学习使用科技产品或工具的活动和科技小制作活动。

笔记

115

如表 4-7 所示，它们的具体设计思路是不同的。

表 4-7 技术操作类活动过程设计

活动类型	设计思路	设计要点	举例
学习使用科技产品或工具	①出示工具或科技产品 ②幼儿观察 ③尝试操作 ④交流讨论 ⑤正常操作	教师一般不做演示操作，而是在交流讨论不同操作方式的基础上帮助幼儿分析错误操作的原因，总结正确的操作方法，以充分调动幼儿的探究性行为	玩具、家电、钳子、扳手等
科技小制作	①认识制作品 ②演示、讨论制作方法 ③尝试制作 ④交流讨论，再次完成制作 ⑤展示成果，分享经验	教师可视情况采用分步骤演示讲解的方法，及时化解幼儿操作上的困难。教师的个别指导和纠正比集体的交流讨论更为重要	万花筒、喷水壶、布娃娃、小汽车

三、技术操作类活动的组织与指导

技术操作类活动的组织要点包括：设置情境，引起探究兴趣或制作欲望；围绕主题做出假设或设计；探究操作；交流讨论；活动总结。

技术操作类活动的指导要点包括以下几点。

（1）为幼儿提供适当的制作材料和工具。教师提供的材料应该充足、多样、简单且方便操作，并应根据不同年龄幼儿的特点来提供材料，以尽量减少幼儿操作中的困难，保持并促进幼儿操作的兴趣，使他们经历比较完整的制作过程。

（2）根据幼儿的年龄特点，并结合活动主题来安排活动内容。技术操作类活动的内容安排要循序渐进、由易到难、由近及远。由于小班、中班、大班幼儿的动手操作水平是不一样的，因此在科技小制作活动中，教师可以让小班幼儿用橡皮泥来制作苹果、梨，但让他们制作小兔子，通常是不可能完成的；而如果让大班的幼儿用橡皮泥来捏苹果和梨子，却难以提升其兴趣。[1]

（3）使幼儿明确科技制作的目的、要求、方法和评价标准。为了提高科技制作活动的教学效果，在科技制作活动中，教师可以通过出示、演示制作的成品，或向幼儿讲解、演示制作步骤与方法的途径，让幼儿知道自己要做什么，应该怎样做。但是，教师不能替代幼儿去操作。对于制作确有困难的幼儿，教师可以多给予启发和指导。

（4）要让幼儿自己探索工具的使用方法和科技制作的技巧。幼儿的操作学习过程，应该是幼儿自主探究的过程，因此，在科技制作活动中，教师要给幼儿留下充分的主动探索的空间。比如，在学习工具使用的过程中，虽然幼儿会尝试很多无用的方法，但尝试过程本身就是幼儿的经验积累过程，是幼儿认识工具的过程，也是幼儿思

① 许卓娅.幼儿多元能力实践操作手册（教师用书）[M].南昌：江西高校出版社，2015.

维发展的过程；科技制作也是如此。因此，只有在自己探索的基础上，幼儿才能获得科技制作的真实经历。

（5）让幼儿体验操作的乐趣。幼儿对操作活动情有独钟，教师应该把握住幼儿的这个喜好，让幼儿通过科技操作活动不仅获得知识、能力和技能，还要培养出自己学习科学的兴趣和热爱科学的情感。这就要求教师通过科技操作活动，使幼儿体验到科技操作的乐趣。

四、技术操作活动举例

（一）小班：会唱歌的盒子 [1]

活动目标：

1.学习制作纸盒琴，激发幼儿对科学制作活动的兴趣。

2.愿意在教师的引导下耐心辨听不同材质的"琴弦"发出的不同声音。

3.积极、大胆地用语言描述自己听到的琴声。

活动准备：

1.幼儿用书。

2.一个用橡皮筋制作的纸盒琴。

3.长方形面巾纸盒每人一个，橡皮筋、松紧带、鞋带等若干，小筐若干。

活动过程：

1.出示纸盒琴并弹奏，激发幼儿兴趣。

教师出示纸盒琴并弹奏。

教师：这是什么？盒子上有什么？它有一个奇妙的本领，让我们来听一听。

教师：你听到了什么？这个声音像什么？

2.幼儿学做纸盒琴，并相互分享。

（1）教师示范做纸盒琴的方法。

教师：谁知道这个纸盒琴是怎么做的？

教师：这个面巾纸盒哪边比较长？我们从长的一边套上橡皮筋，然后轻轻弹拉皮筋，纸盒就会发出声音了。

（2）教师交代制作要求，幼儿制作纸盒琴。

教师：在套皮筋的时候要注意安全，慢慢地套，别着急。

幼儿制作纸盒琴，教师巡回指导，根据情况给予幼儿适当的引导与帮助。

（3）鼓励幼儿自行弹奏纸盒琴，听声音。

教师：轻轻弹奏纸盒琴，听听发出了什么样的声音？（鼓励幼儿大胆讲述自己纸盒琴发出的声音）

① 执教人：吴丹．百树教育集团．

笔记

3.更换材料,再次制作纸盒琴,并比较不同"琴弦"发出的不同声音。

(1)教师逐一出示不同的"琴弦"材料,鼓励幼儿认识。

教师:这里还有一些东西,你们知道是什么吗?

(2)更换不同的琴弦,感受因琴弦不同而发出的不同声音。

教师:请你们轻轻地把刚才的皮筋撤下来,换一种刚刚我们认识的东西套在纸盒上,再仔细听听它的声音。

(3)幼儿更换材料,制作不同"琴弦"的纸盒琴,并感受它们发出的不同声音。

(4)集体交流。

教师:这次你听到的琴声是什么样的?像什么声音?它和我们第一次用橡皮筋做琴弦时听到的声音有什么不同?

4.师生共同随音乐节奏弹奏纸盒琴,感受不同琴弦发出的不同声音。

活动建议:

活动延伸:鼓励幼儿用各种材料当琴弦继续制作纸盒琴,感受它们发出的不同声音。

区角活动:美工角——提供皱纹纸等各种装饰材料,鼓励幼儿装饰自己制作的纸盒琴。

家园共育:请家长配合教师收集长方形面巾纸盒,共同寻找能发出好听声音的"琴弦"。

活动分析:

本活动中,教师通过让幼儿动手制作、弹奏纸盒琴,使幼儿在游戏中感受到了因材料的不同而弹拨出的不同声音。制作纸盒琴的方法很简单,易于小班幼儿掌握。本活动的重点在于让幼儿仔细辨听声音的不同,对自然现象产生兴趣。但是因为声音的差别较细微,需要认真、细致地倾听才能感受出来,所以教师在活动中需要运用语言、动作来引导、帮助幼儿耐心倾听,这也是本活动的难点。

(二)大班:做纸浆杯 [①]

活动目标:

1.尝试用纸浆制作纸杯,了解废纸变成纸杯的过程。

2.学习用拍打、裱糊等方法制作纸浆制品。

活动准备:

1.带领幼儿收集废报纸并撕碎。

2.模具盘子若干。

3.纸浆成品若干。

---

① 设计人:秦红.南京市太平巷幼儿园.

活动过程：

1.引出问题，激发幼儿的制作兴趣。

教师简单讲解制作纸浆的过程，并出示纸浆和纸浆制品，请幼儿观察两者的特点。

教师：纸浆又烂又软，纸浆制品却很坚硬。软软的纸浆是怎样变成硬邦邦的纸筒的呢？

2.制作纸浆杯。

（1）请幼儿自主利用纸浆及模具尝试裱糊，教师在旁边注意观察幼儿的操作方法。

（2）请幼儿介绍自己做纸杯的方法，并为幼儿演示裱糊的基本方法：先将一小团纸浆拍打成片，然后再一片片从上往下裱糊在模具上，边缘用尺纸推平。

（3）幼儿继续裱糊并修整。

（4）教师引导幼儿从整体观察自己制作的纸杯，并提醒他们用增补、拍打等方法使制品平整、均匀。

3.分享、交流制作经验。

鼓励幼儿将制品展示出来，教师一一检查制品的完成情况，让幼儿自己提出修改意见并及时修补，然后将制品统一放在室外晾干。

活动分析：

本活动的意义在于，通过制作纸浆杯，既让幼儿学会了"制作"的方法，也让幼儿认识到废物利用的价值，还让幼儿体验到了一种"创意"的乐趣，可谓是"一箭三雕"。本次活动的重点是让幼儿学习怎样制作纸浆杯，方法是通过示范、引导、同伴交流等多种形式，让幼儿学习制作技术，并且不断完善自己的作品。纸浆杯制成后，教师还让幼儿将制品展览出来，给幼儿充分的交流和欣赏的机会，这也是很有必要的。

（三）大班：快乐不倒翁

活动目标：

1.了解、感知不倒翁不倒的秘密，激发幼儿的探索兴趣。

2.学习动手制作不倒翁。

3.在实践活动中培养幼儿的观察比较、动手操作、发现问题和独立解决问题的能力。

活动准备：

1.各种各样的不倒翁玩具。

2.每人一份沙子、纸团、鸡蛋壳（半个）、橡皮泥。

活动过程：

1.展示各种各样的不倒翁玩具，鼓励幼儿参与游戏。

教师：桌上有许多玩具，请你玩一玩，找出它们的共同点。

幼儿自由玩不倒翁玩具。

教师：你发现它们有什么共同特点了吗？请你学一学。

笔记

教师：这些不会倒的玩具接触桌面的部分都是一样的吗？

2. 幼儿观察不倒翁玩具，找出它们不倒的原因。

教师：请你再次观察一下不倒翁，找找它能摇摇摆摆却不倒的原因。

幼儿再次游戏，独立寻找不倒翁不倒的原因。并与同伴交流自己的想法。

教师：你找到原因了吗？

教师小结：原来不倒翁上面很轻，下面比较重，接触桌面的底部是半圆形的，而且里面的东西是固定的。

3. 鼓励幼儿自己动手制作不倒翁玩具。

教师：这里有沙子、橡皮泥、纸团等材料，请大家将橡皮泥捏成片状粘到鸡蛋壳底部，看看谁能做出不倒翁。再请大家在鸡蛋壳中装入沙子、纸团，看看能否做出不倒翁？

4. 分享自己的作品。

教师：你们制作出不倒翁了吗？你是怎样制作的？为什么只有用橡皮泥才能制作出不倒翁呢？将纸团放进乒乓球或鸡蛋壳中会怎样？为什么呢？将沙子放进乒乓球或鸡蛋中又会怎样？为什么呢？

教师：想一想你们的不倒翁是不是都是上面轻下面重？橡皮泥是不是都是固定在半圆形底部中间的？

5. 幼儿伴随音乐玩自己制作的不倒翁，体验成就感。

活动建议：

活动延伸：和幼儿一起玩不倒翁的体育游戏，感受平衡。

区角活动：在科学角提供各种材料，鼓励幼儿制作出各种各样的不倒翁，并进行装饰。

活动分析：

不倒翁一直是幼儿喜爱的玩具之一。在本次活动中，教师先引导幼儿找出玩具的共同点，帮助幼儿分析、总结玩具的共同特征，找出了不倒翁的秘密。然后幼儿带着自己了解的知识，用各种材料进行制作。此时教师出示的材料有轻的（纸团）、有流动的（沙子），还有能固定的重物。幼儿在一次次的尝试中摸索并总结经验，对不倒翁的秘密有了更加深刻的理解，也体验到了成功的乐趣。

第七节　幼儿科学教育活动的整合

一、幼儿科学教育活动整合的必要性

所谓整合教育，是要倡导一种与分科教学相对立的教学形式，即提倡所谓的"综合教育"活动。随着幼儿园课程改革的深入，类似综合、整合的课题越来越受到重视。但是究竟怎样实现科学教育的整合，却是实践环节的难题。

幼儿园综合教育指的就是教学内容的综合、教学手段的综合和教学过程的综合。但是，在教学实践中，有些教师只是把不同学科的活动简单拼凑成综合活动，却不考虑这些不同内容、不同形式和不同手段之间的内在联系。其结果是把综合教育活动搞成了一团杂戏。面对这种所谓综合教育活动的乱象，有必要对幼儿科学教育活动进行整合。对幼儿科学教育活动的整合，也是幼儿教师必须具备的教学技能。

二、幼儿科学教育活动整合的理论基础

幼儿园的课程包括五大领域，科学教育作为其中的一个有机组成部分，与其他领域在教育目标、教育功能、教学方法、教学形式等方面是相互联系、相互补充、相互促进的，所以它不是完全独立于其他学科而是与其他学科以一个统一的整体而存在的。因此，教师必须用一种统整的观点来看待幼儿科学教育活动。

幼儿科学教育的"整合"具有两个层面的内涵：一是形式层面上的整合；二是理念层面上的整合。

在形式的层面上，科学教育活动的整合是指科学教育活动与其他学科领域活动之间的交叉、联系和联合。例如，教师在讲科学教育的内容时可以考虑借助艺术、语言的形式来展开，以达到更好的教育效果。

在理念的层面上，科学教育活动的整合是指用一种整体的眼光看待科学教育活动的性质，使科学教育活动超越其学科本身的视野，以便幼儿不仅能从科学还能从艺术和人文的眼光来理解科学、认识科学。

需要强调的是，与理念的层面相比，形式的层面更为重要。根据下述理论观点，不管是"分科教学"还是"综合教育"，其本身并无对错之分，或者说它们各有所长、各有其短。但无论哪一种教学形式，都应该而且也可以体现整合教育的理念。

1. 幼儿生活的世界是一个整体

生活的世界不同于知识的世界，它是以问题为中心，而不是以学科为中心的。问题本身并不属于哪一个学科，只是在解决问题的过程中我们会借助于某个学科的概念

体系或思维方式。但即使这样，也只是从某一个学科出发的回答，还不能说是对这个问题的全面、丰富的回答。学科强调的是一种分析的、单一的思维方式，而生活中的问题却需要一种综合的、不同视角的回答。幼儿科学教育具有生活性的特点，教师应该遵从生活的逻辑而不是学科的逻辑来解决幼儿科学教育的问题。

2. 幼儿认识世界的方式也是整体性的

幼儿的学习是一种整体性而非单一学科性的学习。在他们的世界里，工作和游戏难以区分，科学的观察和艺术的想象同等重要，严谨的表达和创造性的表现也相得益彰。即使是在学科学的活动中，幼儿也常常以一种艺术的眼光来看待面前事物的。在学科学的活动中，尽管教师设计的是"科学"活动，但幼儿就一定会明确地意识到自己是在"学科学"吗？也许对他们来说，那只是一个好玩的活动而已。在活动过程中，幼儿也许会注意到期间发生的科学现象，也许他们只是满足于"做"本身而全然不顾其他；当然，他们也许还会出现各种社会交往的行为。总之，这是一个整合性的经验——有科学的、艺术的，也有社会的，是一种混沌的经验，因为幼儿自己对此并没有多少自觉的意识。

3. 整合教育的理念体现了一种完整意义上的科学观

科学是人们对客观世界的一种正确认识和知识体系，同时也是人们探索世界、获取知识的过程，还是一种世界观，一种看待世界的方法和态度。因此，科学不仅仅是一种逻辑的理性，更是一种人与自然对话的方式。完整意义上的科学观不唯科学理性的思维方式独尊，而主张不同思维方式的包容与对话，以达到对事物的多角度认识。

综上所述，幼儿的生活世界是一个整体，幼儿的学习方式也是整合性的。长期以来的分科教学人为地割裂了学科之间的联系，忽视了幼儿学习知识的整体性和各学科之间的横向联系，不利于幼儿的全面发展。从这个意义上来说，幼儿科学教育活动的整合，就是要给幼儿一个完整的健全的教育。

三、幼儿科学教育活动整合的操作实践

"整合"应该成为一种教育观念，然后再由观念决定行动。幼儿科学教育活动整合的理念可以通过各种形式的活动来体现。下面将具体介绍幼儿科学教育活动整合的操作实践，主要包括幼儿科学教育活动整合的基本内容、在科学教育活动中体现整合教育的理念、将科学教育内容渗透于其他学科领域中、整合性的主题活动和项目活动。

（一）确定幼儿科学教育活动整合的基本内容

幼儿科学教育活动内容的"整合"主要从四个方面来进行：科学教育活动目标的整合、科学教育活动类型的整合、科学教育活动过程的整合、科学教育与其他领域教育的整合。

第一，科学教育活动目标的整合。这一方面要求教师将园级科学活动目标、班级科学活动目标与幼儿科学教育总目标相互沟通、整合，使其在符合幼儿科学教育总目标的前提下尽可能实现科学教育活动的多样化、本土化与乡土化。另一方面，又要求教师将"科学"各学科的层次目标、单元教育活动层次目标、具体教育活动层次目标之间进行相互整合，以保持各层次的目标处于一种连续的动态过程之中。

第二，科学教育活动类型的整合。正规性、非正规性和偶然性三种科学活动是紧密联系的，它们构成了幼儿科学教育活动的整体。教师在进行活动设计时，应考虑到这三种活动的相互联系与影响，利用三种活动的整体效应进行设计。比如，正规性科学活动可以延伸到非正规性科学活动中去；而非正规性科学活动、偶然性科学活动中幼儿感兴趣的活动内容，也可以引入有计划的正规性科学教育活动中去。

第三，科学教育活动过程的整合。一方面，每一个具体的科学教育活动都应该将对幼儿情感、态度、认知、技能的培养综合在一个统一的过程中，使幼儿的学习活动成为一个广泛联系的，可自由操作、开放思考的自由交往过程。另一方面，科学教育的单元与单元之间、活动与活动之间应具有一定的联系性和统整性。一个科学教育目标往往要通过多个单元和一系列的活动才能实现，教师必须根据幼儿的认知规律与科学自身的规律循序渐进地安排各单元、各活动之间的顺序与进度。

第四，科学教育与其他领域教育的整合。教师应该把语言、艺术等其他领域的活动与科学教育活动的设计结合起来，把幼儿园的科学教育活动与家庭、社会机构的科学教育活动紧密联系起来。

（二）在科学教育活动中体现整合教育的理念

在科学教育活动中体现整合教育的理念，是指在坚持科学教育学科目标的前提下，同时关注到其他学科的目标；或在坚持以科学探究为主要教学方式的同时，充分利用其他学科的教育方法和手段，以达到活动整合的目的。这种整合可以分为如以下几种较为常见的类型。

1. 在科学教育活动中发展幼儿的语言

任何一个科学活动都离不开语言，任何一个活动都有发展幼儿语言能力的机会。《幼儿园教育指导纲要（试行）》中多处提到："要引导幼儿用适当方式表达交流探索的过程和结果，大胆提问，发表不同意见……"。幼儿认识世界、探索世界都要凭借语言，幼儿科学教育是一种充分调动各种感官、充分借助各种符号进行探究、发现的复杂活动，它为幼儿提供了思考、合作、交流的机会。在科学教育活动中，幼儿通过信息交流，将其对周围世界的第一印象在头脑中形成表象，又通过语言等方式表达出来。这不仅能使幼儿对客观世界的理解更为清晰，也有助于他们语言能力的发展。

语言是幼儿的一种表达手段。在科学活动中，教师要注意让幼儿将自己的想法、做法、发现、疑惑、问题和回答，用他自己的语言表达出来。但这绝不意味着教师要在科学活动中教他们学说话。有些教师习惯于把"学习……词汇""学会说……的句子"等作为科学活动的目标，在活动过程中也不厌其烦地纠正幼儿不太准确的词语，让幼儿重复练习某个重要的句式，这都是不必要的。事实上，科学活动为幼儿提供了丰富的语言素材和表达内容。

2. 在科学教育活动中运用美术、音乐、舞蹈等艺术形式

在科学教育活动中运用美术、音乐、舞蹈等艺术形式，是幼儿科学教育活动最为普遍的整合形式。有人说，"科学与艺术是一个硬币的两面"。在科学活动中，艺术的形式既是幼儿表现其科学认识的手段，又是其宣泄情感的方式。通过美术、音乐、舞蹈等幼儿喜欢的艺术形式，既可以达成认知方面的目标，又可以激发幼儿的情感体验。如在科学活动"好听的声音"中，幼儿通过操作了解到不同的物体会发出不同的声音，同一种物体由于数量的不同，也会发出不同的声音。同时，教师还播放了《小手拍拍》的音乐，让幼儿用不同声音的套具为乐曲伴奏，激发了幼儿动手操作的兴趣。

值得注意的是，艺术在科学活动中只是作为一种表达的手段，而非一种必须掌握的知识技能。换言之，科学教育中的艺术活动的着眼点应该在于利用幼儿已有的技能来表现其知识、经验和情感，教师应引导幼儿利用艺术形式来表达他们对科学的理解，而不宜在活动中强调艺术的技能技巧，因为，此时的艺术是为实现科学教育目标而服务的。

3. 在科学教育活动中运用数学知识和技能

《幼儿园教育指导纲要（试行）》将科学和数学融为了一体。事实上，科学和数学这两个学科的联系非常紧密，数学作为一种思维方式和认识世界的工具，可以使幼儿精确地认知各种事物。在科学活动中，教师可以充分利用数学这个工具，使幼儿在获得精确的科学经验的同时，其数学知识和技能也得到相应的发展。同时，科学探究是幼儿学习数学的基础，教师要在科学活动中培养幼儿运用数学知识的能力。

例如，种植活动是幼儿喜欢的科学探究活动之一。通过观察，幼儿可以了解植物的生长过程，但是植物具体长高了多少，就要借助数学工具了。此时，教师就可以指导幼儿通过计数或者自然测量的方法，来精确地认识植物的生长、变化情况。

4. 在科学教育活动中渗透价值观的教育

这种整合类型体现了"STS 教育"的理念。幼儿学习的很多科学内容，都蕴藏着价值观教育的要求。例如，对现代科技产品的认识，就可以渗透"科学技术造福人类"的思想；而很多认识环境的内容，更可以渗透"人与自然和谐相处"及"可持续发展"的价值观念。当然价值观教育在幼儿的科学活动中只能以隐形的方式加以渗透，决不可演变成一种道德的说教。

（三）将科学教育的内容渗透于其他学科领域中

根据整合的教育理念，幼儿园五大领域的教学都有一个整合的问题。在上面的整

合类型中，科学都是以主体的方式呈现，其他学科则是起辅助或工具的作用；而在其他学科活动中，科学则是以一个辅助的角色或工具出现的。我们说"科学无处不在"，不仅是说科学问题和科学探索的过程无处不在，也是说科学认识的对象——自然界的事物和现象无所不在。在科学活动中，我们可以通过显性的、直接的方式认识科学，理解科学；而在语言、健康、艺术等其他领域的活动中，则要使幼儿通过一种隐形的方式来感受科学，表现科学。

以音乐、美术为例。当音乐、美术活动的主题涉及相关科学内容时，教师可适当加以提示，以促使幼儿经验的迁移，或鼓励幼儿讲述其已有的科学经验，并引导他们用艺术的形式表现出来。

例如，在中班活动《吹泡泡》中，教师就充分运用了音乐、美术等艺术形式，来调动幼儿已有的科学经验，鼓励他们思考自然界中事物之间的关系和联系，并将其画下来、唱出来。活动开始时，教师先让幼儿欣赏歌曲《吹泡泡》："星星是月亮吹出的泡泡，露珠是小草吹出的泡泡，吹呀吹，吹呀吹，我吹的泡泡是一串串欢笑。"接着，教师启发幼儿想象："还会有什么泡泡呢？会是谁吹的呢？"在轻柔音乐的伴奏下，幼儿开始自由地讲述，并用画笔来表达自己的想法：牙齿是嘴巴吹出的泡泡，音乐是钢琴吹出的泡泡，声音是录音机吹出的泡泡，雨滴是乌云吹出的泡泡，毛毛虫是草地吹出的泡泡，水珠是鱼儿吹出的泡泡，西瓜是土地吹出的泡泡，树叶是大树吹出的泡泡，云彩是风儿吹出的泡泡，小草是大地吹出的泡泡，花朵是土地吹出的泡泡，果子是大树吹出的泡泡，小鸟是大树吹出的泡泡……活动的最后，幼儿用他们自己的方式，将其对事物的理解艺术性地表达了出来。

（四）积极开展整合性的主题活动和项目活动

整合性指的是将科学教育的内容与其他领域的内容相结合，以主题或项目的方式呈现出来。主题活动和项目活动的区别在于，前者更多地强调由教师预成活动，而后者则更多地强调活动的生成性。

1. 主题活动

（1）主题活动的内涵

"主题"是一个超越了学科和内容领域的统合概念。主题活动又称"综合主题活动"，它是指在一段时间内教师以幼儿发展所需要的某个核心知识经验为中心来组织的教育教学活动。在当前幼儿园的课程实践中，主题活动是一种普遍存在的课程整合方式。

主题活动以"主题"的形式将幼儿园各学科中相互联系的内容有机地结合在一起，让幼儿在活动中获得较为完整的经验。下面我们以大班主题活动《海底世界》为例（表4-8），对主题活动进行分析。

笔记

表4-8　大班主题《海底世界》活动列表

活动顺序	教学活动	区域活动	日常生活	游戏活动	家园活动
1	谈话：海里有什么	在图书区提供有关海底世界内容的书籍和图片	引导幼儿大胆提出有关海底世界的问题，并搜集整理答案		搜集海洋生物的资料，观看相关的视频
2	参观海底世界	提供材料，让幼儿从建筑角度搭建海底世界	将幼儿参观海底世界的录像反复播放给幼儿看，进一步加深幼儿的印象	表演游戏：海豚表演	
3	科学：各种各样的鱼	在美工区里通过绘画、折纸、拼摆、涂色等方式表现各种各样的鱼	吃带鱼、鲳鱼、黄鱼等海鱼		
4	科学：海洋里的生物		吃海带、海苔、紫菜汤等海产品；搜集各类海产品的包装及食品（鱿鱼丝、海米等），开办海产品展览会；观看开采海油、晾晒海盐的录像或图片；讨论海洋资源与人们生活的关系	角色游戏：海鲜馆	有条件可带幼儿品尝海鲜，参观农贸市场的海产品
5	让我们的教室成为海底世界	用废旧物品制作海洋生物，丰富海底世界			引导幼儿用各种物品制作海洋生物模型
6	科学：它们怎样保护自己		在餐前开展"小博士"答疑活动，引导幼儿就感兴趣的问题展开讨论		
7	音乐：水族馆			教师提供头饰，组织幼儿玩音乐游戏：小鱼和水草	
8	绘画：远洋船	继续引导幼儿用纸版画的方式表现对海底世界的认识	参观海军远洋轮船		

续表

活动顺序	教学活动	区域活动	日常生活	游戏活动	家园活动
9	歌曲：小海军		欣赏动画片：海的女儿	在音乐区中提供音频、道具和服装，鼓励幼儿结伴自由表演《小海军》	
10	语言（创编故事）：小黄鱼历险记	连环画：小黄鱼历险记	故事：渔夫和金鱼的故事	引导幼儿共同搜集服饰材料，提供流水声等背景音乐，引导幼儿自由创编和表演故事内容	
11	海底世界展示会（一）：这样开展示会		分组准备展示会所需物品：送给客人的礼物（折的鱼、虾、蟹等），海鲜馆的各种海鲜		介绍展示会的常识，让幼儿知道：什么是展示会，它有些什么内容。有条件的家庭可以带幼儿参加一些服饰、家电或食品的展示会，引导幼儿体验相关服务内容
12	海底世界展示会（二）：怎样邀请客人	制作请柬、海报		在角色游戏时间，引导幼儿按展示会职责锻炼自己的角色意识；学习当"讲解员"，能较好地向客人介绍班级环境及相关展板上的内容	
13	海底世界展示会（三）：欢迎光临海底世界			邀请家长共同参与活动，对幼儿的表现给予肯定	

从上面的活动列表可以看出，主题活动不只是集体教学活动的简单组合，它包括了教学活动、日常生活、游戏活动、家园活动等多个方面。这样不仅可以突出主题的内容，营造、烘托主题的气氛，还使多种教育方法和途径得到了整合。虽然在这个主

题教学活动中，有的是学科领域的内容，如科学活动"他们怎样保护自己"，音乐活动"水族馆"，语言活动"小黄鱼历险记"等，但因为它们与"海底世界"这个主题有一定的联系，因而可以整合到主题活动中去。主题活动的另一种生成路径，是以问题为中心来组织活动，如从谈话"海里有什么"到参观海底世界，再回到教室里布置"海底世界"。因为知道最后要举行展示会，所以各项活动安排井然有序，呈现出了层层深入或逐步拓展之势。这里需要强调的是，绝不能把主题活动看成是用来装载各种学科活动的"大口袋"，而是要能真正体现活动的主题所在。这就要求教师必须突破学科的限制，寻找教育内容、教育活动之间的内在联系。

（2）主题活动的设计

①主题单元的设计。综合主题单元的设计，要以认识周围的生活环境为基础，将幼儿要学习的关键经验与幼儿生活中已有的经验联系起来；同时还要从情感教育入手，着重培养幼儿良好的行为习惯，发展其言语和思维能力，促进幼儿的全面发展。

主题单元的设计可以有以下多个出发点。

首先，从课程的目标出发。课程目标的实现需要有相应的教育活动提供支持，因此，教师可以从确定的课程目标出发，寻找相应的活动主题。例如，根据《幼儿园工作规程》提出的"萌发幼儿爱科学的情感"这一目标，我们可以选择"我是小小科学家""青蛙宝宝""我家的电器"等主题，通过这些主题活动，让幼儿感受科学的奇妙，引导他们发现生活中的科学，感受科学技术带给我们的方便，以唤起幼儿热爱科学的情感。

其次，从形成幼儿积极的自我概念出发。教师可以围绕"认识自己""我是能干的孩子"等主题开展活动，让幼儿感受自己的优点和进步，提高幼儿的自我价值感和自信心。

再次，从现有的"内容"或"材料"出发。有些内容或学习材料会有规律的呈现，如"一年四季的变化"及"与幼儿关系密切的节日"等。按照季节和节日这两条线索选择主题，发掘其中的教育价值，是综合主题活动设计经常采用的方法。另外，有些内容也会不期而至，成为难得的"主题"。例如，班上某个幼儿的爸爸是医生，有的家长给幼儿园自然角送来了各式各样的植物，这些送上门的内容，就能够导引出"小小医院""我的小农场"之类的主题。

最后，从幼儿的兴趣和需要出发。幼儿感兴趣的事物中可能包含丰富的教育价值。例如，几个幼儿偶尔发现自己的影子在一天的不同时间里是不一样的，感到十分惊奇。教师敏感地发现了其中的教育意义，于是一个"我和影子"的主题就产生了。再如，初入园的幼儿对陌生的幼儿园、陌生的老师会因为缺乏心理安全感而产生适应困难。这时，"快乐的幼儿园""幼儿园就像我家"之类的主题可能会帮助幼儿了解幼儿园，使其对幼儿园、老师、同伴和集体生活产生亲切感，从而减轻或消除入园焦虑。

②主题名称的确定。根据"幼儿是学习主体"的思想，教师要努力从幼儿的角度、

站在幼儿的立场上来思考周围世界的样子，并用幼儿自己的语言来给主题定名，如"蔬菜和水果宝宝""各种各样的纸"等。这不仅仅是对词语的推敲，而是要从偏重"教师怎样教"转向首先考虑"幼儿怎样学"，反映的是教育观念的转变。

③主题目标的确定。要想确定主题目标，教师必须对主题的教育价值进行分析。因为，每个主题都有多方面的教育价值，只有通过分析比较，从中选择更有意义的价值，才能最后确定主题目标。因此，教师可以从健康、情感、认识、社会性等多个方面来确定符合幼儿发展水平的主题目标。

④主题内容的选择。主题内容的选择是指主题课程所包含的具体活动容量。它决定着教师将以哪些类型的活动来组织幼儿的学习，以及学习哪些具体的经验。一个涵盖课程领域较广的主题，有利于幼儿获得均衡的学习经验，也有利于教师安排各种不同类型的活动。例如，围绕"秋天"这个主题，教师可为幼儿设计科学、语言、艺术等多个领域的教学活动，如科学活动"秋天的水果"，谈话活动"金色的秋天"，艺术活动"秋叶"（唱歌）等。

2. 项目活动

（1）项目活动的内涵

项目活动源自意大利瑞吉欧幼儿教育体系，它是指幼儿在教师的支持下，围绕生活中某个大家感兴趣的"话题"或"问题"进行深入探究，在合作研究的过程中发现知识、理解意义、构建认识的过程。它和主题活动最大的区别在于其生成性，即活动的计划和目标都不是由教师单方面事先设计好的，而是由教师与幼儿共同设计、共同建构，通过形成性的评估逐步发展起来的。因此，项目活动的"设计"与"实施"之间没有严格的界限，其实施过程本身就是计划的设计、展开和生成过程。

（2）项目活动的步骤

①提出话题。在项目活动的开始阶段，幼儿和教师要开展一系列的讨论，以选择和明确要调查的话题。话题的产生有三种不同的情况：教师和幼儿共同设计，幼儿自己设计，教师设计。这三种情况往往是交叉在一起的，很难分开。判断一个话题是否真正合适，教师要通过实际的观察和分析。一个重要的原则是，当话题和当地的人物、地点、事件有直接联系时，幼儿的兴趣最容易形成和维持。

②田野工作。田野工作是指经过专门训练的人类学者亲自进入某一社区，通过直接的观察、访谈、居住体验等方式，获取第一手研究资料的过程，是项目活动的发展阶段。田野工作是人类学的核心，也是人类学学科的明确特征。它既是一种实地获得文化理解及其研究技术与工具的手段（直接的调查），也包含着一种文化实践的认识论和方法论。本阶段是项目活动的核心，通常需要安排幼儿进行田野工作，并提供给他们与专家谈话的机会。此阶段的主要工作内容如下。

第一，做好工作准备。教师可以安排一两个需要做准备的田野旅行，让幼儿在准备田野旅行的过程中思考、讨论、记录他们喜欢看的东西、他们能调查的问题、他们

笔记

笔记

要谈话的人、他们可以带回教室的东西等。田野工作通常要离开教室，但不必离开学校，以调查幼儿较接近的环境为主。

第二，实施田野旅行。教师可以带领幼儿到一个能看到植物、动物、车辆、事件、设备、人群等景象的地方，让幼儿做田野笔记，画他们最感兴趣和回幼儿园后最想学的知识的略图。

第三，总结工作收获。田野工作归来后，教师可以让幼儿讨论田野工作，使他们再现田野工作中发生的事情、谈过话的人、看到的事物、学到的东西。那些在田野中画的略图也可以作为详细图画和模型建构的基础，以便幼儿们参考书上的信息，提出新的问题，或写下相关的文字等。有时还需要教师计划一个后续的田野旅行。

第四，访问相关专家。教师可以邀请相关专家到教室来和幼儿进行交流讨论，或者接受幼儿的咨询。

③总结分享。教师可以让幼儿通过展览、谈话、表演等形式提交自己的田野工作报告，内化新学到的科学知识。同时，教师还要结合幼儿的想法和兴趣，将本项目与下一个项目联系起来。

（3）幼儿在各阶段中的工作

在项目活动的各个阶段中，幼儿能够通过画图、讨论、表演、计数、测量、预测、建构模型、阅读、唱歌和玩音乐游戏等方式表达自己的理解。幼儿在项目活动各阶段中的工作，可以用表4-9来说明。

表4-9　幼儿在各阶段的工作

	第一阶段：提出话题	第二阶段：田野工作	第三阶段：总结分享
讨论	分享与话题有关的经验和当前知识	准备田野工作和会见； 回顾田野工作； 从其他来源学习	分享这个项目的经历； 回顾和评价这个项目
田野工作	幼儿和家长谈论他们的经验	到教室外进行田野调查； 在教室或田野会见专家	通过外界的眼睛来评价这个项目
表现	用图画、写作、建筑、戏剧表演等形式来分享已有的经验和知识	简短的田野素描和笔记； 用图画、写作、数学图表、地图等形式表现新的学习内容	精简、总结研究经历，与他人分享这个项目
调查	在已有知识的基础上提出问题	调查最初的问题； 田野工作和图书馆搜集资料； 提出进一步的问题	推测新的问题
展览	有关项目话题个人经验的分享性表现	新经验和新知识的分享性表现； 正在进行的项目工作记录	整个项目的学习总结

四、幼儿科学教育活动整合举例

（一）主题活动——"水"

幼儿喜欢玩水，喜欢探究水，那么教师在组织幼儿玩水的活动中应该重点让幼儿学习水的哪些知识呢？根据幼儿的年龄特点，教师在选择、组织关于水的科学活动时不应该关注水的具体概念和原理，而应关注水的多样性、水的变化、水的循环以及水的相互作用等等。

1. 水的多样性

（1）主要概念

①水以不同的形态存在：有流动的水（液态）、凝固的水（固态）和看不见的水（气态）。

②水存在于不同的地方：小河、小溪、大海、瀑布、冰、雨、雪、雾、霜、云里都有水。

③水有多种用途：可以用来喝、洗手、浇花、灭火、发电等。

（2）活动素材与活动指导

①找一找自然界的水都在哪里。

素材一：自然界中不同形态水的图片。

活动目标：欣赏关于水的作品，了解水的多种存在形式；感受大自然的美丽与神奇，热爱大自然。

活动指导：地球上的水是多种多样的，小朋友，让我们找找看，水都藏在哪里呢？

素材二：自然界中不同地方水的图片。

活动目标：能区分溪流、河流、湖泊和大海的特征，并运用自己的语言对这些特征进行描绘。

活动指导：小朋友们，水都在哪里呢？这些有水的地方叫什么名字？

②找一找能够流动的水都在哪些地方。

素材一：幼儿园附近有水的地方。

活动目标：能够找到流动的水，并说出这些液态水的名称。

活动指导：小朋友们，今天老师带你们去外面找水，你们可要观察仔细了，看看哪里有流动的水。

素材二：视频（春雨的色彩）。

活动目标：欣赏春雨，从颜色、形状和声音来感受春雨的特征。

活动指导：小燕子说："春雨是绿色的。"麻雀说："春雨是红色的。"小黄莺说："春雨是黄色的。"那么春雨到底是什么颜色的呢？

③找一找凝固起来的水都在哪些地方。

素材一：结冰的小溪或者雪地。

活动目标：能识别固态的水，并说出这些固态水的名称。

活动指导：小朋友们，今天我们出去找找水，看看凝固起来的水都在什么地方呢？

素材二：雪花图片若干张。

活动目标：欣赏雪花图片，说说雪花的形状；感受雪花的美丽，热爱冬天、热爱大自然。

活动指导：雪花的形状极多，而且十分美丽，每片雪花都是一幅极其精美的图案，连许多艺术家都赞叹不止。各种各样的雪花形状是怎样形成的呢？

④小河里面有什么。

素材一：关于小河的图片或视频（包括小河里的植物和动物）。

活动目标：知道河里会生长哪些植物，会生活哪些动物。

活动指导：请大家一起观看下面的图片和视频，然后讨论小河里面有什么。

⑤说一说水有什么作用。

素材二：神奇的水（视频）。

活动目标：了解水对于动物、植物、人类的作用；使幼儿意识到要保持水源的干净，珍惜每一滴水。

活动指导：水太神奇了，你知道为什么吗？我们用水洗手和洗脸，妈妈用水做柠檬饮料，农民伯伯用水浇灌蔬菜和水果，消防员用水灭火……水还有什么作用呢？

2. 水的变化

（1）主要概念

①固态的水会变成液态的水，如冰、雪在太阳下会融化成水。

②液态的水会变成气态的水，如水会变成水蒸气。

③气态的水会变成液态的水，如水蒸气会变成雨落下来。

④液态的水会变成固态的水，如水蒸气也会变成冰雹、雪、霜。

（2）活动素材与活动指导

①让幼儿想一想冬天到了，小河里的水会发生什么变化；把水放进冰箱冷冻室里，又会发生什么变化。

素材一：户外结冰的小河。

活动目标：观察冬天的小河，知道很冷的时候水会结成冰。

活动指导：小朋友们，看看小河发生了什么变化？河里的水去哪里了？是不见了吗？

素材二：水、冰箱。

活动目标：知道水放进冰箱冷冻室后会变成冰。

活动指导：小朋友们，如果把水放进冰箱冷冻室，明天我们再拿出来，会发生什么现象呢？为什么昨天放进去的水今天变成了冰？

②让幼儿观察把冰放在太阳底下，它会发生什么变化。

素材一：冰。

活动目标：知道冰在太阳底下会变成水。

活动指导：把冰放在太阳底下会发生什么现象？为什么？

素材二：企鹅寄冰（故事）。

活动目标：思考冰不见的原因，了解水与冰的关系。

活动指导：企鹅给住在非洲的狮子大王寄了一块冰，可是狮子大王打开寄来的箱子看，却发现冰不见了，里面只有一袋水。奇怪，冰去哪里了？

素材三：雪人不见了（音乐）。

活动目标：欣赏歌曲，感受旋律的美妙；学唱歌曲；了解雪人不见的原因是太阳出来后它融化了。

活动指导：雪人怎么不见了？雪人只有手，没有脚，他怎么跑呀？小朋友，你知道雪人去哪儿了吗？

③让幼儿观察开水一直烧，壶里的水位会发生什么变化？请他们说一说壶上面冒出"白烟"的是什么。

素材：电水壶、水。

活动目标：知道开水一直烧会很快变得越来越少。

活动指导：大家观察水壶里的水，看它发生了什么变化？为什么会发生这种变化？出来的是什么？

④把装有水的盆放在太阳底下，让幼儿观察两天后水发生了什么变化。

素材：盆、水。

活动目标：知道在太阳底下，水会变得越来越少。

活动指导：把装满水的脸盆放在太阳底下，在盆外的水面处标上标记，之后在新的水面处重新标记，观察水面的变化。

3. 水的循环

（1）主要概念

①在太阳能和地球表面热能的作用下，地球上的水会不断蒸发成水蒸气，进入大气层。

②水蒸气遇冷又会凝聚成小水滴，并在重力的作用下，以降水的形式落到地面上。

（2）活动素材与活动指导

①小水滴不见了。

素材：水的循环（视频）。

活动目标：知道水的形态在不同的环境下会发生变化；了解水循环的过程。

活动指导：嗨，小朋友们好！我是小水滴叮咚。喔，太阳热热的！把我一点一点地蒸发了，我变得越来越小了，我飞起来了，飞起来了，你们知道我去哪儿了吗……？

②雪从哪里来的。

素材：想躲进冰箱里的雪人（故事）。

活动目标：欣赏故事，知道雪人融化是因为它变成了水、水蒸气、云和雨，但是到了冬天，它还会变成雪下到地面上来。

活动指导：冬天，威威和蓝蓝堆了一个大雪人。春天来了，天气越来越暖和，雪人好难受，想躲进威威和蓝蓝家的冰箱里。冰箱太小，雪人躲不进去，后来，雪人不见了。雪人去哪里了？

③小雪花去哪儿了。

素材：雪花姑娘去旅行（故事）。

活动目标：欣赏故事，知道雪可以杀死麦田里的害虫，雪融化后会变成水，渗进泥土。

活动指导：风伯伯在雪花姑娘的要求下带着她们去旅行，她们来到麦田，来到山上……风伯伯让她们留下来陪植物们过冬。风伯伯为什么要这么做呢？

4. 水的相互作用

（1）主要概念

①有些固体放入水中会溶解，有些固体放入水中不会溶解，如糖、盐会在水中溶解，沙子、泥土、石头不会在水中溶解。

②有些液体倒入水中会与水融合，有些液体倒入水中不会与水融合，如饮料、牛奶、醋、酱油会与水融合，油不会与水融合。

③有些物体放入水中会浮起来，有些物体放入水中则会沉入水底。如木块、塑料泡沫、气球放入水里会浮在水面，银币、铁块会沉入水底。

④水给人们带来很多好处，如果人们浪费水、污染水，水也会报复人类。

（2）活动素材与活动指导

①让幼儿想想除了石子之外，还有什么东西也能让乌鸦喝到水。

素材：乌鸦喝水歌（音乐）。

活动目标：学唱歌曲，说说乌鸦是怎么喝到水的；知道丢入石子会使水面升高。

活动指导：一只乌鸦口渴了，到处找水喝。它看见一个瓶子里面装有水，但是瓶里的水面不够高，瓶口又太小，乌鸦喝不着。这时，它看见了一些小石子，于是想到了一个办法……如果把石子换成糖或盐，乌鸦还能喝到水吗？

②把食用油、橙汁分别倒进水里，观察水的变化。

素材：牛奶、绿茶、可乐、橙汁、色拉油等液体（科学小实验）。

活动目标：通过仔细观察，发现哪些液体倒入水中会与等液体水融合，哪些液体倒入水中不会与水融合。

活动指导：把牛奶、绿茶、可乐、橙汁、色拉油这些液体分别倒进水里会发生什么现象呢？

③观察哪些东西会浮在水面上，哪些东西会沉入水底。

素材：泡沫板、石头、玻璃珠、雪花片、小球、银币、塑料瓶等（科学小实验）。

活动目标：观察、比较物体在水中的沉浮现象；尝试用简单的图画记录观察和探索的结果。

活动指导：这里有泡沫板、石头、玻璃珠、雪花片、小球、银币、塑料瓶，请你把这些东西放入有水的盆里，观察发生了什么有趣的现象？

④水是人类的好朋友，让幼儿想一想，没有了水，人类会怎样？

素材：水与人类（视频）。

活动目标：了解水的各种用途，知道水对于人类以及大自然的作用，学会珍惜爱护每一滴水。

活动指导：水是人类的好朋友，水给我们带来哪些方便呢？如果我们不爱护水，结果会怎样呢？

（二）项目活动——"蚕"

1. 搜集有关"蚕"的文字、图片资料

幼儿、教师和家长一起投入到搜集有关"蚕"的资料活动中去：小朋友东东带来了一个蚕的手工玩具，浩浩收集了许多蚕的贺卡，佳佳在爸爸的帮助下利用现代信息工具从网上查询到很多蚕的资料……幼儿和教师一起在活动中了解到许多关于蚕的知识，扩大了感知范围。

2. 组织参观访问

在该项目的传统教学中，教师经常利用图片、模型等教具向幼儿进行说教，但实际上只有提供真实的环境，让幼儿深入现场和情境中与环境直接互动，自由地表达他们对世界的认知，才能达到理想的教学效果。

例如，某位教师带领幼儿去参观养蚕基地，他们每天到桑园采摘新鲜的桑叶亲手给蚕宝宝喂食；在此过程中，教师还引导幼儿认真观察蚕宝宝吃叶子时的样子，及其身体的变化。当蚕宝宝变成蛹后，幼儿每天期待着它们破茧而出。当他们发现有一只很长时间都没出来后，便打开了蚕蛹，结果发现它死在里面了。于是，幼儿就非常好奇的询问基地专家，为什么有的蚕宝宝能破茧成蝶，而有的却会死在里面。这种让幼儿充分感知和操作，尽情探究与活动的参观访问，能够自然而然地启迪幼儿的心智，感化他们的心灵。

3. 讨论问题，交流信息

教师要及时鼓励幼儿把在查阅资料过程中遇到的问题讲出来，把自己新的发现讲出来。例如，有的幼儿会问："蚕为什么会变成飞蛾？""变成了飞蛾，它吃什么呢？"

教师也要对幼儿提出一些关于蚕的问题，以激发幼儿进一步探索的愿望。

在查找资料和参观访问的过程中，幼儿通过自己的主动探索，获取了关于"蚕"的许多知识和信息，调整并丰富了对蚕的原有认识，拓展了自身的思路。参观访问后的谈话和讨论则加深了幼儿探索"蚕"的兴趣，为进一步的探索活动做了准备。在上述活动的基础上，教师还根据幼儿对"蚕"的不同兴趣，让幼儿分小组开展探究活动。

4.布置展览

教师请负责布置"蚕"的展览的一组幼儿，把各组搜集来的"蚕"的资料和物品，按照图片、玩具、工艺品、文字资料等进行分类、整理，将班级和科学角布置成了一个展览会。

5.制作道具

经过反复讨论，制作蚕的道具的一组幼儿想出了运用两面画的方法制作立体的蚕。制作立体的蚕宝宝对幼儿来说是一个难题，但有个幼儿发现用橡皮筋绑在布条上，就能制作出一节一节的蚕身体。

6.排练节目

教师根据幼儿的生活经验将蚕宝宝的形象搬上了舞台：有的幼儿把自己扮演成蚕宝宝，有的幼儿则把自己扮演成养蚕娃。他们一遍又一遍地认真排练着"小小养蚕娃"。

活动分析：

在项目活动过程中，幼儿通过搜集材料、实地参观、讨论问题、布置展览、制作道具、排练节目的方式，将自己已经获得的经验和技能运用于每个环节的活动中。在仔细观察、反复验证和相互交流中，幼儿增进了对外部世界的认识，提高了自己的动手操作能力和解决问题的能力，也获得了与人交往和相互合作的技能。在此过程中，教师要善于观察幼儿的言行，对幼儿产生的问题给予及时的帮助与支持。

总之，在整个项目教学活动中，搜集资料和调查活动是前提，以小组为活动单位的具体操作是深入，展示和交流活动是阶段或整体活动的整理和总结。幼儿在调查活动阶段得到的资料和信息，刺激了他们具体操作活动的实施；操作实施活动中幼儿所产生的问题以及他们的探索研究结果，又往往会激发幼儿展示与交流的动机和行为，并刺激另一波的调查活动，从而进入或产生新主题。这三个过程以一种连锁的方式相互刺激、互相促成。一个方案教学活动具体时间的长短，教师可以根据幼儿的兴趣及其探索研究的深入程度等因素来决定。

思考与练习

1.幼儿科学教育活动设计的内容包括哪些？

2. 为什么在开展幼儿科学活动前要做好活动设计工作？

3. 幼儿科学教育活动设计有哪些基本要求？

4. 集体教学活动设计的内容包括哪些？

5. 请谈谈你对开放式问题、封闭式问题的理解与认识。

6. 你认为观察认识类科学活动对幼儿有什么教育意义？

7. 幼儿的实验操作类活动有哪些基本形式？

8. 在教学实践中，教师该如何进行幼儿科学教育活动的整合？

 技能实训

1. 认真阅读下列活动教案，并对教师的活动设计（目标、材料、过程、提问）展开讨论分析。

大班科学绘本阅读：我们身体里的"洞"（第一课时）

活动目标：

1. 发挥想象，大胆猜测画面中的黑洞是什么。

2. 自主阅读图书，能与同伴交流、分享自己的发现。

3. 知道我们身体里的洞是很了不起的。

活动准备：

PPT，绘本《我们身体里的"洞"》人手一本，各种身体里的洞的图片。

活动过程：

1. 猜猜这是什么。

教师：今天，我们要来看一本很有意思的书，在看书之前，我们先来猜一猜。

教师逐步出示 PPT，幼儿自由猜测，并验证。

2. 这是我们的鼻孔。

教师：这两个洞又是什么？做什么用的呢？现在请我们小朋友仔细看看这本书。

幼儿自主阅读图书，教师巡回指导。

教师：这两个洞是什么？你从哪里找到的？（师幼共同翻看图书第 10 页）

教师：鼻子的洞有什么作用呢？你从哪里发现的？（引导幼儿说出页码并鼓励幼儿大胆解说）

3. 我们身体里的"洞"。

教师：我们的身体除了鼻子洞，还有别的洞吗？（鼓励幼儿自主探究、发现）

教师：谁来告诉大家你的发现？（幼儿自由讨论、陈述）

教师：现在我们再来仔细看看这本书，哪些和你们说的一样？哪些又是你们没发现的？

幼儿自主阅读第二遍。

教师：在书里面你发现了哪些身体里的洞？你在哪里发现的？（幼儿自由回答）除

了这些，还有别的发现吗？

4.身体里的洞真了不起。

教师：假如，我们的身体没有了这些洞会怎样？

教师：我们一起来捂住嘴巴、捏住鼻子、蒙住眼睛或捂住耳朵试试看。（鼓励幼儿在体验中交流自己的感受）

教师：请小朋友们把书翻到第28页。

师幼总结："我们身体里的洞真了不起！"

2.下面是"认识三原色"的教学活动，请对教师在活动中的提问做出评析。

在"认识三原色"的活动中，教师手里拿着瓶盖上沾有涂料的矿泉水瓶，走到幼儿面前，提问如下。

教师：小朋友们，早上好！看看今天老师带来了什么？

幼儿：瓶子。

教师：里面有什么？

幼儿：水。

教师：有颜色吗？

幼儿：没有。

教师：它是什么？

幼儿：水。

教师：它是无色透明的吗？大家再仔细看看能不能看到老师的手指头？

幼儿：能。

教师：噢，它是透明无色的。但它可不是一般的瓶子，它是会变颜色的神奇的瓶子，你们好好看看瓶子的变化啊。

3.请你选定一个中班活动课题，并完成下面表格中的二级目标设计内容。

观察认识类活动教学目标设计表

教学目标		适应年龄	课题
一级目标	二级目标		
观察技能		中班	
表达技能			
有关观察对象的科学认识			

4.请你去幼儿园观摩一次幼儿科学教育活动，并填写下面的表格。

要求：

（1）了解活动的设计思路。

（2）了解活动的组织与指导过程。

（3）学会对活动进行分析评价。

笔记

幼儿园教学活动评价表

项目	评价观察点	评价等级		
		A	B	C
目标	目标年龄适宜性			
	目标的可操作性			
	目标的完整性			
	目标达成度			
内容	内容年龄适宜性			
	内容的科学性			
	内容的生活性			
	内容与目标的一致性			
	内容完成情况			
	环境、材料的适宜性			
教师	讲解的适当性			
	策略的有效性			
	评价的适宜性			
	师幼互动情况			
幼儿	幼儿的参与程度			
	幼儿的互动程度			
	幼儿的经验运用			
	幼儿的活动习惯			
	幼儿面临的挑战			

CHAPTER 5

区角中的幼儿科学教育

关键词

区角学习活动；自然角；科学发现室

学习目标

1. 了解班级区角学习活动的内涵和特点。
2. 学会班级区角学习活动的设计与组织。
3. 了解自然角的独特教育作用，能够结合实际设计自然角。
4. 了解科学发现室的内涵，理解科学发现室对于幼儿成长的意义。
5. 掌握科学发现室的基本要素及设计方法，能够有效地创建和管理科学发现室。

内容结构图

本章第一节介绍了班级区角学习活动的内涵、特点和作用，讨论了班级科学区角活动的类型、设计与指导。第二节介绍了幼儿园自然角的设计、管理与运用。第三节介绍了科学发现室的设计、管理与运用。本章的重点是自然角、科学发现室的设计与运用方法；难点是如何高效组织幼儿科学区角活动。

问题导入

自然角是幼儿教育活动环境的重要组成部分，更是大自然的缩影。自然角里的动植物具有生命力，它们的生长发展过程具备特定的教育功能，幼儿在种植、喂养、采摘等体验活动中，通过观察动植物、照顾动植物，激发了自己的好奇心和求知欲。自然角能够培养幼儿对周围事物、现象的兴趣，及其动手、动脑探究问题、观察事物的能力，培养幼儿爱护动植物、亲近自然的情感；能够激发幼儿的学习兴趣，丰富幼儿的学习经历，也能改变幼儿的学习方式，提高幼儿的学习能力。

问题 从这段文字可以看出，建立一个好的自然角是非常重要的。那么，幼儿教师应该怎样设计自然角呢？又该怎样组织和管理自然角中的动植物呢？

分析：

我们面对的现实世界，是一个由人类社会和自然界共同组成的矛盾统一体。一方面，"人"与"自然"之间是相互联系、相互依存、相互渗透的；另一方面，人与自然之间又是相互对立的，在历史长河的不同时期双方的力量对比各有消长。这种对立和统一，描绘出了一幅人与自然关系的历史变迁画卷。人类社会的发展史，就是一部顺应自然、依赖自然、改造自然、探索自然的历史。自然角是幼儿亲近大自然、走进科学的窗口。它通过在室内养育动植物，一方面，能够让幼儿认识自然，热爱自然，了解人与自然的相互关系；另一方面，也能够促进幼儿的社会性发展，培养幼儿热爱劳动的良好习惯和良好个性，并促进其多方面能力的发展。

我们在第四章介绍了幼儿科学教育实践中最普遍的活动形式——教学活动。本章将介绍另外一种幼儿科学教育活动形式——区角学习活动，它包括班级区角学习活动和科学发现室（区）两种类型。区角活动顺应了幼儿发展的需要，是幼儿园教育教学的一个重要组成部分，也是培养幼儿动手操作能力、语言表达能力和相互交往能力的重要环节。区角活动是幼儿自我学习、自我探索、自我发现、自我完善的活动，是实现教育目标、促进幼儿身心全面发展的重要途径。鉴于其特殊的教育价值，多数有条件的幼儿园都在创建自己的科学区角和科学发现室。

第一节　班级区角学习活动概述

一、班级区角学习活动的内涵、特点与作用

（一）班级区角学习活动的内涵

班级区角学习活动是在班级活动室内的一个区域进行的学习活动。班级区角是教师专门为幼儿创建的可以供幼儿自由选择材料、自主进行科学探究的场所。区角里经常会放置一些诸如气球、放大镜、磁铁等可以用于科学探索的材料或玩具，以供幼儿进行操作。由于从范围上来说区角只占班级活动室的一小部分，所以在这里开展的活动被称为"区角活动"。"区角活动"进入幼儿园，是幼儿教育区别于小学教育的重要形式，它必将促进幼儿园教育活动的"幼儿化"。

（二）班级区角学习活动的特点

区角活动作为幼儿科学教育的一种形式，具有以下特点。

1. 活动方式自由

在区角活动中，幼儿完全可以按照自己的意愿参与到活动中。在教师提供的选择范围内，幼儿可以自主地决定活动的内容、方式。在组织形式上，它不是集体的、整齐划一的活动，也不采用教师指定小组的形式，而是幼儿按照自己的意愿自由组合：他们或是进行个别操作，或是自由组成临时性的学习小组，是一种"无组织、无纪律"的活动形式。无论是在班级区角或是科学发现室开展活动，教师都只向幼儿提供多种材料以供幼儿选择，然后将选择同样活动的幼儿聚集在一起，让他们自由操作。

2. 以材料为中心组织学习目标和内容

集体活动是在教师组织下，幼儿围绕同一个教学目标，学习相同的教学内容或参与相同的科学活动。但区角活动中，教师只需要为幼儿提供多样化的活动材料，让幼儿自主选择操作材料即可。因此，教师在设计和提供材料时要充分考虑到这些材料可以使幼儿获取哪些学习经验。区角活动没有统一的目标、内容、步骤、过程方面的要求，因人而异，其活动目标和内容是透过活动材料来体现的，幼儿通过对材料的操作来获取相关的学习经验，并以自己的方式实现活动目标。

3. 以幼儿自主探究为主，教师指导为辅

在学与教的关系上，区角活动是幼儿的个人体验式学习，而非教师讲解的教导式

学习，幼儿的探究高度个人化，它甚至还允许幼儿进行超越教师设计的操作。因此，区角活动更接近于幼儿的自发性科学学习，教师在活动中的作用主要是材料的设计、选择与提供，基本上不干预幼儿的操作。教师的指导也是隐藏在活动材料设计中的间接指导，而较少有直接的语言上的指导。

尽管区角活动具有不同于集体教学活动的一些特点，但我们也要认识到，它和集体教学活动一样，是由教师发起的有计划、有组织的学习活动，是将教师的"教"隐藏于幼儿自主"学"的过程之中的教育活动。

（三）班级区角学习活动的作用

班级区角学习活动作为一种特殊的活动形式，对幼儿的发展具有独特的价值。

1. 促进幼儿参与活动的主动性发展

参与活动的主动性是指幼儿按照自己的兴趣需要，自由地选择各种材料和玩具，不受干扰地操作这些材料。这种自主性的选择与操作，使得幼儿能够自由地探索询问，解决问题，并能自发地与成人、同伴交流。主动性活动包括四个基本要素：直接操作物体；对活动进行反思；幼儿内在的动机和需要；解决问题。由于在区角活动中教师绐了幼儿较大的自由度，幼儿可以从自己的兴趣和需要出发，自主选择学习的内容，并在自己的水平上、按照自己的方式来学习，所以可以说，区角活动是一个能够激活幼儿主动性要素的活动形式。

2. 展现幼儿自发的学习能力和学习过程

在集体教学活动中，教师针对的是幼儿的"无知"和"不足"，因此更强调教师的"教"；而区角活动则更强调通过个人的体验和经历来学习，它给了幼儿一个展现自己学习能力和学习过程的机会。在区角活动中，幼儿不仅能真正做到"在自己原有的水平上获得发展"，还能在一个相对悠闲而不是追求当前学习结果的探究过程中得到满足，从而尽享学习的乐趣，其思维方法和学习能力也能在其自发的学习过程中得到锻炼和提升。除此之外，在区角活动过程中，教师也有更充足的时间和机会去观察、研究每个幼儿，以便为后续的教育策略调整提供直接依据。

3. 使幼儿的个性差异得到尊重，个性得以张扬

教师在设计区角活动时，会从多方面来设计活动的材料和内容，以满足幼儿发展的层次性和差异性。在区角活动中，学习的自主权交给了幼儿，这种自主权保证了幼儿所学内容是其所喜欢的，是符合其真正需要的。区角活动承认不同幼儿的不同学习风格，鼓励幼儿以最适合自己的方式来学习，所以我们说，在区角活动中，幼儿的个性差异得到了尊重，幼儿的个性得以张扬。区角活动为幼儿个性的充分展现和发展提供了一个平台。

二、班级科学区角活动的类型

在实践中，班级科学区角活动的类型通常有三种：主题性区角、日常性区角和集体教学区角。

1. 主题性区角

主题性区角是指教师围绕一个主题内容而设置的活动区角，以供幼儿在自选活动时间内自主选择和参与。它通常是为了配合幼儿园中的主题教育活动而设置的。例如，某幼儿园小班在进行以感官教育为重点的"我有六个宝"的主题活动时，就在班级的不同角落设置了几个活动角，分别提供不同的材料，让幼儿通过听一听、看一看、摸一摸、闻一闻、尝一尝等方式来进行感知。这就是主题性区角的典型例子。

也有的主题性区角是围绕某个集体教学活动的内容而设置的，成为集体教学的延伸。例如，教师在组织了一个探索"磁"的集体活动之后，就把活动中幼儿探索的各种大小不一、形状各异的磁铁，以及磁铁能吸和不能吸的材料放置在科学角中，自然而然地形成了一个活动角（图 5-1），幼儿可以在这里继续探究他们感兴趣的问题，充分地探索那些未曾尽兴的材料。

图 5-1　神奇的磁铁

2. 日常性区角

日常性区角是相对于主题性区角而言的，它是指没有确定或集中主题的科学活动区角。日常性区角的特点是内容广泛，并可根据幼儿的兴趣不断地调整和更换。因此，教师在创设日常性区角时，应充分考虑其内容的广泛性和幼儿的兴趣。也就是说，教师要利用日常性区角来拓展幼儿科学学习的内容，弥补集体教学内容的缺失。如果说活动区角是连接集体教学与生活化学习活动的桥梁，那么日常性的区角则是最能体现其桥梁作用的一种形式。教师应该敏锐地捕捉幼儿生活中的科学教育素材，并将其转化为区角活动的内容。例如，某些幼儿偶然发现教师用的光学投影仪可以把物体的影子投射到墙上，他们就非常感兴趣，很想尝试将各种物体放在投影仪前，看看它们的影子是什么样的。为了满足幼儿的兴趣，教师索性开辟了一个全新的活动角，将投影仪放置在这个角落里，供幼儿进行各种尝试。因此，幼儿对科学的兴趣得到了满足，科学角的内容也更为丰富了。

3. 集体教学区角

集体教学区角是集体教学和区角活动相结合的一种教育形式。在当前的教育实践中，很多人在积极尝试改变集体教学的单一模式，而将区角活动引入集体教学就是在教育组织形式上的一种创新。集体教学区角活动的组织是：由教师确定一个活动课题并围绕该课题设计、提供多种操作活动；通过介绍活动材料（通常是新提供的材料）的方式导入课题，然后由幼儿自由选择不同的操作活动。此时活动室中所有的区角均向幼儿开放而不仅仅是科学角，但教师会要求每个幼儿都去玩一下此次活动介绍的新材料，最后通过集体分享、讨论的形式结束活动。集体教学活动结束后，教师会组织幼儿将这些材料补充到区角之中，以丰富区角活动的内容。

集体教学区角活动对于改变传统的整齐划一的集体教学模式有着积极的意义，尤其是对于那些年龄较小、还不能适应集体活动的幼儿来说，显得更为重要。

三、班级科学区角活动的设计与指导

班级的科学区角是供幼儿进行自主科学探究的场所，它为幼儿提供了丰富的操作材料和充裕的操作时间，能够保证幼儿在集体活动之外，拥有充分的时间接触、摆弄和探索科学材料，保证幼儿自由独立地进行各种科学观察、科学实验、科学游戏和科学制作。同时，它还保证了幼儿之间拥有充足的交往时间，以便相互学习、相互交流。

（一）把握区角活动与集体教学活动的区别

区角活动的特殊性决定了它的设计应与集体教学活动有所不同。二者之间的区别，我们可以通过表 5-1 来进行一个简单直观的比较。

表 5-1　区角活动与集体教学活动的比较

比较项目	集体教学活动	区角学习活动
活动内容	教师选择确定，全体幼儿参与	教师提供不同的材料给幼儿，幼儿自主选择活动内容
活动目标	教师预先拟定，面向全体幼儿	没有统一的目标，活动目标的达成情况因幼儿对不同材料的选择及其对材料的不同探究程度而异
活动材料	教师提供，以满足每个幼儿的操作需求	教师提供，让幼儿自主选择
活动过程	教师高度控制，较多直接指导	在教师给定的时间内由幼儿自主控制，教师很少直接干预

（二）合理设计活动材料

从表 5-1 可以看出，区角活动的设计应该是一种"以材料为中心"的设计，而活动目标和活动过程的设计要隐藏于材料设计之中。具体而言，区角活动的材料设计应该满足以下几个方面的要求。

1. 多样性

科学活动区投放的材料应丰富多样，以给幼儿较多的选择机会。可以有购买的现成玩具，如积木、放大镜、磁铁、电池、电线等；也可以有自制的玩具，如能够旋转

的乒乓球花、电话传声筒、降落伞等；还可以有教师提供的成品、半成品材料。如在"颜色变变变"的探究活动中，教师投放了红色、黄色、蓝色三种颜料，干净的针筒、纸杯等材料，以便幼儿自主配制出各种各样的颜色；总之，科学活动区中的材料应该丰富多样，且便于在周围的环境或日常生活用品中找到，这既符合经济、环保的理念，也与现阶段我国幼儿园的经济现状相适应。

2. 层次性

教师在选择、投放材料时，要考虑材料的层次性，即：按照由浅入深、从易到难的要求，分解出若干个能够与幼儿的认知发展水平相吻合的操作层次，使材料细化。虽然我们说科学活动区的材料越丰富越好，但对于幼儿来讲，一次呈现的材料却不是越多越好，教师应该循序渐进地分层次投放。具体做法是：年龄相同，同一活动内容材料的层次不同，即：在适合幼儿发展水平的基础上，考虑幼儿的"最近发展区"，使不同层次的幼儿都能选择到适合自己的材料和方法进行操作、探索，以便有效地促进每一个幼儿在其原有基础上的发展；内容相同，不同年龄段材料的层次不同，同一种材料在不同年龄段体现着不同的操作要求及操作难度。

3. 探索性

科学区的材料应具有探索性，即材料应和科学方面的一个重要概念有关，幼儿通过使用这些材料能够揭示有关科学现象。例如，教师可以在科学区中创设"喷水游戏"，并引导幼儿观察、比较、探究大瓶子和小瓶子装水后哪个喷得远，怎样使水喷得更远，同一个瓶子上不同高度的两个洞射出来的水是否一样远，让幼儿在实际操作中探索、感知水的流动性，获得"用力挤压，水会喷得更远"这一浅显的科学知识。材料的探索性还表现在它有多种组合的可能，幼儿可以自由运用自己的方式操作、组合、改变它们。材料的用途越广，越能激发幼儿以多种不同的方式进行探究和发现的兴趣。

4. 结构性

教师要为幼儿提供"有结构"的材料，以保证活动过程的可探索性。所谓"有结构"的材料，是指活动材料应该蕴含着探索和发现的可能性，或者说要将科学的原理蕴藏在材料和对材料的探索之中。以"不倒翁"为例，有的教师为幼儿提供的不倒翁是买来的，不可拆卸的，而有的教师提供的是用"套蛋"玩具自制的不倒翁。前者虽然更为精致，却无法让幼儿进一步探究其中的秘密，而评判一个科学材料好坏的标准，则是看其能否让幼儿通过自己的探索、操作活动获得丰富的科学发现。

5. 安全性

科学区中投放的材料应该是安全无害的。不能缺角、有毛刺、不卫生的物品，不能用有毒、腐烂变质的材料，更不能有危险品。诸如火、电、热水等危险材料一定要在教师在场且保证安全的情况下，才能使用。在具体操作前，教师还应该为幼儿详细

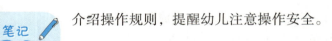

笔记

介绍操作规则，提醒幼儿注意操作安全。

（三）在活动中给予恰当指导

在区角活动中，教师的参与性和干预性远远低于集体教学活动。具体地说，教师在区角活动中的指导应该符合以下三点要求：①更重视幼儿的学习体验，不强求其达到某一知识技能目标；②更重视对幼儿进行个别化的启发和引导，而不是集体的讲解、讨论；③更重视幼儿心理环境的创设，而不是直接的指导。

教师除了要给幼儿提供适当的操作材料外，给幼儿提供一个积极的、舒适的心理环境更为重要。那么，教师应该怎样创设心理环境，才有利于幼儿的科学探究呢？要做到以下三点：①要鼓励和支持幼儿；②要尽量少地限制幼儿；③要对幼儿的错误给予宽容和理解。

（四）利用好区角活动记录表

在区角活动中，幼儿通过自己的操作，对经常接触到的各种事物和现象展开探究，这对幼儿创新精神和实践能力的培养有着独特的优势。区角活动也体现了"做中学"的理念，强调让幼儿通过提出问题、猜想预测、动手操作、记录信息、解释讨论、得出结论、表达交流这一完整的科学过程来发展幼儿探究问题、解决问题的能力。"记录"作为"做中学"的重要组成部分，是区角活动中相当重要的一个环节。它不仅可以记录幼儿的猜想及其在实验中的发现，揭示猜想与实际之间的差别，帮助幼儿梳理认知与经验，培养幼儿分析、归纳问题的能力和尊重事实、实事求是的科学态度与精神，还可以帮助幼儿自我建构知识与经验，帮助教师了解幼儿的思维过程。因此，教师在开展区角活动之前设计出一份合理的、适合幼儿的活动记录表是十分重要的。

1. 记录表的设计

（1）以活动内容及其目标为纲

"记录表"是为了帮助幼儿记录自己在某次科学活动中的猜想和实验后的发现，起到帮助幼儿梳理思维和认知的作用，所以记录只是一种方式，它必须服从于内容，为达成该活动的目标而服务。以《沉与浮》科学活动为例，大班幼儿的记录表（表5-2）由"我的猜想"和"我的发现"两部分组成。

表5-2 《沉与浮》实验记录表（大班）

沉（↓） 与 浮（↑）					
我的猜想					
我的发现					

而小班幼儿开展这个活动的目的是要探索、理解"沉"与"浮"的概念，所以，记录表（表5-3）只需要设计"我的发现"一部分内容就可以了，因为对于没有沉浮概念的小班幼儿来说，猜想纯粹是"瞎猜"！

表5-3 《沉与浮》实验记录表（小班）

沉（↓） 与 浮（↑）					
我的发现					

（2）用符号代替文字，注重形象化

这是由幼儿的思维特点和年龄特点决定的。幼儿园的孩子接触文字还很少，如果在记录表中出现"我的猜想、我的发现"之类的文字，对于年龄小的幼儿来说，是很难看懂的。虽然教师可以通过讲解让幼儿理解掌握它的含义，但总是少了些童趣，多了些使用上的不便。那么，怎样的记录表才是幼儿一看就懂且能独立使用的呢？教师可以让幼儿来帮忙解决这个问题：组织幼儿讨论猜想和实验结果分别可以用什么标记来表示？是不是还可以用图案来表示？实际上，问号、耳朵、脑袋、小手、眼睛等形象生动的图案，完全可以解决幼儿不识字或识字量少的问题。比如，下沉记为"↓"，上浮记为"↑"。①

（3）图标尽量与实物相近、相符

记录讲求的是尊重科学、尊重现实，在设计记录表时也要遵循这一点。因此，教师在提供图标时，应尽可能与实物相近，或采用实物图案，甚至可以直接将实物剪下来粘贴在记录表上。

（4）化繁为简，一目了然

记录表的设计应以简单、清晰为前提，并能体现表格的比较和统计特征，以便幼儿进行交流和展示。

2.记录表的使用

（1）由简到繁，遵循幼儿的年龄特点

不同年龄幼儿的科学发现活动目标不同，反映到记录表上，自然应该遵循幼儿的年龄特点。在使用过程中，教师要使它的形式由简单到复杂，由二元表逐渐过渡到多元表，以使幼儿能够充分认识并掌握记录的技能，从而真正发挥记录表的独特作用。

---

① 许卓娅.幼儿多元能力实践操作手册（教师用书）[M].南昌：江西高校出版社，2015.

笔记

（2）记录方式灵活多样

这是综合考虑了幼儿的年龄特点和探究活动的特点而言的。一般来说，记录的方式无非有三种：①教师记录；②个人记录（以个人探索为基础的个体记录）；③小组记录（以几个人共同试验为基础的合作记录）。在具体的使用中，小班一般采用教师记录的方式，这不仅仅是因为小班幼儿手指肌肉的发展还不足以担负起记录的"重任"，也是由他们的思维能力所决定的。中班幼儿开始比较多地接触这类有记录要求的探究性科学活动，其操作能力和思维能力的提高，使得他们的个体记录成为可能。大班幼儿的社会性进一步增强，有了较强的合作意识和合作能力，小组记录便成为培养他们合作能力的一种有效措施。同时，为发挥幼儿的创造性，提高幼儿对记录活动的兴趣，让幼儿自己设计表格，并进行记录和交流也不失为一种好的方法。

（3）与交流分享紧密结合

记录的过程就是幼儿探索、思考、发现的过程，其间的疑惑、失望、苦恼和惊喜，都是幼儿非常想与人交流和分享的。所以，教师要创设条件，使幼儿有充分的时间和机会去向同伴家人说明、描述自己的记录内容。教师指导幼儿用准确、连贯的语言讲述自己的记录过程和发现，既能增进幼儿记录的兴趣，提高他们的语言表达能力，又能提高幼儿总结、概括科学现象的能力。因此，记录应该成为幼儿表达自己情感、与同伴进行交流和沟通的重要工具。

四、班级科学区角活动举例

（一）小班：鸟儿的家

活动目标：

1.通过观察图片，了解几种鸟儿筑巢的材料，激发幼儿发现、探究自然奥秘的兴趣。

2.通过想象用自己的动作表现鸟巢的特点。

活动准备：

1.幼儿用书、教学挂图、练习册。

2.树枝、树叶、泥巴等。

活动过程：

1.出示几种鸟儿筑巢的材料，引导幼儿认识。

教师：今天老师给你们带来几件宝贝，你们知道是什么吗？

（鼓励幼儿逐一说说材料的名称）

教师：这些材料对鸟儿来说可是宝贝，它们可以用这些东西来搭建自己的家。

2.引导幼儿看图，了解各种鸟分别用什么材料筑巢。

教师：这里有几种鸟，我们来看看它们是用什么材料筑巢的。

笔记

教师：树上的鸟儿在用什么材料搭建自己的家？

教师：这两片树叶像什么？它也是小鸟的家吗？你感觉小鸟在这个树叶上搭建的家里会怎样？

（鼓励幼儿用肢体动作或表情表示）

教师：这种鸟非常能干，会用嘴巴将两片树叶缝起来做自己的家，小鸟宝宝住在里面很安全。这种鸟的名字叫作缝叶莺。

教师：这只啄木鸟的家又在哪里呢？

3. 游戏：鸟儿筑巢。

（1）幼儿看图玩游戏。

教师展示出一种鸟的图片，幼儿就用动作表现其鸟巢的特点。

（2）教师播放音乐后，带领幼儿玩鸟儿搭巢的游戏，可以用桌子代替房屋，椅子代替树洞。游戏开始时，幼儿随音乐飞回自己的家，搭建鸟巢。当音乐停止时，教师询问幼儿正在用什么材料搭建自己的家。

活动建议：

教学变式：可以用拍摄的视频代替挂图进行教学，以便更好地激发幼儿的活动兴趣。

活动延伸：完成练习册中的相应内容。

领域渗透：这节活动渗透了健康领域的内容，让幼儿在模仿鸟巢的运动中锻炼了体能。

区角活动：科学角——提供一些背景图和鸟巢的图片，让幼儿通过看图将鸟巢放在相应的位置。

活动分析：

本节活动的重点在于让幼儿发现、了解几种鸟儿筑巢的材料。因此，在活动环节一教师就展示出几种常见的材料，既引导小班幼儿认识了鸟儿筑巢的常用材料，又为下面的活动做了铺垫。活动环节二是感知部分，教师引导的重点仍放在筑巢材料方面。最后通过游戏环节，使幼儿更好地理解、巩固了所学知识。

（二）中班：笔会变魔术

活动目标：

1. 通过观察画在塑料袋上后的擦拭结果，使幼儿初步了解各种笔的不同属性。

2. 激发幼儿观察身边物品的兴趣，培养细致的观察能力。

活动准备：

1. 练习册。

2. 油性笔、铅笔、蜡笔、水彩笔等各种各样的笔每人一支，较厚的塑料袋每人一个。

活动过程：

1. 迁移幼儿已有经验，认识各种笔。

教师：你们平时见过哪些笔？

教师：今天桌子上有一些笔，你能说说它们的名称和平时会将它们写在什么地方吗？平时我们用铅笔画的图案能擦掉吗？用什么擦？

教师：用橡皮擦或抹布能将蜡笔和油性笔画的图案完全擦掉吗？

2. 介绍实验要求，幼儿动手做实验。

教师：今天我们要用这些笔来做实验。请你们用各种笔在塑料袋上画一些简单的图案，感受一下画的时候有什么感觉。

（幼儿画图案，体验画时的感觉）

教师：请你说说你用这几支笔在塑料袋上画画有什么感觉？哪种笔容易画，哪种笔不容易画呢？

3. 幼儿用抹布擦拭图案并进行观察。

教师：为什么有些笔画的图案已经擦掉了，有的笔还没有擦掉呢？

教师：笔有许多种，有的是水性笔，有的是油性笔。水性笔溶于水，清洗很方便，用肥皂洗就可以洗掉；油性笔可以防水，一般可以写在玻璃、木箱等上面，写出来有亮光，但清洗不方便，必须要用去油渍的清洗剂才能擦掉。

活动建议：

教学变式： 活动开始，教师可以先请幼儿在纸上用各种笔画出图案，然后再请幼儿将图案试着清除。

活动延伸：

（1）提供水盆和用各种笔画出图案的塑料袋，让幼儿进行清洗，观察现象。

（2）完成练习册中的相关内容。

区角活动： 在科学角提供布、废旧碟片等材料，让幼儿用各种笔尝试在上面画图案，然后进行清除，感受材料与清除方法的关系。

活动分析：

这节活动的重点是幼儿通过实验，感受、比较各种笔的不同属性。对于中班幼儿来说，笔是他们经常用到的学习工具，在平时的使用过程中，已经积累了一定的经验。所以活动一开始，教师先迁移幼儿的已有生活经验，帮助幼儿对零散经验进行整理。然后鼓励幼儿根据要求进行实验，并在观察实验结果时发现问题。猜想环节对于幼儿来说十分重要，它能很好地鼓励幼儿讨论，激发幼儿对科学奥秘的兴趣。因此，教学活动中不能省略猜想环节。

（三）大班：寻找空气

活动目标：

1. 通过实验，感知空气无色、无味，看不见、摸不着的特点，知道空气无处不在。

笔记

2. 初步了解空气与人类、动物的关系。

3. 培养幼儿对科学实验的兴趣，体验实验带来的快乐。

活动准备：

1. 每组一个水盆。

2. 空塑料瓶、报纸、塑料袋每人一份。

活动过程：

1. 以猜谜游戏的方式导入活动，激发幼儿展开讨论。

教师：看不见、摸不着，人和动物都需要它。你们知道这是什么吗？

教师：我们真的需要空气吗？（请幼儿闭上嘴巴，捏住鼻子，感受一下）

教师：你们有什么感受？为什么？

2. 鼓励幼儿在教室的各个地方寻找空气。

教师：空气在哪里呢？请你找一找，然后用塑料袋把它抓住。

（幼儿用塑料袋在教室里四处寻找空气）

3. 集体分享、小结。

教师：你找到空气了吗？为什么说找到空气了？塑料袋里真的有空气吗？请你将塑料袋口贴近耳朵，慢慢将塑料袋里的东西放掉，试试看能听到什么？

教师：你刚才是在哪里找到空气的？它是什么样的？

教师：原来空气就在我们生活中，它无处不在。空气既没有颜色、没有味道，也看不见、摸不着，但是我们都需要它。想想还有谁需要空气呢？如果没有了空气，小动物们会怎样呢？

4. 进一步了解空气的知识。

教师：还有哪里有空气呢？天空中有空气吗？为什么？水里有空气吗？

（1）实验观察瓶中的空气。

教师：请你们将报纸揉成团，用小棒将它顶到瓶底，瓶子里有空气吗？

（引导幼儿发表自己的想法）

教师：请你们将瓶子竖着放进水里，然后再快速取出瓶子，看看瓶子里的纸湿了没有。为什么瓶子里的纸没有湿呢？

教师：现在请你们将瓶子横着放进水里，看看有什么现象？冒出的许多小泡泡是什么？请你们将瓶子快速拿出来，看看瓶子里的纸怎么了？为什么瓶子里的纸湿了呢？刚才冒的泡泡是什么？瓶子里有空气吗？

（2）到户外寻找空气。

教师：还有哪里有空气呢？

（教师带领幼儿到户外寻找、发现空气）

活动建议：

活动延伸：带领幼儿到户外寻找空气，进一步感知空气是无处不在的。

区角活动： 在科学角提供气球、纸、扇子、吸管、空塑料瓶等材料，鼓励幼儿用这些物品寻找空气。

活动分析：

空气是我们看不见也摸不着的东西，因此幼儿很难理解到处都有空气。在本活动中，教师只有让幼儿通过实验和亲身感受，才能帮助他们发现空气。开展此类活动时，教师要有目的地引导幼儿去主动操作、主动发现，切不可以教师为主体，幼儿只在旁边观看。

第二节　自然角的创设与管理

一、自然角概述

1. 自然角的内涵

自然角就是在幼儿园的活动室内向阳的角落，安放一张桌子或设置一个分层的木架，将一些适合在室内生长和照料的动植物，或收集来的非生物，有秩序的布置在上面。现代教育家陈鹤琴先生指出，幼儿园需布置一个科学环境，尽可能地领导儿童栽培植物（花卉、菜蔬），布置园庭，从事浇水、除草、收获种子等工作，并饲养动物。自然角正是这样一个利用自然资源引导幼儿探索自然科学的窗口。自然角中可以安放的物品有很多，比如，动物可以有漂亮的金鱼、小蝌蚪、蚂蚁，植物可以有花卉、水果、树叶等。自然角是一个幼儿学习科学的重要而特殊的场所。

2. 自然角的作用

自然角是教育活动环境的重要组成部分，更是大自然的缩影。自然角里的动植物具有生命力，它们生长发展的过程，具备特定的教育功能。

（1）激发幼儿爱护动植物、亲近自然的情感。自然角中的种植、喂养、采摘等体验活动能够很好地激发幼儿的好奇心和求知欲，培养他们对周围事物、现象的兴趣，及其动手动脑、探究问题、观察事物等方面的能力，使幼儿萌发爱护动植物、亲近自然的情感。因此，我们说自然角可以激发幼儿的学习兴趣，丰富幼儿的学习经历，也能改变幼儿的学习方式，提高幼儿的学习能力。

（2）集中、真实地再现和反映自然环境中的事物，并为幼儿园的活动室增添一份自然之美。自然角中的物品，既可以集中体现自然界中的某一类事物，如各种各样的种子；也可以是零星收集来的小玩意，比如一只螃蟹壳或乌龟壳；还可以是种植的一盏大蒜、一个萝卜、一棵青菜等。这些自然界中常见的物品都能使幼儿更接近自然。

（3）方便幼儿在日常生活中进行随机的和长期的观察活动。在自然角中，幼儿随时都有机会去观察、触摸和探索各种物品，而且还可以对某个对象进行长期系统的观察。

（4）激发幼儿主动探索的兴趣，培养他们对周围事物的敏感性和责任感。由于幼儿能够和自然角中的物品"朝夕相处"，并且可以自由地接触和观察自然角中的物体，他们很容易把自然角中的物品看成自己班上不可缺少的小伙伴，对其加以关注和照顾。在潜移默化之中，自然角就成了联结幼儿与自然世界的独特纽带。要想充分地发挥自然角在幼儿科学教育中的作用，教师应该对自然角的内容进行精心设计，并注意在一日生活之中随时对幼儿进行指导，同时还要组织幼儿参与对自然角的日常管理。

二、自然角的设计与运用

（一）自然角的呈现方式设计

自然界赋予了我们众多的活动材料，如泥、沙、动物、花卉、蔬菜等，只要做个有心人，材料可谓唾手可得。教师在自然角的创设中应注意因地制宜、因班而异，巧妙合理地利用班级环境、三维空间以及橱柜的围合，最大限度地发挥自然角的教育功能，使自然角物尽其用。那么，在创设和利用自然角的过程中应该怎样充分调动幼儿的积极性，使自然角真正发挥它的作用呢？以下三种呈现方式能够使自然角变得丰富多彩，充满吸引力。

1. 利用自然之物来呈现

植物类（图 5-2）：选择常见的、易生长、好照管的植物。如观赏类的仙人球、仙人掌、文竹、玉树、秋海棠、水仙花等；蔬菜类的萝卜、葱、蒜、土豆、白菜、芹菜、菠菜、茄子等；农作物类的棉花、小麦、玉米、花生、大豆、水稻、绿豆、红豆、地瓜等。

动物类（图 5-3）：选择形体较小、管理方便、无危险、便于喂养、幼儿感兴趣且便于幼儿抚摸与观察的动物，如小兔、金鱼、鲫鱼、小乌龟、蚕、蝌蚪、鸟类，以及各种小昆虫等，以便引导幼儿开展观察和喂养活动。

水果类：如苹果、梨、香蕉、橘子、火龙果、龙眼、柿子、椰子等常见与不常见的水果。

干果类：如大枣、银杏、核桃、葡萄干、桂圆干、花生等。

特产和工艺品：可根据各地的情况，选择一些当地的特产和工艺品陈列在自然角。

无机物及其他：如沙、石头、磁铁、放大镜、布头、毛线头、温度计、记录本，以及陈列标本的昆虫盒、小玻璃瓶等。

自然角呈现方式举例
来源：优酷网

图 5-2　种植角

图 5-3　美丽小鸟和它的家

2. 平面立体相互交叉呈现

自然角往往是利用班级的一个角落来创设的，如何将这个有限的空间进行最大程度的利用呢？巧妙利用空间的方法：一是从上往下的悬挂；二是墙面与柜子的合理配置，如柜子上摆放了各种种子，墙面就提供与之匹配的植物；三是陈列植物的架子也可以按照观赏类、种植类等类别从高到低交替排列，以呈现出高低有别、错落有致的丰富视觉效果。

空间、墙面、柜子、架子、地面的组合设计，使幼儿处于一种抬头可见低头可观的环境中，这种三维空间的合理使用随时都会让幼儿与自然角中的物品产生互动或相互作用。

3. 文字、问题结合呈现

自然角的创建主要是为了引导幼儿观察、发现自然物。那么，教师该如何引导幼儿直接与自然角中的呈现物进行"对话"呢？

第一，用文字辅助说明，即在实物旁搭配简洁的文字进行说明。如某位教师在用蟹壳制作的大螃蟹旁边配上了"秋风起，菊花黄，螃蟹肥"的说明，虽是寥寥几个字，却能让大班幼儿记住吃螃蟹的最佳季节；再如，在"各种各样的水"主题活动中，教师引导幼儿仔细观察自来水、井水、河水、池塘里的水，比较它们的清澈度；而在陈列架上琳琅满目的瓜果、盆栽旁边附上文字标签，也可以帮助幼儿了解并记住它们的名字。

第二，以问题引发观察，即在实物旁边设置问题标签。教师在自然角中创设的一个个问题，能够引发幼儿更深一步的观察和探究，使其学习目标的指向性更加明确。例如，"水果的种子藏在哪里"这个问题标签就能够指引着幼儿到切开的水果里寻找答案；在一个饮料瓶的不同高度不同方向各开一个口子后种上种子，并附上"植物会往哪里长"的问题标签，幼儿就会自然而然地认真观察种子的生长方向。

（二）自然角的运用方法

1. 以生动的自然环境氛围激发幼儿的探究愿望

自然角只是一个小小的活动区，教师只有使它具备了丰富的情感、有趣的情节和生机勃勃的植物，才能不断地吸引幼儿前去关注、探索、呵护这里的小生命。具体做法如下。

（1）以百变种植容器浓郁自然角的环境氛围。教师可以让幼儿共同收集身边的自然材料和废旧物品，然后通过师生的共同加工创造，使它们变成精美、有趣的种植容器，并使幼儿发现物品和材料的多种特性和功能；同时，百变种植容器的制作也让科学、技术和艺术教育有机地融为一体，使幼儿学会利用和珍惜资源，增强自己的环保意识。

（2）以丰富的色彩浓郁自然角的环境氛围。大自然赋予了植物丰富的色彩，教师在进行自然角的环境创设时，一定要结合幼儿与生俱来的对色彩的敏感和喜爱，用五颜六色的植物来充实自然角。

（3）以丰富的动植物种类浓郁自然角的环境氛围。要结合不同年龄段幼儿的特点，运用丰富的动植物种类来激发幼儿的探究兴趣。例如，小托班的老师可以与幼儿一起饲养小动物、观察不同种类植物的颜色及其叶子的形状等。中大班的老师可以和幼儿一起动手种各种植物，并观察它们的生长过程和特性等。

2. 以丰富的主题明确幼儿的观察目的

幼儿园的自然角是一种优质的教育资源。老师们可以通过在幼儿园的室内、廊沿或活动室的一角栽培植物，饲养小动物，陈列幼儿收集的各种干果、水果、植物种子等物品，来丰富自然角的主题，使幼儿明确观察目的。需要注意的是，在幼儿观察前，教师要预设出有效的自然角创设与利用总目标，并根据各年龄段幼儿的观察特点，预设分目标。以便幼儿更进一步地明确自己的观察目的。

3. 以多样的记录形式指导幼儿主动观察

在自然角环境中，多样的观察记录形式是教师对幼儿主动观察的隐性指导。由于各个年龄段幼儿的特点不同，他们所采用的观察记录形式也有所不同。

（1）以画图的形式做记录教师可以引导幼儿运用画图的形式记录种子的发芽过程中的变化，如：有的种子发芽了，有的种子却不发芽；发芽的种子有哪些变化等等。经过一段时间的记录之后，教师还可以按阶段鼓励幼儿在集体讨论中进行小结和回顾。

（2）以表格的形式做记录。例如，在提出"蜗牛喜欢住在哪里"这个问题后，教师可以引导幼儿运用表格的形式记录他们的猜想和蜗牛的日常活动，由此，幼儿不但可以一目了然地了解蜗牛的生活习性，还可以验证自己的猜想。这样的表格还可以运用到观察其他小动物的生活习性上，以便幼儿从观察到的现象中展开新的探索活动。

笔记

（3）以文字的形式做记录。渐渐地，幼儿与自然角中的小动物们、小花小草们交上了朋友，他们喜欢到自然角中与这些好朋友们说说话，或者与同伴争论一些有关好朋友的话题。这时，教师要及时记录幼儿抒发情感的话语，提出有价值的问题，如"一朵花上的花蕾都一样吗""花落了，都会结果子吗"等，去引导幼儿开展进一步的探索。

三、自然角创设活动举例

幼儿园班级自然角创设方案如表 5-4 所示。

表 5-4　幼儿园班级自然角创设方案

班级：小一班　　　　　　　　　　　　　　　　　　　　　　2018 年 3 月 7 日

自然角名称	小白兔菜园		
创设目标	**水培植物：** 1. 了解植物的根系特点及其叶子的生长过程 2. 能仔细观察植物的生长过程，初步认识根的植根和须根 3. 知道自然界中的植物变化，了解植物生长的过程 **土培植物：** 1. 了解为植物浇水、松土的时间和方法 2. 能仔细观察植物的生长过程，认真记录观察的结果 3. 了解植物生长的环境与需求		
自然角内容 （可根据分类调整）	**水培植物**	**土培种植**	**水生动物**
	白菜、吊兰、铜钱草、葱、番薯	**种植区**：土豆、西红柿、蚕豆、番薯等 **观赏区**：多肉植物等	小金鱼等
准备工具和材料	玻璃瓶、透明塑料瓶、吊绳	铲子、水洒	饲料
幼儿观察内容	**水培植物：** 1. 观察植物的外形特征 2. 观察植物根系及叶子的成长 3. 及时记录植物的变化 **土培植物：** 1. 观察植物的外形特征及其生长方式 2. 观察植物的生长情况，并根据需要按时为植物浇水、松土 3. 在家长的帮助下及时记录植物的生长状况		

续表

自然角名称	小白兔菜园	
记录表设置	**水培：**	
	我是谁？	
	今天长得怎么样？	
	土培：	
	我是谁？	
	今天喝水了吗？	
幼儿参与管理	正面贴上幼儿的照片，写明种植植物的名称	

第三节 科学发现室的创设与管理

一、科学发现室概述

（一）科学发现室的内涵

前面我们介绍了班级区角学习活动，它是以班级为单位组建的科学活动。科学发现室实际上是扩大了的科学区角，是幼儿园专门设置的为幼儿提供科学自主探究活动的场所。近年来，随着幼儿园物质条件的改善，特别是对区角学习活动重要性认识的提高，很多幼儿园都建立了科学发现室（图5-4），供幼儿进行科学探索、发

图 5-4 科学发现室

现和操作活动。虽然这些发现室名称有所不同，有的称"小问号室"，有的称"科学探索室"，也有的称"科学游戏室"，但就功能而言，都是开展非指导性区角学习活动的场所。

（二）科学发现室的意义

在科学发现室中，教师为幼儿提供了各种各样的科学活动的设备和丰富多样的有结构的材料，以及相对宽松、和谐的心理环境，幼儿可以按照自己的兴趣和意愿，从自己的发展水平出发，自主选择活动内容，自己决定活动时间，并用自己的方法进行

笔记

真正自主的科学探究活动。因此，科学发现室对于幼儿科学教育具有特殊的意义。

1. 充分满足幼儿的操作需要

与"班级区角"相比，科学发现室作为一个专门的活动室，具有两个方面的优势：一方面，它面积更大，可以放置更多的活动材料，甚至一些占地比较大的材料也可以放置在科学发现室中。例如，一个30平方米左右的科学发现室中，可以放置几十种大小不等的科学操作材料。另一方面，它可以容纳更多（10~15人）的幼儿同时进行不同的科学探索活动，使每个幼儿的探究欲望都得到满足。

2. 适合各年龄阶段幼儿开展活动

与"班级区角"相比，科学发现室另一个特点是教师提供给幼儿的材料，基本不用按照年龄阶段加以区分，而是混合提供给幼儿，由幼儿自己进行选择和使用的。因此，不同年龄的幼儿都可以到科学发现室中的活动，并且可以自由地选择不同难度的探索材料，在自己的水平上，以自己的方法来进行科学操作。

3. 能够让幼儿充分自主地进行活动

在科学实验室中，幼儿进行什么活动、怎样进行活动都是他们自己选择和决定的结果，这一方面需要他们进行更多的自主选择、自我决断和独立思考，同时也给他们提供了更多的发展自主性的机会。通过独立、自主的活动经历科学探索的过程，通过自己的努力获得科学发现，能够最大程度地激发和增强幼儿的自信心、独立性和创造性，使他们真正感受到自己是一个探索者和发现者，是学科学的"小主人"。

4. 能充分展现幼儿科学探究的过程

在科学发现室中，由于教师的干预较少，幼儿能够充分、完整地展现自己的科学探索过程，并使自己满足于科学探索之中。科学探索的过程对于幼儿学科学具有非常重要的价值：通过探索过程，幼儿不仅能够满足自己的好奇心，获得科学发现，还能学会怎样学科学，激发自己学科学的内在动机。在这里，幼儿没有追求结果的紧张压力，他们可以更从容地沉溺于科学探索的过程，尽情享受探索过程所带来的乐趣。这种宽松的心理环境对于幼儿学科学是非常重要的。

二、科学发现室的空间设置和材料选择

（一）空间设置

科学发现室的空间布置首先要求整齐、美观、大方。空间布置得当，不仅可以充分利用科学发现室的空间，还可以使每个幼儿都能静心从事自己的探索活动，不受外界干扰。具体来说，在对科学发现室进行空间布置时，需要注意以下几点。

（1）动静分区合理。科学发现室中的活动也有"安静型"和"运动型"之分，教师在进行空间布置时，一定要进行合理的分区。如可以把安静的桌面操作区与科学图

书区放在一起，但要避免和容易发出噪音的活动区靠近。

（2）同类材料靠近摆放。比如，教师可以将有关光学的材料放在一起，这样不仅便于幼儿有目的地选择材料，也便于他们认识这些材料之间的联系。如果同样的材料有若干份，也要放置在一起，以便选择同样材料的幼儿进行交流。

（3）保证幼儿的桌面操作空间。教师要使每个需要进行桌面操作的幼儿拥有适宜的操作空间，避免他们互相干扰。

（4）合理放置有特殊需要的材料。比如，有的科学活动需要水，这种材料就要邻近水源摆放；有生命的物质要摆放在临窗光线好的地方，以便生物的生长；而光学材料则要邻近光源摆放，以便幼儿操作。

（5）留有存储空间。科学发现室要保证一定的存储空间，以便存放暂时不用的材料。

（二）材料选择

1. 材料要求

科学发现室的材料选择与班级区角的材料选择有同样的要求。除此之外，由于科学发现室的空间更大、材料更多、教师的指导更少，为了使这些材料更容易吸引幼儿的注意，更方便幼儿操作，教师设计和提供的材料还应考虑以下要求：①新颖有趣；②操作简便；③结构简单且可探索；④种类和数量充足。

2. 材料类别

（1）供幼儿探索的材料

①光学材料，如凹透镜和凸透镜、凸面镜和凹面镜、平面镜、三棱镜、万花筒，以及可以叠加颜色的彩色塑料片等。

②磁性材料，如各种形状和大小的磁铁（圆形、环形、条形、马蹄形等），各种可以被磁化的物体、不能被磁化的物体、指南针等。

③声学材料，如音叉、锣鼓等乐器，可以试验声音高低的各种响声盒、纸杯电话等。

④电学材料，如连接简单电路所必备的材料，小电动机、手电筒等。

⑤力学材料，如斜面板、滑轮、弹性物体等。

⑥玩水材料，如和沉浮现象有关的物体、玩水容器等。

（2）供幼儿进行科技小制作或操作活动的材料

①进行各种小制作所需要的材料，如制作不倒翁、传声筒、风车等科技小作品所需要的材料。

②可供幼儿摆弄、操作的各种工具，如已采取安全措施的剪子、锤子、钳子、钉子、螺丝等。

③各种测量工具，如温度计、尺子等。

④其他可能用到的工具，如纸、胶水等。

⑤各种废旧物品，如纸盒、纸杯、饮料瓶等。

（3）供幼儿进行感知的材料

①触摸材料，如各种质地（粗糙和光滑）的物体，用不同质地纺织面料缝制的娃娃，让幼儿通过触摸分辨物体的"魔箱"等。

②训练嗅觉的材料，如各种气味瓶。

③训练听觉的材料，可结合声学材料提供一些能发出不同声音的物体供幼儿听辨。

（4）供幼儿用肉眼或放大镜观察的材料

①各种生物和无生物的标本，如鸟类标本、蝴蝶标本、昆虫标本、岩石标本、化石标本等。

②幼儿自己收集的物品，如树叶、种子、贝壳、羽毛、动物骨骼等。

③活的生物，如大型的水族箱（里面可以养殖水生生物），昆虫世界（可以让幼儿看到蚂蚁生活的地下世界），无土栽培的植物等。

科学发现室——钓鱼
游戏
来源：乐视网

此外，科学发现室还可以放置一些买来的科学玩具，如各种电动玩具等；也可以放置教师自制的小玩具，或者幼儿自己的小制作，等等。教师还可以在科学发现室里设置一个科学图书角以供幼儿阅读，并提供一些科学工具书供幼儿随时查阅。另外，科学发现室还需要一些辅助的设备，如橱柜、桌椅等，以便存储暂时不用的材料，方便幼儿进行活动。

三、科学发现室的活动组织与日常管理

（一）科学发现室的活动组织

1.活动开始阶段组织

科学发现室活动的指导和班级区角活动一样，教师一般不对幼儿的科学探究过程做直接的指导，而是为幼儿创设宽松的心理环境，向幼儿提供各种丰富的科学探索材料，通过材料本身的趣味性吸引幼儿去主动探索。

在活动组织方面，教师的作用最主要体现在对幼儿自主性的维护上——既要激发幼儿的自主探索愿望，促成其自主探究行为，又要维护科学发现室的秩序，以保证每个幼儿最大程度的自由。

在每次活动开始前，教师可以自然地询问幼儿："你今天来科学发现室打算玩什么呢？"以此培养幼儿对活动的目的意识。如果有新的材料出现，教师也可以对新的材料做一个简单介绍，或有针对性地提醒幼儿在科学发现室里的活动规则，如轻拿轻放、物归原位等，但是这一切都应该是简单而明确的，不应冲淡幼儿那激动人心的"发现"主题。

笔记

2. 活动进行阶段组织

在活动进行中，教师应牢记尽量不参与也不干预幼儿活动的原则。教师的角色应该是旁观者、规则的维护者和幼儿探索的心理安全基地。对于"无所事事"的幼儿，教师可以善意地引导他们寻找自己感兴趣的活动；对于频繁更换活动的"三心二意"的幼儿，教师不妨和他一起来探究，但目的不是给他一个答案，而是帮助他养成坚持的习惯；对于有所发现甚至"得意忘形"地大声叫喊的幼儿，教师要和他一起分享发现的喜悦，同时也要宽容他因此而造成的对规则的小小破坏。

3. 活动结束阶段组织

每次科学探索活动一般在 30 分钟左右。当活动即将结束时，教师可以让幼儿相互交流自己的发现，分享彼此的喜悦。这不仅可以强化学习者的动机，还可以为其他幼儿的探究活动提供某种启发。

（二）科学发现室的日常管理

1. 材料的布置和管理

每次幼儿活动以后，都会有很多"遗留问题"。为了保证下一批幼儿能够顺利开展活动，科学发现室日常的材料布置和整理工作是必不可少的。这主要是指：把被幼儿移动过的材料恢复原位，和幼儿一起修补被损坏的材料，提供和补充必需的消耗性材料等，以便为下次活动的顺利开展做好相关准备。

2. 材料的更新和变换

科学发现室的材料不是一成不变的，而应该随着时间的推移和幼儿兴趣的变化进行更新和变换。经验证明，如果科学发现室的材料不加变化，幼儿会很容易失去新鲜感，而如果将某些材料收藏一段时间后再拿出来，幼儿就会像对待新材料一样的兴趣盎然。根据这一特点，教师可以定期地更新和变换科学发现室中的材料。

3. 照料有生命的物体

科学发现室中如果有有生命的物体，如水族箱中的金鱼、栽培的植物等，就需要由专职管理人员予以照料。

思考与练习

1. 请阐述班级科学区角活动的内涵与类型。
2. 区角活动与集体教学活动有哪些联系与区别？
3. 你认为班级区角学习活动有什么独特的教育价值？
4. 请结合当地实际设计一个以冬季为背景的自然角。
5. 请阐述科学发现室的独特教育价值。

笔记

 **技能实训**

1. 在以下小班、中班、大班对磁铁的探究活动中，教师提供的材料是不同的，请对此做出分析评价。

小班：教师设计出"跳舞的小人""钓鱼游戏"等材料，让幼儿在具体操作中"初步感知磁铁吸铁的现象"。

中班：教师投放"沙中寻宝""走迷宫"的操作材料，让幼儿进一步观察、发现"磁铁吸铁的特性"。

大班：教师设计"拉车和推车"的操作材料，让幼儿探究、发现"磁铁相吸与相斥的特性。"

2. 下面是一个科学区角的活动设计，请对作者的设计做出适当分析。

中班：火箭上天

目标提示：初步学会用多种材料自制火箭，感受制作的乐趣。

材料准备：火箭模型，制作火箭步骤示意图，幼儿搜集的各种瓶子、卡纸、铅画纸、蜡笔、剪刀、胶水、双面胶等。

幼儿操作：按制作步骤示意图完成火箭各部分的制作和粘贴。以柱子或墙面上不同高度的标记为参照物，比比谁的小火箭飞得高。

指导建议：将幼儿在区域活动中的发现与疑问分别展示在"我的新发现"或"小问号"等展板上。

CHAPTER 6

游戏与生活中的幼儿科学教育

关键词

科学游戏；生活中的科学教育；家庭资源；社区资源

学习目标

1. 了解幼儿科学游戏的内涵，理解科学游戏活动的独特教育价值。

2. 能够设计、组织不同类型的科学游戏活动。

3. 了解生活中的科学教育的内涵，能够灵活地将幼儿园课程与幼儿生活达成统一。

4. 能够在幼儿科学教育活动中充分挖掘、科学运用家庭与社区资源。

内容结构图

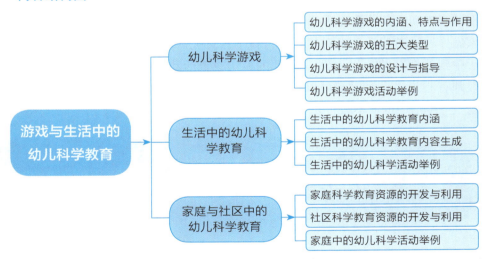

本章第一节简单介绍了幼儿科学游戏的内涵、特点与作用，详细介绍了幼儿科学游戏的活动类型，讨论了如何设计与组织幼儿科学游戏活动。第二节介绍了生活中的科学教育的内涵及其内容的生成方式。第三节讨论了家庭资源与社区资源的开发利用问题。本章重点是幼儿科学游戏活动的设计与组织，难点是如何从生活中提取素材、生成科学教育活动。

 **问题导入**

春夏之交，百花争艳。一位教师带着小朋友来到附近的花卉种植基地，在静静的花海里欣赏五颜六色的鲜花，小朋友高兴极了。教师问："你们看到了什么？"有一位小朋友竟然高兴地回答："老师，我听到了花开的声音。"教师却说："你别撒谎，花开时怎么会发出声音呢？"

> **问题**
>
> 你觉得花开时会不会发出声音？请从这个案例说明幼儿教师在开展生活中的科学教育活动前，应该做好哪些方面的准备工作？

分析：

"要给学生一杯水，老师要有一桶水。"这句话的意思是，老师要比学生掌握更多、更丰富的知识，才有资格成为一名教书育人的老师。一名合格的幼儿教师，既要掌握幼儿教育的专业理论知识，具备幼儿教育的专业技能，又必须掌握从事幼儿教育工作的科学文化知识。而在现实中，有一些学前教育专业的学生，往往有轻视自然科学学习的倾向，以至于在后来的教学实践中从事幼儿科学教育活动的能力受到限制，甚至犯知识性错误。

游戏是幼儿运用一定的知识和语言，借助各种物品，通过身体的运动和心智活动，反映并探索周围世界的一种活动。幼儿园"以游戏为基本活动"，就意味着教师应该把游戏贯彻于各种教育活动中。既然游戏对幼儿科学教育有着特殊价值，那么教师应该怎样通过游戏活动来对幼儿进行科学教育呢？这就是本章要回答的问题之一。"生活中到处都有科学"，说明了幼儿的科学教育活动不应受到时间、空间的限制，只要教师有心为之，时时都可以向幼儿进行科学教育。这就是本章所要讨论的第二个问题——生活中的科学教育。

第一节　幼儿科学游戏

一、幼儿科学游戏概述

（一）幼儿科学游戏的内涵

游戏是幼儿为了满足自己的个人心理需要而自发出现的行为模式，游戏活动使幼儿成为一个有组织的群体。在这个群体中，虽然会有临时性质的"领导人"，但幼儿更是一个平等的"公民群体",其角色分工是在商讨过程中确定的,角色的扮演、道具的准备也都是自觉的行为,游戏的目的就是为了好玩、快乐。

由于游戏具备"好玩、快乐"的特点,它基本上为所有幼儿甚至成人所喜爱。教育家们看到了游戏这一特点,将其运用于教育之中,并赋予了它更多的功能,如利用游戏而开展的科学教育活动就是其功能之一。因此可以说,幼儿科学游戏就是利用游戏来进行的幼儿科学教育活动。

(二)幼儿科学游戏的结构与分类

一个较完整的游戏,其结构因素主要有:主题、内容、情节、动作、角色和规则。学前儿童的游戏是多种多样的,分类的方法也各不相同,主要有:按照幼儿心理活动的发展、游戏的性质及其教育作用来分类。当前我国较多采用后者来分类,因此我们将幼儿科学游戏主要分为感官游戏、情景性游戏、操作游戏、运动性游戏和竞赛游戏五大类,后面将就这些类型做详尽介绍。

(三)幼儿科学游戏与科学探究的关联性

科学游戏和科学探究都是幼儿与物质材料直接、主动相互作用的过程。无论是科学游戏,还是科学探究活动,都会呈现出一定的科学现象,蕴含一定的科学原理。

科学游戏和科学探究在幼儿的实际活动过程中常常是相互转化的。有时幼儿的科学游戏活动会引发有目的的探究活动,而当幼儿不能将外部信息同化于自身已有的认知结构时,必定要在一定程度上改变自己的认知结构。比如幼儿在玩不倒翁游戏时,起初可能只是纯粹的游戏,觉得它摇来晃去很好玩,可是在不断摆弄的过程中他就会产生疑惑:"不倒翁为什么不会倒呢?"这时幼儿就从游戏性的活动自然地转向探究性的活动了。反过来,科学探究活动也会演化成游戏活动。例如,当幼儿所探究的问题获得了一个令他满意的结果时,或者当问题难于解决以致难以为继时,他往往就会重新沉浸于游戏的活动之中。

对于幼儿来说,并没有纯粹的科学探究或科学游戏活动,他们的学习往往发生于游戏和教学之间。在教育实践中,教师往往也不去区分这两种不同的学习。例如,教师在指导幼儿的探究活动时,常常会用一种"游戏"的口吻来表达:"请你玩一玩""下面我们来做个游戏"。

(四)幼儿科学游戏的特点

1. 随意性

从游戏的组织和取材角度来说,游戏具有一定的规则,但又具有随意性。一些游戏可以就地取材,找一些木棍、石子、叶子就可以进行。如教师可以引导幼儿利用石子或果核,按不同的图形玩"走子"游戏。

2. 愉悦性

游戏能够代代流传是因为它具有极强的趣味性，符合幼儿好奇、好动的特点。幼儿在游戏中应该伴随着积极的情绪体验，应该能感受到游戏是"好玩"的，否则，他们就会有情绪上的反映，甚至停止活动。

3. 自发性

游戏完全是幼儿自主选择参与的活动，他们都是出于自己内心的需要而参与到游戏中的，常常是"为玩而玩"。

4. 自主性

在游戏过程中，幼儿是完全自主的，他们可以自己决定自己的活动方式以及何时中止游戏。

5. 重复性

幼儿在游戏中的操作往往不是尝试性、探索性的，而是重复性的，且幼儿常常满足于简单的重复之中。

（五）幼儿科学游戏的作用

（1）使每个幼儿都成为活动的主人。在科学游戏中，每个幼儿都是游戏的主动参与者，他们共同约定游戏的规则，以自由的心态参与游戏活动。

（2）让幼儿"玩科学"。幼儿参与科学游戏的最主要动因是"好玩"，科学游戏改变了科学的"严肃"面目，使科学学习成为一种有趣的活动，给幼儿带来无限的乐趣，真正做到了"寓教于乐"。

（3）能使幼儿从重复性行为中积累科学经验。幼儿的重复操作并不完全是简单的重复，因为"同化"中必定也包含着一定程度的"顺应"。也就是说，幼儿在游戏过程中，并不是一味地在"玩"，重复中也包含着一些尝试性的操作，甚至还会孕育出探索性的行为。它使幼儿在一种轻松的状态中走向科学探索之路。

（4）能使幼儿产生多个积极的心理体验。游戏的心理体验成分有：①兴趣感。兴趣感是一种为外界刺激物所捕捉、占据的体验，是一种情不自禁地被卷入或被吸引的心理状态。②自主感。幼儿是游戏活动的主人，不能由成人决定幼儿该做何种游戏，所以，幼儿园的玩具柜应向幼儿敞开，由幼儿自己选择玩具。③成就感（胜任感）。游戏一是可以激励幼儿追求成功；二是当幼儿遇到困难时，教师可以借机启发教育幼儿：做任何事情，只要努力去做，不怕失败，就会有成功的希望。这样，幼儿在游戏中就可以体验到自己的力量，获得成功的喜悦。

二、幼儿科学游戏的五大类型

(一) 感官游戏

这类游戏主要让幼儿运用感觉器官，感知辨别自然物体的属性和功能。幼儿运用感官进行观察是其认识周围世界的重要手段，感官游戏可以让幼儿在愉悦的情景中发展自己的感知与观察能力，帮助幼儿学习运用自己的感觉器官来认识物体，体验物体的特性。根据参与感知的不同器官来划分，感官游戏包括视觉游戏、听觉游戏、触摸觉游戏等。感官游戏需要在心平气和的状态下进行，否则，会因为心浮气躁而影响感知的效果。下面介绍一些实践活动中具体的感官游戏。

1. 视觉游戏

视知觉发展的六项主要功能包括：视觉广度、视觉聚焦、视觉追踪、视觉记忆、视觉分辨、视觉想象。视觉广度，指的就是眼睛直视前方所能看到的范围。视觉广度大的幼儿，看书一目十行，效率当然比视觉广度小，需要一个字一个字看的幼儿要高出许多。良好的视觉聚焦能力应该具备以下四个要素：敏锐性、持续性、选择性与分配协调性。视觉追踪能力指的是看到物品后，目光能够追随物品的上、下、左、右、顺时针、逆时针移动而移动。如果幼儿的视觉追踪能力比较差，那么，他就不能够持续地转动眼球去追踪某一个运动的物体。

视觉记忆，指的就是能够把看到的东西加以分类、整理，并与以前的经验作比较后再储存到大脑之中，形成记忆的能力。毋庸置疑，视觉记忆决定着幼儿最终能够学到多少知识，所以，教师应该特别重视幼儿这方面能力的训练和培养。幼儿能够分辨出物体之间的异同点，把一个物体和另一个物体区分开来，是因为他们拥有视觉分辨能力的缘故。如果幼儿视觉分辨能力比较差，那么，可能他就不太容易区分出类似的一些东西，比如上学后遇到的形近字等。所以，幼儿园也需要加强幼儿视觉分辨能力的训练。人的大脑有一个重要功能，就是能凭借视觉想象进行思考。人在想象的时候，大脑就像长了"眼睛"，能够"看到视觉想象物的移动、旋转、变化并对它们进行分析"。幼儿的视觉想象力越强，他大脑中的这双眼睛就越敏锐，他的视觉想象物及其运动在他的大脑中就越清晰。从小培养幼儿良好的视觉想象能力对于他们日后的理解、思维、分析等多种能力的发展非常有帮助。

例如，在某教师设计的"练习拼图"游戏活动中，教师选择幼儿感兴趣的拼图，还在卡纸上画好一幅图后剪成许多小片自制拼图，鼓励幼儿专心、细心、耐心地完整拼摆出来。活动中，教师开始最好是设置一些简单的比较容易完成的任务，以免幼儿因为长时间拼不好而失去信心。当幼儿拼好向你"请功"时，教师要给予适当的表扬和鼓励：很棒哦，看来再难的拼图宝贝也能拼好它呢！

再如，"伪装小路"活动也是一个视觉类游戏，并有助于幼儿理解"保护色"。

游戏时，教师选择一条 10 米左右的小径，在沿途离小径 1 米左右的范围摆放或悬挂 10 个左右的人造物品，看幼儿能找出多少。告诉他们找到后不要捡起来，等走完这段路再告诉大家自己找到了几个（注意选一部分比较好找的和一些放在自然环境中并不显眼的物品，譬如生锈的粗铁钉等）。教师可在所有幼儿都找完一遍后告诉幼儿一共有几个物体，并让没有全找出来的幼儿再找一遍。

这两个游戏运用得当，对于培养幼儿的视觉广度、视觉聚焦、视觉记忆、视觉分辨能力都是有效的。

2. 听觉游戏

听觉是幼儿的一项重要感觉，在人体的五官感觉中，听觉排第二，仅次于视觉，这说明听觉对幼儿的重要意义。不过，幼儿的听觉并不是生来就很敏锐杰出的，而是需要科学的训练与培养，即根据幼儿听觉发育的不同阶段，通过听觉游戏加以培养。只有这样才能让幼儿听得更清、更准，反应更快，记得更牢。

以活动"猜猜我在哪儿"为例，游戏玩法为：将幼儿围成一个圈，请一名幼儿站在圈中间，蒙上眼睛，教师将纸球给一名幼儿，幼儿拿着纸球一直往下传，幼儿不能发出任何声音，当教师喊停的时候，球传到哪位幼儿的手中，便请他学自己喜欢的小动物叫，然后，被蒙上眼睛的幼儿就要用手指向发出声音的地方。如果猜对了就奖励小贴画一张，如果未猜对，就再重新来一遍或拿下眼罩，告诉幼儿是谁发出的声音。这个活动能够锻炼幼儿的听觉，培养他们的方向感，提高其听觉的灵敏性。

3. 触摸觉游戏

著名哲学家康德曾说："手是身体的大脑。"著名教育家苏霍姆林斯基也曾说："儿童的智慧在他的手指尖上。"对于婴幼儿来说，手指的活动是大脑的体操，虽然活动的是手，但得到锻炼的却还有大脑。手指活动与人脑的发育有着极为重要的密切关系，在进行触摸游戏活动时，幼儿需要同时运用大脑、眼和手，这对他们的视觉、听觉、触觉、语言等功能的发展有着极大的促进作用。长期坚持做手指运动能开发幼儿的大脑潜能，促进其大脑与手指的信息传递，锻炼幼儿手指的灵活性，发展幼儿手部小肌肉群的活动能力，促进幼儿大脑与手指神经的协调发展。

例如，"我的树"活动设计是一种调动触觉和嗅觉的游戏，至少要两个人一起玩。游戏开始时让同伴蒙上眼睛，然后带他走过一段曲折的路途，来到一棵你为他选择的树前，让他感觉这棵树的与众不同之处，如让他抱拢树干感知树的粗细，帮他把手放到有疤痕或有苔藓的地方等，当同伴完成了他的探索，就把他带回出发地。这时你可以请同伴摘掉眼罩，让他睁开眼去找刚刚摸过的那棵树。他一定会发现，每一棵树都具有与众不同的个性。

在"判断物体"游戏中，需要教师事先准备一只黑色的口袋，目的是不让观察者看见里面的东西，并在里面放上 3~4 种水果或蔬菜后充足气不使它漏掉（小的幼儿玩时可以不充气）。游戏开始时，让孩子们围成圈依次传递这只口袋，每个人拿到后可用除了打开看之外的任何方法感知袋中的物品，并在传给下一个人时说出自己的感知和判断，如"硬硬的东西有两个，有一个东西是苹果"等判断，等一圈人都摸完以后，再打开口袋验证，看看刚才谁说得正确。

（二）情景性游戏

情景性游戏是教师根据一定的意图，随机或创设特定的情景，让幼儿观察、思考并从中发现事物之间的联系，让幼儿运用已有的知识经验反映、再现或表演他们对事物的认识，处理特定情景下遇到的问题的游戏。

例如，"堆雪人"就是一个较多带有表演性或表现性的游戏。在优美的音乐背景下，一名幼儿扮演堆雪人者，另一名幼儿扮演被堆的"雪人"。前者可以任意的塑造雪人的造型，而后者则要与他配合，扮演出雪人的各种姿态来。接着，太阳出来了，"雪人"在太阳的温暖中逐渐"融化"，这时，幼儿可以用各种创造性的方式来表现融化的过程，直至最后变成地上的一摊"水"。在这个游戏中，幼儿不仅可以再现和雪有关的科学经历，而且可以获得无穷的乐趣。

有些情境性游戏带有解决问题的性质。例如，"开超市"的游戏：教师事先布置一个即将开业的超市环境，并备有若干标明商品类别的货架。请幼儿想一想货架上可以放什么样的商品，然后分头收集物品，并按类摆放。该游戏形式也可用于和幼儿一起整理玩具橱，为"动物园"的"动物们"分配笼舍等。

再如，在"找得对，找得快"游戏中，教师可以为幼儿准备4张分别表示春、夏、秋、冬四个季节的情景大图片，分别放在活动室四角，数张小图片，如西瓜、电风扇、暖风机、四季不同的花卉、棉衣、手套、冰激凌、不同颜色的树叶等，然后请幼儿将手中的小图片分别粘贴在相应的季节大图片上。这类游戏要求幼儿运用已有的知识和经验，根据情景发现事物之间的关系和联系后再做出决定，对巩固幼儿的既有知识、发展他们的智力有一定的作用。

（三）操作游戏

这类游戏是指通过给幼儿提供操作玩具或实物材料，让幼儿在自由操作过程中（有时也要借助一定的操作规则）获得有关科学经验的游戏。操作游戏一般是幼儿的个别游戏，其材料的提供与区角教学类似，但教师的指令性要求及干预指导更少。

以光学游戏为例，万花筒、三棱镜、放大镜、望远镜、潜望镜等都是好玩的玩具，幼儿都需要通过操作来进行游戏。教师只需要把这些材料放在活动区里，幼儿就可以按照他们的兴趣来选择游戏内容。教师也不必提出什么问题，只需要让幼儿自由地去摆弄。当然，这些游戏的结果既可能是不了了之，也可能演变成一种科学探索活动。

还有一种操作游戏着眼于给幼儿提供一种逻辑经验。例如，分类游戏：可以请幼儿给各种动物卡片进行分类；配对游戏：根据物体与物体之间的相同关系、相关关系、从属关系进行匹配；排列游戏：各种自然材料（如叶子、石头、贝壳、松果等），按照其外形大小、颜色、长短、轻重等顺序进行排列。

如在"数气泡"游戏活动中，在教师的示范下，幼儿将自己的小手帕塞进手中的小水杯里（即要塞得不会掉下来，也要使它蓬蓬松松的），再将杯子倒过来，杯口朝下盖住水面垂直地朝下按，让幼儿体会到很吃力。过一会儿，教师让幼儿竖直地拿起小水杯，抽出手帕观察：手帕一点儿也没有湿；让幼儿思考：水为什么不能跑到杯子里浸湿手帕？接着再让幼儿将杯口稍稍倾斜一点插入水面，慢慢往下压，就能看到杯口处有泡泡"噗噗噗"往上冒，让幼儿一个一个模仿着做，其他幼儿一边观察一边数泡泡的个数，最后看谁的泡泡冒得最多即为优胜。

通过这个游戏，教师可以让幼儿看到，虽然小水杯里看起来是空空的，什么也没有，但其实里面充满了空气。而且，虽然空气是看不见、闻不出、摸不着的，但它从早到晚时时刻刻都在我们的身边。

（四）运动性游戏

口班科学游戏——
神奇泡泡
来源：优酷网

运动性游戏是寓科学教育于体育活动的游戏。这类游戏活动量较大，如捉影子、吹泡泡、玩水、玩沙、堆雪人、跷跷板、放风筝、玩风车、打电话等，既可以在室内也可以在室外进行。通过这类游戏，幼儿可以亲身感受并进一步了解事物的特征，加深对事物及其科学现象所产生的因果关系的理解。运动性游戏能够充分满足幼儿好活动的特点，激发幼儿的学习热情，发展幼儿活泼开朗的个性。

如在"玩风车"的游戏中，幼儿可以在自己无拘无束的奔跑中感受到空气的流动和风的产生。而在"捉影子"游戏中，幼儿则能深刻地体验到自己的影子无时无刻不在变化，感受自己的身体运动和影子的大小、方向改变的关系。

再如，在"拔萝卜"游戏中，教师扮演兔妈妈，幼儿扮演小白兔。兔妈妈带着小白兔到树林里去拔萝卜，要先爬过一座山（教师带领幼儿在地上爬行），然后经过一座桥（教师带领幼儿学小白兔跳），最后到达树林里开始拔萝卜。"呀！下雨了！宝宝们，赶快回家吧，我们明天再来拔萝卜！"这个游戏活动既发展了幼儿的腿部肌肉、弹跳力，锻炼了幼儿的爬行能力，又使幼儿在游戏活动中获得了有关萝卜的种植、生长、用途等知识。

（五）竞赛游戏

竞赛游戏是以发展幼儿思维的敏捷性和灵活性为特点，以竞赛判别输赢的游戏。竞赛游戏适合在中、大班开展，以满足中、大班幼儿日益增长的求知欲和好胜心理。竞赛游戏的内容也比较丰富，例如，棋类游戏就是一种幼儿喜欢的竞赛游戏。幼儿的棋类竞赛，一般都借助跳棋、转盘棋的基本规则，并融入了科学方面的有关知识概念。棋类竞赛有利于培养幼儿的分析、判断能力，在竞争性的比赛气氛中，幼儿的思维会更加积极活跃。其他还有运用图片进行的接龙游戏，即在图片的两端各画一种图形，要求幼儿将相关内容的图片连接在一起。这可以让幼儿根据食物链将相应的动、植物连接在一起，也可以根据季节的变化让幼儿将相应的植物、花卉相连接。还有拼图游戏，即将物体的整体结构分画在若干小图片上，要求幼儿把部分拼成整体，再把整体拆成部分，培养幼儿的综合能力。幼儿园也可以用知识竞赛或智力竞赛的形式，来帮助幼儿巩固和交流相关科学知识。如通过"动物知识竞赛"，让幼儿用抢答的方式来回答教师为他们准备的问题。

在中班"降落伞定点比赛"游戏中，首先是教师示范：在餐巾纸的中央剪一个直径约 0.5 厘米的小孔，再在 4 个角各系一根 30~35 厘米长的细线，把 4 根线的另一端集拢在一起，缚上螺帽一类的重物，既不能太重，也不能太轻，可以先试飞几次，逐步调整悬挂物的重量，直到适当为止。然后，教师将相关材料发给幼儿，让幼儿自己动手学着老师的样子做。在老师的指导和帮助下，一个个伞终于做成了。最后，再组织比赛：找一块 1 米见方的纸板，贴上白纸，上面画上等距离的 10 个同心圆，从外向内分别标上 1~10 的数字，作为定点比赛的靶面放在滑梯下面的地面上。让幼儿站在滑梯上面，老师喊"放手"，并开始计时，幼儿要立即松手，降落伞就会慢慢地降落到地面上。通过这个游戏，可以使幼儿学会自己动手制作降落伞，并体会到降落伞的构造和作用。①

三、幼儿科学游戏的设计与指导

在幼儿科学教育实践中，科学游戏的形式应该是灵活多样的。教师既可以面向全体幼儿专门组织集体的科学游戏活动，也可以将游戏材料或玩具放在活动区中，让幼儿自己选择参与，还可以将游戏活动作为集体教学活动中的一个环节来进行。

1. 幼儿科学游戏的设计原则

教师在选择或设计幼儿科学游戏时，要考虑以下原则。

（1）科学性。主要指游戏所隐含的科学概念，就是幼儿在这个游戏中可能获得怎样的科学经验或概念，这一点教师心中应该明确。

（2）趣味性。游戏必须具有一定的趣味性，才能够吸引幼儿，枯燥机械的游戏是不能吸引幼儿投入进去的。因此，在设计和安排游戏内容时，幼儿教师需要重视游戏的趣味性，如适当地融入竞猜类游戏，这样幼儿会因为其丰富的趣味性而感到愉悦并踊跃参与。

（3）活动性。幼儿正处于好动时期，因此，在游戏过程中适当地进行脑力和体力活动能够让幼儿更好地求知。例如，在"老鹰抓小鸡"游戏中，幼儿能在游戏的过程中明确自身的身份，并且机智灵活地躲避危机，这不仅能够让幼儿在游戏中充分活动

① 许卓娅.幼儿多元能力实践操作手册（教师用书）[M].南昌：江西高校出版社，2015.

身体，还能使他们更好地开动脑筋，充分发挥了科学游戏在学习过程中的作用。

（4）规则性。游戏设计的一个重要方面就是要详细地说明游戏的玩法，即交代游戏的规则。例如，"奇妙的箱子"游戏是要发展幼儿的触觉，了解物体的属性，因此要求幼儿在接触物体时必须闭上眼睛，直到猜出物体属性。而"闭上眼睛"，就是要求幼儿必须遵守的规则。幼儿若不遵守这一规则，游戏的效果就不能达到了。

2. 幼儿科学游戏的组织指导

科学游戏的组织指导实际上就是带领幼儿玩游戏。对于集体性的科学游戏活动，教师可以按照下面的步骤组织。

第一，集中幼儿的注意力，调动幼儿参与游戏的热情。游戏开始时，为了集中幼儿的注意力，教师常用充满激情的话语调动幼儿，如"下面即将玩一个十分有趣的游戏，谁能听到我宣布的游戏名称，谁就可以参加这个游戏"。这样，幼儿会立刻安静下来，以期盼的心理来接受游戏。

第二，帮助幼儿理解游戏的规则。幼儿理解游戏的规则是保证游戏活动顺利开展的前提。根据需要，教师可以示范玩一次或做一点热身活动，待幼儿完全理解了游戏规则后即可正式开始。

第三，正式组织游戏活动。游戏活动进行过程中，教师一方面要关注游戏的进展，另一方面还要关注幼儿在游戏中的反映，必要时可对个别幼儿提供一些帮助，如提示下一步可进行的操作。为了带动游戏活动的进程，教师也可适度参与游戏，并关注每个幼儿的参与度。

第四，做好游戏的评价工作。游戏结束时，教师可组织幼儿交流一下游戏中自己的所见、所想，以及自己的发现和内心的感受，并为每一个幼儿在游戏中的表现做出正面的积极的评价。

3. 幼儿科学玩具

科学玩具作为幼儿科学游戏的物质前提，有很多的种类。具体包括以下几种。

拖拉玩具——靠手拉动绳索而使玩具的轮子向前滚动，如小鸭子、小兔子等。

敲打玩具——靠手或小木棍等工具敲打，使其发出声音，以探索声音是怎样产生的玩具，如小鼓、碰铃等。

机械玩具——用手或钥匙转动发条的轴，使发条卷紧，在发条放松的过程中使玩具运动，如发条小汽车、小飞机等。

电动玩具——靠电池的电力作动力，使玩具自行活动，如会拍照的小熊、碰碰船等。

惯性玩具——用手推玩具，使玩具向前滚动。如惯性小汽车、小天鹅等。

建构玩具——有小积塑、大积塑、大交通积塑、管型积塑（空管和软管积塑）等。在建构中，幼儿会逐步掌握建构技能，知道应下面大、上面小，建构物才不会倒塌；搭建出不同形状的公路、立交桥等；拼出能活动的车、动物等。

笔记

声控玩具——靠电池的电力与声控元件做动力拨动开关，玩具发出声音，如音乐盒发出优美的乐曲，小电话发出铃声和音乐声等。

声光玩具——靠电池的电力作动力拨动开关，玩具中的伸缩杆滑动而摩擦打火石，使之发光发声，如电光冲锋枪、警车、救火车等。

遥控玩具——靠电池的电力做动力，玩具上有根天线接收无线控制信号，靠手中的遥控器控制和指挥玩具行动。

四、幼儿科学游戏活动举例

（一）小班：有趣的水 ①

活动目标：

1.通过游戏，观察、比较、了解水的无色、无味、透明、会流动的特性。

2.在游戏中体验玩水的乐趣。

活动准备：

1.幼儿用书。

2.一盆清水、一盆白色水。

3.各种运水工具：有孔的塑料袋、小水壶、小碗、瓶子、杯子等；每组一个大盆和三个水桶。

4.盛满水、盖上有孔的饮料瓶每人一个。

活动过程：

1.引导幼儿运用多种感官感知水的特点。

（1）感知水是无色、透明的。

教师：这里有一个玩具，如果我把它丢到水里，我们还能看见它吗？

（请一个幼儿轻轻地将玩具放进水里，其他幼儿观察）

教师：你们能看见玩具吗？为什么我们能看见玩具呢？

（教师启发幼儿说说水的颜色和透明性，然后出示一盆白色水，并将玩具轻轻放进去，请幼儿观察）

教师：这一盆水怎样？和我们平时见的水有什么不一样？

教师：请你看看玩具放在里面会怎样？为什么看不清楚玩具呢？

（2）教师小结。

教师：原来水是没有颜色、透明的。

2.进行玩水游戏，感知水无味、会流动的特点。

（1）运水游戏，感知水的流动性。

教师：这里有各种运水工具，小水壶、有孔的塑料袋、小碗、小杯子等，请你选

---

① 许卓娅.幼儿多元能力实践操作手册（教师用书）[M].南昌：江西高校出版社，2015.

一个自己喜欢的，然后用它把水盆里的水装进桶里。

（2）幼儿相互交流运水的感受。

教师：盆里的水都运到桶里了吗？

你是怎么运的？你发现水会流动了吗？

（3）闻一闻水的味道。

教师：请你闻一闻桶里的水有没有味道？

（4）教师小结。

教师：原来水不仅是没有颜色、透明的，而且还没有味道，会流动呢。

3.户外游戏：看谁的水射得远。

请幼儿一人拿一个装满水的饮料瓶当小水枪，挤一挤瓶子，看谁的水射得最远。

活动建议：

区角活动：将活动材料放在区角里，供幼儿游戏。

家园共育：请家长协助教师为每个孩子准备一个盖子打好孔的饮料瓶；请家长在家中进一步引导幼儿感受水的特性，如在洗澡、游泳、浇花等过程中感受。

活动分析：

这节活动的重点是引导幼儿观察水无色、无味、透明、会流动的特点。活动中，教师通过提问、启发、观察、实验、游戏等多种形式来帮助幼儿进行认知。

小班幼儿往往会将水无色的特性说成水是白色的，因此活动设计中教师使用了清水和白色水两种，让幼儿进行对比观察。

（二）小班：爱宝宝 [1]

活动目标：

1.通过观察图片，让幼儿了解几种动物爸爸妈妈爱宝宝的方式。

2.愿意积极参与活动，初步学习看图并表述自己对图意的理解。

3.在教师的鼓励下，积极遵守游戏规则。

活动准备：

幼儿用书、教学挂图。

活动过程：

1.用游戏与谈话相结合的方式导入活动，激发幼儿的活动兴趣。

游戏——找朋友。幼儿随着《找朋友》的音乐找到自己的好朋友。

教师：小朋友们都找到自己的好朋友了，那你喜欢他吗？你会用什么方法告诉他你喜欢他呢？

（鼓励幼儿用各种动作表达自己对朋友的喜爱）

教师：爸爸妈妈都是怎么喜欢我们的呢？

[1] 许卓娅.幼儿多元能力实践操作手册（教师用书）[M].南昌：江西高校出版社，2015.

教师：无论好朋友还是爸爸妈妈都很喜欢我们，对我们表达喜欢的方法也不一样。其实小动物们也有自己表达喜欢的方法。

2. 逐一出示图片并引导幼儿看图，了解几种动物爸爸妈妈爱宝宝的不同方式。

教师：这是谁？小企鹅在哪里？为什么它要躲在爸爸的肚子下呢？

教师：这是谁？你找到小袋鼠了吗？它在哪里？小袋鼠在妈妈的袋袋里会怎么样？

教师：蚂蚁宝宝住在哪里？它们的洞穴是谁挖的呢？

教师：这只狗妈妈在做什么？只有一只狗宝宝吗？狗宝宝在吃奶时，表情是怎样的？我们一起来学一学。你在做这个表情时心里感觉是怎样的啊？

3. 游戏：爱宝宝。

教师弹奏《找朋友》的音乐，并改编歌词。幼儿根据歌词里说的动物名称，找到朋友，并表达出对他的喜爱。

活动建议：

领域渗透： 活动中渗透了音乐领域，调动、增强了幼儿学习的兴趣。

区角活动： 将挂图贴在科学角，鼓励幼儿看图说说几种动物爸爸妈妈爱宝宝的不同方式。教师注意倾听幼儿的讲述，做好个体评价。

家园共育： 请爸爸妈妈向幼儿介绍更多动物爸爸妈妈爱宝宝的方式。

活动分析：

这节活动的重点是引导幼儿了解几种不同动物爸爸妈妈爱宝宝的方式。通过这节活动，教师可以使幼儿感受并更深切地体验爱的含义，对幼儿来说具有非常积极的教育作用。教学活动设计将找朋友的游戏方式贯穿始终，这不仅能让幼儿更好地体验爱，达到教学目标，而且也能使幼儿与多位同伴进行游戏，增进他们的社会性交往。

在音乐弹奏活动环节，教师应视幼儿情况由慢至快地进行，歌词的创编也应结合游戏要求，并给予幼儿一定的提示，如"袋鼠妈妈爱宝宝，宝宝装在袋袋里，真安全真舒服，爸爸妈妈喜欢你"。

（三）小班：会唱歌的车 ①

活动目标：

1. 感知、辨别不同车子发出的不同声音。

2. 认识一些常见的不同用途的车。

3. 愿意积极参加游戏活动，模仿各种车发出的不同声音。

活动准备：

1. 认识各种不同的车。

2. 幼儿用书。

3. 各种能发出不同声音的车的图片或者玩具车，如消防车、警车、救护车、火车、

---

① 许卓娅. 幼儿多元能力实践操作手册（教师用书）[M]. 南昌：江西高校出版社，2015.

笔记

公共汽车等。

4.各种车发出的声音录音。

活动过程：

1.出示各种不同车的图片（或玩具车），认识并感知它们发出的声音。

教师：今天老师给小朋友们带来了许多车，我们一起来认识一下吧。

教师：这是什么车？它是怎样的？是做什么用的呢？

教师：它会发出什么样的声音呢？我们一起来听一听、学一学它发出的声音吧。

2.仔细辨听，感知各种车的不同声音。

教师：刚刚我们认识的几种车，它们发出的声音一样吗？怎么不一样？

（教师再次播放各种车发出的声音，可以先让幼儿将其两两进行感知、比较，然后再进行综合辨别）

3.游戏：听声找车。

（1）教师发出一种车的声音，请幼儿说出这是什么车。

（2）教师请一个幼儿发出一种车的声音，其他幼儿说出这是什么车。

（3）教师用身体动作或语言来描述一种车的外形特征，请幼儿说出它的名称，并发出这种车的声音。

活动建议：

教学变式：游戏环节可以增加户外健康活动内容。如教师站在圆圈中间，幼儿站在圆圈线上。当教师出示一种车子的卡片时，幼儿边做动作边模拟这种车子发出的声音。当教师举起红灯的牌子时，幼儿要停止，并保持姿势不动，随后教师更换车子的卡片，游戏继续进行。

领域渗透：这节活动渗透了语言领域。幼儿在活动中需要用语言描述各种车的显著特征。

区角活动：在语言角提供各种车的图片，鼓励幼儿看图说说它们各自的显著特征；在表演角提供各种车，让幼儿自发进行游戏。教师要注意观察活动过程，并根据实际情况逐步引导、提升游戏活动。

家园共育：请家长鼓励幼儿选一种自己的玩具车带到幼儿园，与同伴分享。

活动分析：

这节活动的重点是引导幼儿发现、辨听各种不同用途的车发出的不同声音。因此活动前幼儿对车的认识、感知很重要。教师应提前让幼儿感知这些车的外形特点，并认识它们。另外，教师应事先根据活动需要，准备各种幼儿常见的车发出的声音录音，并保证这些声音的清晰度和响亮度。

第二节 生活中的幼儿科学教育

一、生活中的幼儿科学教育内涵

生活中的科学教育，就是发生在生活中的科学教育。它不同于教师专门组织的教学活动、游戏活动，其最重要的特征是和生活紧密接触。它不受时间、空间的限制，涵盖了幼儿在园一日的全部时间。

《幼儿园教育指导纲要（试行）》（以下简称《纲要》）指出："科学教育应密切联系幼儿的实际生活进行，利用身边的事物与现象作为科学探索的对象。""生活教育"提倡者陈鹤琴先生认为，"所有的课程都要从人生实际生活与经验里选出来"，而切合这一原则的课程内容应是"儿童的一饮一食、一草一木的接触，灿烂的玩具用品"。幼儿园课程的内容应来源于幼儿自己的生活，来源于幼儿当下的生活，来源于幼儿整个的生活。对于幼儿而言，身边的事物和现象都是他们要探索的对象。由于幼儿对周围世界的好奇和疑问无时无刻不在发生，我们很容易就会发现在幼儿一日生活的各个环节中随时都隐藏着科学现象和科学教育的动因，因此，幼儿科学教育的内容应更多地在一日活动中随机生成、随机进行。教师要善于观察、捕捉时机，根据幼儿的兴趣和需要，从他们尚未明确但有价值的内容中有选择地直接提出主题，生成内容，推动幼儿的学习。

二、生活中的幼儿科学教育内容生成

1. 从来园活动中生成活动内容

幼儿来园，是幼儿在园一日生活的开端。比如早晨幼儿来园，雨天要带雨伞，炎热的季节要带遮阳伞。因此，"伞"就可以作为幼儿科学学习的内容。教师可以带领幼儿开展制作小雨伞的科技小制作活动，可以由雨伞生成雨具制作系列活动。

2. 从户外活动中生成活动内容

幼儿一天的户外活动时间很长，包括早晨锻炼和日常散步等。在早锻炼中，体育活动是幼儿十分喜欢的活动，教师可以利用"赶鸭子"的体育活动，让幼儿比较各种体育器械的特征，感知圆形物体和方形物体哪一个拼起来又快又方便。在比较的过程中幼儿会将自己的生活经验运用到游戏中，体验到圆形物体的优点和特性。甚至在游戏结束后有些幼儿仍对圆形物体特别感兴趣，这时教师可以引导幼儿找找看生活中哪些物品是圆形的。幼儿会发现碗、碟子是圆的，太阳、月亮、地球也是圆的，还发现汽车的轮子也是圆的，并且好多幼儿还将汽车玩具带到班上，由此生成了主题活动《汽车城》。如师幼共同布置"我喜欢的汽车"、探索活动"汽车是我们的好帮手"、游戏活动"汽车大聚会——赛车"、艺术活动"小汽车发明家"等，在各种形式的活动中不断探索汽车的奥秘。

日常的散步更是科学教育的好机会。比如在秋季，教师可以带着幼儿到户外散步，让幼儿注意各种花草树木及天气的变化，带幼儿去草地上挖野菜，树林里采集落叶，小河边捡石头，树林里听小鸟的叫声等等。幼儿在散步时窃窃私语：树叶变黄了，我捡到了好看的落叶，听到了小鸟的声音……于是在幼儿的体验下，一幅秋天的环境景象就形成了，《金色的秋天》这个主题就在日常的散步活动中开展起来了。通过这些活动，幼儿在动手、动口、动脑中对秋天有了体验和认识，并激发了自己的好奇心，培养了敏锐的观察力。

3. 从生活活动中生成活动内容

在幼儿园里，盥洗是每个幼儿经常进行的一项活动，却隐藏着许多教育的契机。如教师可以组织幼儿开展《好玩的水》主题活动。幼儿非常喜欢玩水，因此，可以通过活动让他们知道人要喝清洁的水，吃饭前要用水洗手，水果在吃之前也要用水洗干净。为了让幼儿正确认识水的用途及其与人类、动植物的关系，保护有限的水资源，教师还可以开展有关水的系列活动，如《会变化的水》《水龙头不哭了》《沉浮游戏》等。

4. 从偶发事件中生成活动内容

偶发性科学活动是在教师完全没有计划的情况下发生的。它是指幼儿对自己周围世界中突然发生的某一自然科学现象、自然物或有趣、新奇的科技产品和情景，产生了好奇心，并自发投入的一种科学探索活动。例如，幼儿在一个山间大声叫妈妈，接下来就听到一个同样的声音叫妈妈，他以为是谁在学他。接着他又大声叫妈妈，发现还是有人跟着他叫，可是又不见人。真奇怪！于是他改叫爸爸，同样的现象还是发生了，这时他肯定，跟着他叫的正是他自己。他又变换方向叫，嗯，没有人跟着他叫了。于是，他特别兴奋，跑来跑去，尝试在不同的地方能否听到同样的呼叫。对于幼儿来说，这就是一个有价值的科学探索活动。

偶发性科学活动的特点有：探索活动常由偶然的情景引起，教师无法事先估计，但幼儿具有强烈的内在探索动机；探索的内容广泛，时间地点不定，随机性强；活动的过程多样、多变，容易受到外界因素的干扰。

偶发性科学活动的独特作用包括：能满足幼儿探索周围世界的好奇心；能有效拓展幼儿科学学习的时间、空间及学习内容；能培养幼儿对事物的敏感性和关注度；有利于具有科学潜能幼儿的进一步发展。

偶发性科学活动的指导要求是：①教师要随时随地关注幼儿平时的一切活动，观察、了解他们在干什么；要注意观察幼儿的行为，发现和了解幼儿的科学探索活动。

②在充分了解幼儿的行为，并判定这是幼儿的偶发性科学活动之后，教师应该对幼儿的科学探索活动给予热情支持和适当引导，以帮助幼儿发现其中蕴含的科学道理。

三、生活中的幼儿科学活动举例

（一）中班：降温好方法

活动目标：

1.通过讨论，使幼儿从衣、食、住、行四方面了解一些防暑降温的方法。

2.学习用表格的形式将防暑降温方法进行分类归纳、整理，增强科学归纳和逻辑思维能力。

活动准备：

1.示范表格一张。

2.每组一大张白纸，每人一支笔。

活动过程：

1.通过讨论，激发幼儿思考夏季防暑降温的方法。

教师：现在是什么季节？夏天你感觉怎样？如果太热了，你会感觉有哪些不舒服的地方？那我们该怎么办呢？

2.幼儿按小组分别从吃、穿、住、行四方面交流夏季防暑降温的好方法。

教师：夏天有哪些防暑降温的方法呢？

（引导幼儿分组从吃、穿、住、行四方面讨论夏季防暑降温的方法）

教师：刚刚小朋友说了很多防暑降温的好方法，但是因为方法太多了，不容易记住。我们可以用什么方法将它们归纳一下，让人一下子就能搞清楚、弄明白呢？

教师：我们可以用分类的方法。这里有一张大表格，表格上有四幅小图，请你看看它们都代表什么？

教师：这四个小图分别代表了吃、穿、住、行四个方面。我们可以从这四个方面将防暑降温的方法进行归纳、总结。比如在吃的方面，可以想想有哪些防暑降温的方法。现在请你们每组各选一个方面，和组内同伴相互讨论一下。

（幼儿分组进行讨论，教师注意适时地观察、引导）

3.集体交流，补充、完善统计表。

教师：让我们来听听每组讨论的结果吧！

（幼儿一边说，教师一边用简笔画表示）

教师：谁还有补充的想法？

4.引导幼儿观察归纳表，并将其贴在教室主题墙上。

教师：现在我们来看看，用这张表格是不是很清楚地将防暑降温的方法归纳、总结了出来，让人一看就明白了呢？让我们把这张表格贴在科学角里，如果平时你们还想出了其他方法，也可以在相应的栏里用图画的方式表现出来。

大班科学活动——镜子里的秘密
来源：爱奇艺

活动建议：

领域渗透：本活动渗透了健康领域的内容。它鼓励幼儿了解一些防暑降温的方法，能增强幼儿的健康意识，提高他们的自我保护能力。

延伸活动：可以请每组幼儿集体制作一份表格，然后送给其他班级的伙伴，激发幼儿关爱同伴的情感。

区角活动：在科学角中鼓励幼儿将自己想到的防暑降温方法按类添加在表格里。

家园共育：请家长协助幼儿从吃、穿、住、行四方面做好防暑降温工作。

活动分析：

本活动的重点是让幼儿结合已有生活经验，了解一些夏季防暑降温的方法。活动的新颖之处是教师根据幼儿的年龄特点，让幼儿学习用表格的形式将防暑降温的方法进行归类、整理。这一环节的应用可以引导幼儿进一步学习科学活动中分类、归纳、整理的技能。当幼儿看到自己的想法被清晰地归纳成表格时，心中也会萌发出成就感。

（二）大班：垃圾哪儿去了①

活动目标：

1. 了解垃圾的危害，知道怎样进行垃圾分类。

2. 鼓励幼儿从自身做起爱护身边的环境，将垃圾放在指定的地方。

3. 认识可循环标志。

活动准备：

1. 环保垃圾箱的图片、有关垃圾危害的图片。

2. 若干张常见废旧物的卡片。

活动过程：

1. 了解垃圾的含义，知道它的危害。

（1）了解垃圾的含义。

教师：这是什么？什么是垃圾呢？

教师：没有用、准备扔掉的东西叫垃圾。

（2）了解垃圾的危害。

教师：你在哪里见过垃圾？你看到的垃圾是怎样的？闻到什么气味了吗？垃圾会给我们带来哪些危害呢？

教师小结：垃圾腐烂时会散发出难闻的气味，不仅破坏风景、侵占土地，使人们生活的地方越来越小，还会滋生病毒、细菌，招惹蚊虫，让人生病。所以我们要合理地清除垃圾。有的垃圾可以再次循环使用，变废为宝，有的则会污染环境，破坏生态平衡，所以垃圾要分类处理。

---

① 设计者：孙建霞，袁巷中心幼儿园．

2.认识可循环标志。

教师：你知道哪些垃圾可以循环使用吗？你是怎么知道的？

（教师指导幼儿认识可循环标志）

3.垃圾分类游戏。

（1）认识新型垃圾箱。

教师：你见过这样的垃圾箱吗？为什么要把它分成几部分呢？它上面有什么标记？你知道怎样使用它吗？

（2）教师介绍垃圾箱上的标记。

（3）垃圾分类游戏。

（4）请幼儿按照垃圾箱上的分类图标，将各种实物卡片进行分类。

4.一起检查分类结果，结束活动。

活动建议：

活动延伸：带幼儿到户外观察环保垃圾箱。

区角活动：在科学角提供一些关于垃圾变废为宝的资料，供师生进行交流、讨论。

家园共育：家长以身作则，鼓励幼儿养成分类投放垃圾的习惯。

活动分析：

这次活动从幼儿的实际生活出发，来引导幼儿了解垃圾给人们生活带来的危害，帮助他们学习正确处理垃圾的方法。教师应与家长配合，从自身做起，给幼儿提供一个良好的行为榜样，并鼓励幼儿将学到的知识运用到生活中去。

（三）中班：古今大不同

活动目标：

1.了解一些生活中常见的物品，观察、感受它们的不同。

2.感受科技进步给生活带来的便利。

活动准备：

1.《古今大不同》物品调查表。

2.幼儿用书。

活动过程：

1.引导幼儿观察幼儿用书。

教师：请大家看看图片，你认识上面的这些东西吗？猜猜它们都是什么？

（教师出示物品的图片，请幼儿验证自己的猜测）

教师：刚才我们猜得对吗？

2.引导幼儿逐对比较以前和现在物品的不同。

教师：这是什么？以前的它是什么样子的？旁边这个是什么？猜猜它是用什么做的？你觉得穿着它能挡雨吗？为什么？你有没有见过蓑衣？在哪里见过？你觉得它的好处是什么？不好的地方是什么？

3.引导幼儿观察现在的雨衣。

教师：这是现在的雨衣。现在的雨衣是什么样的？猜猜它是用什么做的？现在的雨衣穿在身上有什么感觉？

4.按照上述方法，引导幼儿逐一对比其余几组物品，拓展幼儿的生活经验，使他们了解一些生活中其他物品现在和以前的模样。

教师：请你和同伴一起说说你调查到的一种物品现在和以前的样子。

5.幼儿拿着自己收集的调查表和同伴相互交流，感受科技的进步给人们生活带来的便利。

教师：了解了这么多以前和现在的物品，你有什么感觉？以前的物品有许多现在都不用了，猜猜为什么呢？你觉得以前的物品方便还是现在的物品方便？

6.教师总结科技进步给人们生活带来的便利，鼓励幼儿积极发现生活中物品的优缺点，并提出创新想法。

活动建议：

教学变式：教师可以先组织幼儿参观当地博物馆，观察、了解一些以前的物品，积累经验，然后在活动中进行交流。

区角活动：将收集到的以前物品的图片放在科学角，供幼儿欣赏、交流。

家园共育：请父母回忆、讲解以前用过但现在很少见的物品，和幼儿共同完成调查。

活动分析：

本活动用以前和现在物品的对比，使幼儿感受科技进步给人们生活带来的便利，主题生动、新颖。活动前教师还发放了调查表，请幼儿父母帮助回忆自己小时候用过现在却演变成另一种模样的物品。活动中教师先让幼儿看图猜想以前的物品，并说出它们的主要功能，然后再将现在和以前的具有同样功能的物品进行比较，最后使幼儿从中感受到科技进步给人们生活带来的便利。

第三节　家庭与社区中的幼儿科学教育

一、家庭科学教育资源的开发与利用

《纲要》指出，家庭是幼儿园的重要合作伙伴。幼儿园应本着互相尊重、平等合作的原则，争取家长的理解、支持和主动参与。越来越多的事实证明，充分利用家庭科学教育资源，开展家园互动，能更加有效地促进幼儿的全面发展。

（一）家庭科学教育资源的独特意义

家庭是幼儿最早的科学教育环境。幼儿出生后就生活在家庭环境之中，他们在家庭中与周围自然环境发生着密切的联系。他们呼吸着周围的新鲜空气，凝视着来自外界的各种光线和物体，倾听着不同物体发出的声响，品尝着各种食物的味道，嗅闻着许多物体发出的气味，触摸着不同形状、质地的物体，并了解着物质的不同特性等。幼儿对物质世界的感觉经验都是从家庭生活中开始获取的。

父母是幼儿最好的科学启蒙老师。父母为孩子提供了各种学习科学的有利环境，教他们叫出第一个具体物品的名称，并形成第一个简单的科学概念，回答着孩子一个个有关科学的问题。

家庭与幼儿园在幼儿科学教育工作中是紧密联系、相辅相成、相互补充的。幼儿进入幼儿园开始接受集体教育后，家庭仍是科学教育的一条重要渠道，发挥着不可忽视、不可替代的作用。例如，幼儿会把在幼儿园中得到的新的科学经验、概念，以及实验、种植、制作等技能，在家庭成员的鼓励下自如地运用到家庭生活中去。

（二）家庭科学教育资源的独特作用

（1）弥补幼儿园科学教育资源的不足。幼儿园的物质设施、教师的精力和知识储备都是有限的，而幼儿科学教育活动的开展往往需要丰富的环境来提供支持，需要他人（包括同伴和成人，尤其是成人）与幼儿的互动和共同建构。

（2）为幼儿园科学教育活动提供丰富的材料。每个家庭的生活习惯、喜好、物质条件、社会环境都不一样，其拥有的物质资源也不相同。受到幼儿园物质条件以及办园经费的限制，家庭物质资源是幼儿教育活动材料的重要来源。同时，家长将家庭物质资源提供给幼儿园，也是对物质资源的充分利用，避免了社会资源的浪费。

（3）家长的特长和职业是幼儿园科学教育活动的重要资源。幼儿的家长来自各行各业，有着不同的专长和爱好，这些独特优势也是帮助幼儿园开展科学教育活动的重要资源。

（4）家长可以针对幼儿兴趣进行个别指导。如果一个幼儿要维持他内在的好奇心，那么他至少需要一个成人与他分享，和他一起快乐地、兴奋地探索这个神秘的世界。而与幼儿分享的成人可以是教师，也可以是家长或其他成人。

（5）教师在幼儿园开展的科学教育应以幼儿已有的经验为基础，而家庭正是幼儿获得大量科学经验的重要渠道。家庭是幼儿学习科学的重要环境，家长是幼儿科学学习的重要教育者，是幼儿科学活动的指导者、合作者。

（6）利用家庭资源进行科学教育有利于提升家长的教育能力。国外研究表明，家长通过参与孩子在幼儿园的科学活动可以意识到自己实际上拥有大量的科学知识，从而消除其对科学教育的恐惧和困惑，增强在幼儿科学教育中的参与水平。国内也有学者提出，引导家长参与幼儿的科学探索活动，能够使家长明确幼儿科学启蒙教育的目

笔记

标意识，提高家长自身的科学素质。[①] 即：在幼儿园利用家庭资源进行科学教育的活动中，家长对幼儿科学教育的价值、目标、内容和方法获得了更加深入的理解，提高了自身的科学教育能力，使自己成了幼儿探索世界的好伙伴。

（三）教师利用家庭科学教育资源的方法

1. 启发幼儿向家长叙述在园学习的科学内容

幼儿非常乐意将在幼儿园所学的他最感兴趣、印象最深刻的科学教育内容和家长分享，或重复实验给家长看，以显示自己的本领。而幼儿要将在幼儿园所学的知识重复讲给家长听、做给家长看，就必须通过他自己的积极思维活动，整理他获得的科学信息，这有利于其科学知识的巩固。同时，幼儿在叙述或实验的过程中，会产生一些错误的说法或做法，家长要帮助他们再探索。有些幼儿会对在幼儿园进行的科学游戏、科学实验活动意犹未尽，回家后要找相应的材料继续进行探究，家长也要给予积极支持。

2. 向家长了解幼儿在家学习科学的情况

家长每天都会接送幼儿，教师可以利用家长接送的机会，向其了解幼儿在家学习科学的情况。了解的内容主要有以下两个方面：①幼儿回家后对幼儿园科学教育情况的反映，如幼儿是否能完整地叙述相关科学活动，哪些概念未弄懂，回家重复试验是否成功，实验所包含的科学知识是否理解等。②幼儿在家学习科学的情况，如周末去捡落叶，回家后是否进行分类，幼儿对家庭饲养或种植的动植物是否进行观察记录等；幼儿是否会提一些有关科学的问题，如"夏天下雨时为什么会打雷""乌龟吃什么"等。这样，教师在了解了家庭科学教育的状况及幼儿的需求后，就可以有计划地调整幼儿园的科学教育内容，使家庭和幼儿园形成合力，不断提高幼儿科学教育的效果。

（四）教师利用家庭科学教育资源中的家园互动

1. 学习资料的搜集

搜集资料的过程本身就是一个良好的学习过程。因为幼儿可以通过搜集资料获得丰富的信息，拓展自己的知识，而这本身就是一个学习的过程。同时，幼儿对自己搜集来的资料会格外珍惜，这有助于激发幼儿的探究兴趣，使学习变得富有乐趣。教师可以根据科学探索活动的开展进程，通过家长会等方式向家长讲解、宣传将要开展和正在开展的科学探索活动，加强家长的科学教育意识，如可以采用书面或口头形式的"请您配合""共同关注""家园共育"邀请函来引导家长参与和指导幼儿探索资料的搜集活动。

---

① 孙姝婷. 幼儿园利用家庭、社区资源进行科学教育的现状与建议 [J]. 幼儿教育（教育科学），2009（3）.

2. 家园联系册（亲子手册）

家园联系册是家园书面沟通的一个重要方式。这里所说的家园联系册更类似于一种有关科学探索活动方面的通信。它可以是独立的科学发现通信，也可以是综合家园联系册的一部分。无论是哪一种，其内容和作用都是相同的，即通过书面的形式，让家长了解幼儿园中与科学有关的活动。

家园联系册也可以通过"给家长的一封信"等方式来制作，如在每一个科学探索单元开始之前，教师给家长写一封信，向家长介绍相关的活动内容。

3. 家长助教

家长是幼儿科学学习的重要教育者，随着我国国民素质的整体提高，家长中的专业技术人员、经营管理人员和能工巧匠越来越多，因此，家长在幼儿科学教育中扮演教育者角色的可能性越来越高。

（1）邀请家长来幼儿园参加活动。尽管教师通常不会举办专门科学主题的亲子活动或开放日活动，但是在相当多的活动中都蕴含和渗透着科学教育的内容。教师邀请家长来幼儿园参加活动，有利于增强家长对幼儿科学教育的理解，提升他们的科学教育能力，因此，教师应该鼓励家长来园与幼儿共同进行科学探索。

（2）邀请家长来幼儿园担任教师。幼儿家长来自各行各业，有着丰富的背景、专长和兴趣，可以成为幼儿园科学教育的有益资源。如教师可以请作为医生、工程师、科学家的幼儿家长来园"给小朋友讲讲"或是"给小朋友上课"。幼儿对这类专业人员的讲解，通常会表现出非常浓厚的兴趣，听得也格外认真。由此，家长的专长既弥补了幼儿园教师在知识技能方面的欠缺，又为激发幼儿的科学探究兴趣和开展有关科学教育提供了支持。

4. 鼓励园外亲子活动

教师可以鼓励家长和幼儿一起进行科学小制作或小实验，如教师可以根据活动的需要，要求家长与孩子在家庭中进行一些科学小实验。这一方面有利于幼儿在家长的个别指导下对特定现象获得初步的感性认识和相关经验；另一方面，还可以解决幼儿园无法给每个孩子提供特定的探索和实验条件的困难。

请家长带幼儿外出参观游览社区中蕴涵着的丰富教育资源，尤其是科学教育资源。公园、动物园、博物馆、科技馆等各类场所既为幼儿所喜欢，又是幼儿接触自然、了解社会、探索世界的好去处。由于受到师资条件等方面的限制，教师常会根据主题活动的要求，建议家长带幼儿外出活动，如针对幼儿园开展的动物主题，教师可提醒家长有空带孩子到动物园参观。

鼓励家庭开展种植和饲养活动。和家长一起培育植物或饲养小动物，可以从小培养幼儿与自然和谐相处的意识，提高他们的观察能力。教师在进行有关动植物等方面的科学教育时，可以建议家长在家里与小朋友一起种植或饲养动植物，并进行相关记录。比如植物多长时间浇一次水，小动物都喜欢吃些什么等。

（五）提高家长参与科学教育的能力

多数教师将家长视为幼儿科学教育的"助手"，无论是请家长协助收集资料，还是邀请家长来园担任教师或助教，多以配合幼儿园活动为主，家长相对处于从属和服从的被动地位，"听候"教师的安排和调遣。这样的家园关系导致教师在利用家庭资源时，主要从自身工作角度来"指挥"家长，而不是更多地指导家长如何观察和理解幼儿的科学学习，如何为幼儿的探究行为提供行之有效的支持。

教师利用家庭资源受到家长对待科学教育的态度和科学教育能力的影响。目前家长普遍对科学教育缺乏重视，对自身科学教育能力认识不足，所以幼儿园和教师的指导对转变家长观念、提高家长参与科学教育的能力显得尤为重要。教师正确的指导可以帮助家长意识到自身所拥有的丰富的生活知识就是幼儿科学教育的重要内容，陪伴幼儿一起探索身边事物的奥秘正是在进行有意义的科学教育。当家长对幼儿园科学教育有了更多的了解和关注时，教师便更易获得和利用各类家庭资源，从而发挥家庭和幼儿园的教育合力。一般来说，教师对家长的有效指导包括以下几点。

（1）加深家长对幼儿科学教育的理解。如果父母要参与幼儿的科学教育，他们必须了解幼儿在学校做了什么。家长首先要了解幼儿园的科学教育，才能参与到其中。但仅仅是了解还不够，教师还应帮助家长理解幼儿科学教育的规律和幼儿科学学习的特点，这样才能从根本上提升家长的科学教育能力。教师可以通过发放书面资料、讲座、活动观摩、亲子活动、家长讨论会等多种形式，让家长通过理论学习与实践感受相结合的方式，获得对幼儿科学教育重要性、幼儿科学教育规律和方法的理解，从而为家园共同开展科学教育打下坚实的基础。

（2）为家庭开展科学活动提供有力支持。家长不是专业的幼儿教师，对幼儿教育的规律不了解，没有掌握幼儿教育的理论与技能，也缺乏充分的时间和精力与幼儿一起进行科学探究。教师利用家庭开展科学教育活动时，应考虑大多数幼儿家庭的实际情况，并提供相应的支持。

（3）提供成套的科学工具或相关活动材料。国外有研究者指出，教师为幼儿提供那些能够带回家的成套科学工具，是鼓励家长、监护人以及其他主要照料者帮助幼儿在家中继续开展科学探索活动的极佳方法。教师提供成套的科学工具或相关活动材料，有利于家庭科学活动的开展。我国幼儿园一些教师开始使用的记录表、问卷表就是一种有益的活动材料，这类调查表为家庭科学活动提供了有针对性的指导。一份设计良好的调查表，应该包括活动的简要说明、相关科学背景知识介绍、家长对幼儿指导的要点，以及调查或实验结果记录格式，同时还应该给家长反馈的机会。

（4）请家长带幼儿外出参观游览。这是教师较多采用的方式之一，教师也应为此类活动做好支持和指导工作。比如幼儿园正在开展动物的主题活动，教师希望家长能够利用闲暇时间带幼儿去动物园参观，那么以下信息教师都应尽量向家长提供：动物园的地址和交通信息、动物园的开放时间和收费情况、动物园内的主要设施和场馆、教师希望幼儿获得的主要经验、家长应给予幼儿的指导，最好再提供相应的记录表格，以指导家长和幼儿有的放矢地观察和记录。教师做的指导和支持越充分，活动越有价值。教师的指导一方面使家长得到了相关活动信息和建议，提升了其参与科学教育的水平；另一方面，也使家长感受到教师工作的细致，增强了家长与教师之间的情感联系。

📝 笔记

二、社区科学教育资源的开发与利用

（一）社区科学教育资源的独特意义

第一，丰富了幼儿的感性经验。运用社会资源既可以弥补幼儿园科学教育设备的不足，又可以使幼儿在社会大环境中亲自感受、体验，获得广泛的感性经验。幼儿期大量感性经验的获得，为维持幼儿对周围世界的兴趣和进一步的探究奠定了基础。

第二，培养幼儿的环保意识与行为。现代社会发展所带来的严峻环境问题，已经让我们意识到，环保教育必须从小开始。《纲要》提出：应该在幼儿生活经验的基础上，帮助他们了解自然、环境与人类生活的关系，并从身边的小事入手，培养幼儿初步的环保意识和行为。

第三，发展幼儿的表达交流能力。教师在利用社区资源开展科学教育活动时，应该鼓励幼儿向他人提问或与他人交流。教师鼓励幼儿与他人互动，一方面能让幼儿获得更多科学经验和学习机会；另一方面也能培养幼儿的表达交流能力。利用社区资源提升幼儿的综合素质，反映出了主题教育背景下，教师对幼儿整体学习的关注。

（二）社区科学教育资源的种类

社区中蕴含着丰富的科学教育资源，社区的物质资源、人力资源都可以为幼儿园开展科学教育所用。社区物质资源和人力资源又包括许多方面，各个方面都有其独特性和优势。

1. 社区物质资源

（1）自然环境资源。自然环境包括气候、土地、山川、湖泊、森林等，尤其是幼儿园周边的自然环境是许多教师开展科学教育的重要资源。例如，教师带领幼儿在社区中感受天气和季节的变化，或是进行有关昆虫和植物的观察与探究活动，既简便易行，又能满足幼儿的兴趣与需要。

（2）设施资源。这类资源包括专业科技场馆（科技馆、昆虫馆、海洋馆、动物园、植物园、果园、现代农业园区等）、社会公共设施（体育场、公园、福利院、医院、菜市场等）、行政机构（居委会、科学教育协会、科学技术委员会）、公司、企业等。

大班科学活动——消防叔叔了不起
来源：上海学前教育网

2. 社区人力资源

社区中的专业人士，如各类科技人员、有一技之长的人士、各类特殊专家，以及从事各种职业的热心人士，甚至退休人员都是可以利用的人力资源。社区人力资源的开发和利用，不仅可以丰富幼儿和教师的科学知识，还能够为幼儿科学教育的开展提供物质材料、活动设计等方面的支持。将社区人员请进幼儿园，更是可以解决幼儿园外出活动安全、经费等方面的困难。幼儿园和相关部门应加强沟通和协作，充分发挥社区人力资源在幼儿科学教育方面的重要作用。

（三）如何利用社区资源进行科学教育活动

1. 利用社区资源进行科学教育活动的类型

幼儿园利用社区资源进行科学教育可以"走出去"参观游览，也可以将丰富的社区资源"请进来"开展科学活动。

（1）"走出去"活动类型。幼儿园利用社区资源进行的"走出去"科学教育活动有两种常见类型：①主题活动型，是指教师为配合主题活动的开展，利用社区资源进行的科学教育活动。利用社区资源可以为幼儿创设更为丰富的科学学习环境，从而提升幼儿的感性经验，激发其探索兴趣，满足其学习需求。②休闲娱乐型，是指教师利用幼儿园集体出游等休闲活动开展的与科学教育有关的活动。虽然这类活动的主题并非直接指向幼儿的科学学习，但教师所选择的游览地点却常常与幼儿科学教育有密切关系，往往会生成科学教育的相关活动。

（2）"请进来"活动类型。与"走出去"这一形式相比，幼儿园的"请进来"活动主要是利用社区的人力资源，而将社区物质资源"请进来"则相对比较麻烦。

2. 利用社区资源进行科学教育活动的方法

幼儿园利用社区资源开展科学教育活动需要做好各方面的准备、协调和组织工作。由于幼儿园"请进来"活动的开展比较容易组织，所以这里主要介绍"走出去"活动的实施办法。

（1）活动准备：主要是指确定活动主题、内容、形式，与社区方面做好沟通；确定活动时间、地点、人员分工、安全措施，联系交通工具、告知家长，对幼儿做好一些活动规则、要求的说明等。教师对活动开展有无计划、对社区资源与幼儿已有经验联系是否了解，直接影响教师在活动中能否有针对性和目的性地引导幼儿，为幼儿的探究活动提供有效支持。尤其是当教师和幼儿都处于新的环境中时，教师更需要做好全面细致的准备工作，才能有效应对各种突发状况和事件。

（2）活动执行：在活动过程中，教师首要的工作是维持秩序，时刻保证幼儿的安全。在安全和秩序得到保证的前提下，教师可以适当地指导幼儿开展科技活动。对那些需要进行介绍或讲解的活动，如果有专门的讲解人员，教师应该请他们来给幼儿讲解。为鼓励和调动幼儿的积极性，提高科技活动的有效性，教师在活动过程中应该对幼儿的行动给予及时的反馈。

（3）活动后期：与园内活动一样，活动后期教师应该对活动情况做出适当的总结，并对整个活动过程中幼儿的行动做出适当评价。户外活动对幼儿来讲通常是愉快和难忘的，在活动结束后，教师可以根据幼儿表现出的兴趣，通过一定形式，适当地进行活动延伸。

三、家庭中的幼儿科学活动举例

中班：家庭小制作——喷泉

活动目标：

1. 引导幼儿感受生活中的美好景观。

2. 培养幼儿观察生活现象的习惯与能力。

3. 培养幼儿的动手操作能力，让快乐操作与体验成就感成为幼儿生活的一部分。

活动准备：

塑料瓶若干个，水、针。

活动过程：

1. 家长带幼儿玩水，观看喷泉，激发幼儿活动兴趣。引导幼儿洗手时感受水的冲击力；带领幼儿观看喷泉，发现喷泉的远、近、高、低、弯、曲等差异现象，感受喷泉美景。

2. 让幼儿自由玩水（将水盛入空塑料瓶内，然后倒进、倒出）。

3. 家长引导幼儿回顾观看到的喷泉景象，并与幼儿一起想方设法尝试做出喷泉（边做边引导幼儿讲述操作过程）。

4. 通过改变瓶盖针孔的大小、手用力的大小，以及塑料瓶的方位，来改变喷泉水柱的远、近、高、低、弯、曲等状态（边做边引导幼儿讲述现象）。

5. 让幼儿自己制作喷泉（家长适当提供帮助）。

活动建议：

注意事项： 用针给瓶盖打孔应由成人完成，避免伤到幼儿。

活动延伸： 可引导幼儿用塑料瓶给小花小草喷水，以培养他们节约用水的意识。

活动分析：

幼儿期是人的自然意识萌发、习惯养成和思维能力发展的重要时期，在这个时期家长可以充分利用生活中的一些现象，激发幼儿的好奇心，帮助幼儿学会观察、思考和动手操作。这种观察实践活动既能让幼儿拥有快乐的生活，培养他们良好的观察习惯和细致、有条理、有耐心的个性品质，又发展了他们的思维能力和动手操作能力，使他们体验到了力、速度、角度、远、近、高、低、弯、曲等知识在生活中的实际应用。

笔记

思考与练习

1. 科学游戏活动有哪些独特的教育价值？
2. 设计科学游戏活动应该遵循哪些原则？
3. 科学游戏活动有哪些类型？
4. 请谈谈如何从生活中生成科学教育内容。
5. 家庭在幼儿科学教育中能发挥哪些作用？
6. 社区在幼儿科学教育中能发挥哪些作用？

技能实训

1. 请对下面的游戏——《小动物找家》进行加工设计，使之成为一项较完善的科学游戏活动。

小动物找家

活动目标：
通过游戏使幼儿熟悉各种动物的不同生活环境，进一步懂得保护小动物的生活环境。

活动准备：
各种小动物头饰若干，如鱼、鸭子、鸡、蝴蝶、蜜蜂、老虎、狮子、狐狸等。

活动过程：
1. 用积木或小椅子搭成几个不同的环境，如池塘、花丛、山洞、树林等。
2. 每个幼儿戴着一个动物头饰，平均分成两组，不但要考虑到人数的均等，还需考虑动物种类的相同。
3. 游戏开始，随着音乐声响起，"小动物"们开始在空地散步，音乐声一停（也可以老师喊"停"或吹哨子），"小动物"们赶快找到自己的"家"，没找到"家"的或找错"家"的小动物被罚下场。

活动规则：
1. 游戏结束，看哪组幼儿被罚下的人数多，罚下场少者为胜。
2. "小动物"若有一只脚进了"家"，不能算到"家"。

活动说明：
1. 此游戏适合中班和大班幼儿，教师可根据幼儿的不同年龄，选择不同的动物种类。
2. "小动物"的"家"也可在地上画若干个圆圈，每个圈内放一些标志，小朋友们能识别即可。

2. 请设计科学游戏活动《雨是怎么形成的》，并以此为题进行幼儿科学游戏模拟教学。

CHAPTER 7

幼儿科学教育评价

关键词

科学教育；教育评价；评价类型；评价方式

学习目标

1. 了解幼儿科学教育评价的内涵，理解幼儿科学教育评价的意义。
2. 掌握幼儿科学教育评价的类型与方式。

内容结构图

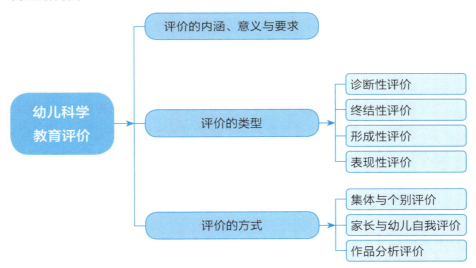

本章第一节介绍了幼儿科学教育评价的内涵、意义与要求，第二、第三节分别介绍了幼儿科学教育评价的类型与方式。本章的重点是使学习者形成正确的幼儿科学教育质量观，学会正确、全面、客观地评价幼儿的科学活动。

 问题导入

　　一位幼儿教师在中班开展"神奇的力"科学活动。她设计的活动目标是：引导幼儿发现由于地球引力的作用，各种物体在空中会自由下落；通过各种操作活动，使幼儿初步感知不同物体下落的速度不同；让幼儿尝试改变物体下落的速度，以发挥幼儿的创造力，培养幼儿的观察能力和动手能力。

> **问题**　对教师教学的评价是幼儿科学教育评价的重要内容。要提高科学教育的质量，就要求教师精心设计好每一项教育活动。你能否运用一定的评价方法对本案例的教学质量做出分析研究呢？

　　这位教师设计的活动过程如下。

　　1. 玩一玩，以引导幼儿感知物体自由下落的现象。

　　教师：今天老师准备了许多东西。请你们来玩一玩，把这些东西往上抛，看看会发现什么。

　　教师：你刚才抛的是什么玩具？你抛玩具的时候有什么感觉？它落下来的速度是什么样的？

　　教师：为什么物体都会往下落？

　　2. 比一比，以引导幼儿发现物体下落速度有快有慢。

　　（1）教师一手拿绣球，一手拿彩纸，提示幼儿在相同高度同时放手演示。

　　（2）教师引导幼儿任选两样物体使其同时下落，以发现物体下落速度有快有慢。

　　3. 做一做，启发幼儿探索改变物体下落速度的方法。

　　（1）教师出示两个相同的物体，启发幼儿想办法让它们以不同的速度落下来。

　　（2）幼儿尝试探索改变物体下落的速度。

　　（3）教师小结。

分析：

　　影响幼儿科学教育活动质量的因素有很多。例如，从教师方面来说，有教师的科学教育观念、科学文化素养、教学技能与教学艺术等；从物质因素来说，有幼儿园的内外环境、设施、幼儿家庭环境等；从幼儿园方面来说，有幼儿园的办园宗旨、管理水平、职员结构等等。另外，幼儿科学教育评价，也对幼儿科学教育起着检验、督促和导向的作用，科学的评价是高质量科学教育活动的保证。

　　幼儿科学教育评价是幼儿科学教育的一个重要组成部分，是保障与促进幼儿科学教育质量的重要手段。随着《幼儿园教育指导纲要（试行）》的颁布和实施，幼儿教育改革不断深入，一些新的教育观和教育方法已被运用到教育实践中。然而在这一实

践过程中，我们看到教师往往只注重结果，却没有考虑到幼儿之间存在的个体差异，往往采取统一标准要求幼儿。幼儿科学教育评价是为了更好地促进幼儿的认知发展，提高科学教育有效性所进行的一项重要活动，对幼儿科学教育活动的评价是整个教学工作中一项不容忽视的任务。开展幼儿科学活动质量评价，有助于教师更有效地开展教学活动，有助于整个幼儿科学教育的发展，有助于幼儿的个体发展。

笔记

第一节　幼儿科学教育评价的内涵、意义与要求

一、幼儿科学教育评价的内涵

幼儿科学教育评价，是依据儿童发展的相关理论、《幼儿园教育指导纲要（试行）》、已有的关于学前儿童科学教育的研究结果，以及对各国科学教育评价标准的参照来进行的对儿童科学能力与水平，以及科学教学过程与效果的评价，是幼儿教育质量评价体系的组成部分。幼儿科学教育评价实际上是对构成科学活动的诸要素进行的价值判断。课程专家施瓦布认为，构成幼儿园课程的要素有教师、学习者、教材和环境，评价者应以促进幼儿发展为目的，以科学活动的实施效果、教师的专业水平、幼儿园环境作为主要依据，来分析某一科学教育活动的实施是否有利于幼儿的身心发展，教师的干预是否有助于幼儿健康成长。在科学教育中，教师更关注的是与实践密切相关的部分，它从内容上分为两个方面：一是幼儿科学发展状况；二是幼儿园的科学教育活动。其中，幼儿科学发展状况的评价一般包括幼儿科学概念的生成情况、幼儿的科学思维与方法，以及幼儿的科学态度和情感等。幼儿科学教育活动的评价则包括对教育活动的目标、环境创设、活动过程及师幼互动活动效果的评价。

二、幼儿科学教育评价的意义

科学教育评价是为了更好地促进幼儿的科学认知发展、提高科学教育的有效性而进行的一项重要活动，其评价的目的、对象等内容对提高科学教育质量，促进科学教育活动的有效性起着重要作用。

（一）促进幼儿科学探索能力的发展

幼儿是活动的直接体验者、受益者，幼儿在学习科学时，能够体会快乐并形成积极的情感和态度。教师应通过观察、测验、记录、分析幼儿的科学探索过程，了解幼儿是否具备相应的学习准备及其个性差异，并及时予以指导。只有这样，教师的教学才更容易把握在幼儿的最近发展区内，以便更好地促进幼儿学习科学，并帮助他们形

成积极的态度和情感。

（二）提升教师专业水平

教学活动的实施要靠教师，教师是幼儿发展的促进者，教师在对科学活动中的诸要素做出价值判断时蕴含着对其道德、知识、技能等改善的期待。对科学活动的评价，有助于改善教师的实践行为。在评价过程中，教师会对幼儿身心发展的特点，幼儿科学能力发展的程度，幼儿各个年龄阶段的感知、操作、探索能力，以及幼儿对科学概念的掌握程度进行研究，这些都能够使教师在评价过程中提高自身的专业水平。

（三）提高幼儿园科学教育活动的质量

幼儿园科学教育活动质量的优劣与幼儿科学能力的发展有着直接关系。对科学活动做出价值判断无疑能够促进幼儿科学探索能力的更好发展；对科学活动的评价，可以帮教师改善活动方案，增强活动实效，提高幼儿园科学活动的质量。科学教育评价的主要作用可以概括为以下几个方面。

1. 鉴别作用

很多时候，我们都是为了鉴别而开展教育评价的。比如，一个幼儿园的教育质量是否达标？达到什么等级？这些都需要通过教育评价来回答。在科学教育活动中，也经常需要进行鉴别性的评价，如教师的教学质量如何，幼儿发展的状况如何，也都需要通过教育评价才能准确地获知。教育评价是为幼儿园、教师、幼儿贴"标签"的依据。通过教育评价，我们可以对教育活动的各个方面进行科学的鉴别。这里的鉴别包含两层含义：鉴定和区别。所谓鉴定，就是检查教育的各个要素是否达到了预定的目标，即检查教育目标实现的程度。教育是在一定的教育目标指引下进行的活动，而它最终是否达到了预定的目标，就需要通过教育评价来进行检查和鉴定。因此，教育评价是达到教育目标的保证。在教育活动评价的实践中，我们可以对教师进行评价，也可以对幼儿进行评价。针对不同对象的评价能够从不同的侧面反映教育目标达成的程度。如我们可以对某一次教育活动的结果进行评价，通过了解幼儿对某一内容的学习情况，来评价教育活动的效果。我们也可以通过对幼儿的评价，鉴定幼儿的发展水平，包括其发展的一般水平和个别差异。

在对评价对象进行鉴定的基础上，我们还可以对评价的对象进行一定的区别，即做出高低、优劣之分。这通常是在对不同的评价对象进行横向比较的基础上做出的相对的区分，比如，哪一位教师的教学效果更优，哪些幼儿的发展水平更高等。

2. 诊断作用

在当今的教育评价实践中，渐渐出现了一种淡化评价的选拔性功能，强调通过评价来诊断问题、改进教学、促进发展的趋向。也就是说，评价不局限于对教育活动的结果作横向的比较，而是面对整个教育活动的过程做动态的、纵向的比较，着眼的是于教育过程自身的完善和发展。这实际上是在强调教育评价的诊断作用。

教育评价的诊断作用，是指通过评价揭示、暴露教育过程中存在的问题，并根据一定的价值观对这些问题进行分析和诊断，以便教育者明确教育中存在的问题及其症结所在，并在下一阶段的教育中加以改进。比如，教师在进行某一内容的教学活动之前，需要先了解幼儿对相关知识的掌握情况，教师为此所开展的评价就具有诊断的作用。教师通过评价可以了解幼儿已经知道了什么，不知道什么，并根据评价的结果在教学中有的放矢，进行有针对性的活动设计与指导。

对幼儿的发展状况进行评价，同样具有诊断的意义。我们可以通过评价了解哪些幼儿发展得较好，哪些幼儿存在不足，以便进行个别教育；同时还可以了解幼儿的个别差异，因材施教。

3. 改进作用

从根本上说，教育评价的目的不在于鉴别或诊断，而是为了改进今后的工作。因为教育活动是一个循环往复、持续不断的过程，同时也是一个螺旋上升的过程，在每一个循环中，教育评价都起着总结和检查的作用，因此，可以说教育评价既是"终点"，同时也是新的循环的"起点"。换句话说，教育评价不仅能够鉴定教育的结果，还能为进一步确定教育目标和内容、及时调整教育过程提供依据，最终达到改进教育过程、促进幼儿发展的目的。在教育活动中，我们需要进行持续不断的评价，即根据教育目标，不断地对照实际的教育结果，找出教育活动偏离目标的程度，以便通过一定的改进措施更好地达成目标。评价能够使教师及时得到反馈的信息，以便调整教学策略，改进教育过程。比如，在教育过程中，幼儿会有各种言语、表情的反应，教师就可以通过这些信息进行评价，了解幼儿对学习内容是否理解，是否感兴趣等。同时教师还可以根据评价的结果，对幼儿理解有困难的内容进行具体的指导，运用各种方法调动幼儿的学习兴趣，以便获取更好的教学效果。

在教育活动结束后进行评价，虽然不能及时地改进教育效果，但也可以使相关人员在今后的教学中采取某些补救措施。对教师来说，教育评价反馈的信息还可以使其不断改进自己今后的教育、教学方式。

总之，我们要全面地看待教育评价的作用和意义。对于教师来说，不能仅仅把评价看成是鉴别儿童优劣的手段，而要通过评价更深入地了解儿童发展的年龄特点和个体差异，做到因材施教；也不能仅仅把评价看成是对自己教学的检查，而要通过评价找到问题的症结，以利反思和改进教学。

三、幼儿科学教育评价的要求

在科学教育活动评价中，教师要协调处理好科学教育活动方案、科学教育活动实施效果和幼儿在科学教育活动中的发展水平之间的关系。在科学教育活动方案评价中，教师要处理和协调好活动目标、活动内容、活动材料与环境、组织指导策略四个方面

笔记

之间的关系。在科学教育活动实施效果评价中，教师要处理和协调好幼儿的发展、过程中教师的指导、幼儿的表现及目标完成情况之间的关系。

在幼儿科学教育活动评价中，教师应注意以下几点要求。

1. 评价要经常化

幼儿园各种类型的科学活动是经常进行的，如教师组织的有计划的科学活动或随机的科学活动；幼儿在科学区等环境中进行的游戏活动等。因此，对科学教育活动的评价应该是教师经常性的工作，这既有利于教师自身的专业成长，又有利于教师及时调整教育目标，以便更好地促进幼儿的发展。

2. 评价要以促进幼儿的发展为目的

教师要用发展的眼光看待幼儿。教师的评价是要了解、判断幼儿当前的水平，并为进一步引导和促进幼儿的发展提供依据，而不是要判断幼儿智商的高低，给幼儿贴上、中、下或好、中、差的标签。

3. 评价要接纳和尊重差异

每一个幼儿都有自己的特点，幼儿之间有很大的个体差异，而且年龄越小，差异越大。他们发展的优势领域、发展的起点、发展的速度和最终达到的发展水平都有很大的差异；他们的学习兴趣、思维特点和学习方式也各不相同。教师要尊重幼儿的这些差异，尽可能少地做横向比较，多做纵向比较，更多地看到他们在原有水平上的发展和进步。

4. 要结合真实具体的探究活动来评价幼儿的发展

长期以来，在幼儿园科学教育实践中，教师使用最多的是根据评价功能和运行时间划分的评价方式，即诊断性评价和终结性评价。教师往往注重在学期初为了解幼儿的基础水平而进行的诊断性评价和学期末为了解幼儿本学期的发展水平所进行的终结性评价。但是，对于幼儿在科学探究方面的发展进程了解较少，对于幼儿在每次探究活动中获得了什么发展和如何获得发展的重视程度不够。因此，评价者必须树立发展性、全面性、科学性的评价观，学会关注并评价幼儿在自发的个别与小组活动和教师组织的集体与小组活动中表现出的科学探究能力和科学精神品质，通过自然观察幼儿的行为、倾听幼儿的自言自语和同伴间的交流，通过与幼儿的交谈与询问等多种方式，全面了解幼儿的发展状况，从而有效地促进教师自身和幼儿的发展。

笔记

第二节 幼儿科学教育评价的类型

一、 按照评价的对象和内容划分

按照评价的对象和内容划分，科学教育活动评价主要分为两种类型：一种是幼儿发展评价，另一种是教学评价。尽管幼儿科学教育活动的评价总是要关注教师和幼儿两方面，但有时我们出于不同的需要，会将评价的焦点集中于不同的方面。例如，在幼儿发展评价中，评价的焦点在于幼儿的发展状况，包括幼儿发展的总体水平以及个体差异，而不太关注实际的教学过程。而在教学评价中，评价的焦点在于教学的过程，尤其是教师与幼儿的互动状况，以及教师的教如何促进幼儿的综合发展。

1. 幼儿发展评价

幼儿发展评价常常被运用于各种情形中。为了了解教学活动特别是长期教学活动的效果，我们可以对幼儿的发展状况进行评价，并对教学活动前后幼儿的发展状况进行对比，以此证明教学活动的作用。此外，教师在开展教学工作时，为了了解幼儿是否具有相应的学习准备，也要对幼儿的发展状况进行一个诊断性的评价，以便将自己的教学建立在幼儿已有的发展水平基础之上。幼儿发展评价还能让我们对幼儿发展的个别差异有所了解，帮助教师真正做到"因材施教"。在具体的评价实践中，既有针对幼儿发展进行的全面、整体性的评价，也有针对个别幼儿和具体情境的随机性评价。

2. 教学评价

教学评价常常会结合具体的教学活动来进行，其目的是及时了解教学的效果，帮助教师改进教学。教学评价既可以是对一次教学活动的评价，也可以是对一段时期教学活动的评价；既可以在教学活动过程之中同步进行，也可以在教学活动结束之后进行。

由于幼儿发展评价和教学评价关注的焦点不同，其评价的方式和手段也有所不同。在幼儿发展评价中，我们为了了解幼儿发展的一般和真实情况，排除教学因素（主要指短期教学）对评价结果的影响，就常常要有意回避教学中涉及的一些内容。而在教学评价中则不必过多考虑这一因素，我们可以采用和教学内容相类似的问题对幼儿进行评价，有时甚至也可以直接用教学的内容进行评价，以了解幼儿对教学内容的掌握、巩固和迁移程度。在进行幼儿发展评价时，短期的教学有时会掩盖幼儿的真实发展水平，如果我们要对幼儿的发展水平进行评价，就必须考虑到这一影响因素并加以规避。而在教学评价中，评价者的初衷就是为了了解幼儿对教师教学内容的理解和掌握程度，也就不必有意规避该因素。

在评价实践中，幼儿发展评价和教学评价是可以相互印证的，为幼儿的发展状况能够反映出教师的教学情况，而教师的教学情况也往往暗示了幼儿的学习结果。因此，它们只是从两个不同的方面来进行评价，其评价的结果也是从两个不同的侧面反映了幼儿科学教育活动的情况。

不过，我们也应该看到，教育过程是一个相当复杂的过程。幼儿发展评价和教师教学评价的结果虽然可以相互印证，但是二者之间也会出现不一致。也就是说，幼儿在评价中表现出较高的发展水平未必就是一次或几次教育活动的直接结果，它有赖于长期的教育影响，甚至受制于其自然的成熟过程和个人的生活经验；同样，一位教师教得不错，也未必就立竿见影地表现为幼儿发展水平的提高，尤其是可见的行为变化。因此，这就要求我们在进行幼儿科学教育活动评价时，既要从不同的角度进行评价，将不同的评价结果相互印证，也要慎重地对待评价结果，避免片面的解释。

二、按照评价的时段和功能划分

根据教育评价的不同功能，以及它们的运行时段，可以把幼儿科学教育活动的评价分为四种类型：诊断性评价、终结性评价、形成性评价和表现性评价。

1. 诊断性评价

诊断性评价是指在某项教学活动开始之前对学生的知识、技能和情感等状况进行的预测。通过这种预测，教师可以了解学生的知识基础和准备状况，以判断他们是否具备实现当前课程目标所要求的条件，为实现因材施教提供依据。幼儿科学领域课程目标实现的诊断性评价主要是为了了解幼儿的需求与初始想法，以便更好地支持幼儿的探究活动，丰富幼儿的原有认识，促进课程目标的有效实现。

幼儿原有的认识和经验是我们判断课程目标是否实现的主要依据，了解他们以前的所思所想，然后比对他们活动完成后的想法，我们就可以明白这节活动是否完成了预定的目标。幼儿对于活动的理解程度跟他们原先的经验有着很大的联系，而诊断性评价能够对评价对象的学习准备程度做出鉴定，这不仅为课程目标的最终实现提供了参考依据，也有利于教师及时改进教学计划，采取相应措施顺利、有效实现课程目标。

运用诊断性评价时要注意幼儿个别差异的诊断。因为，虽然每个年龄阶段的幼儿在科学能力发展上有相似的思维特征，但也具备明显的个体差异，这些差异可能来自先天的遗传，也可能来自后天的教育，且在小班表现得较明显。所以，对幼儿科学发展水平的了解有助于教师制定出有针对性的教育计划，确定科学教育活动的教育重点；有助于教师实施因材施教，针对不同幼儿的具体特点进行个别教育。

2. 终结性评价

终结性评价一般是在教学活动告一段落后，为了解课程目标实现的最终效果而进行的评价。这种评价方式主要是检验学生的学业是否最终达到了各科课程目标的要求，以便对学生进行全面的了解，为新的学习活动计划的制定提供依据。幼儿科学领域课程目标实现的终结性评价主要是了解幼儿的学习结果，了解幼儿获得的新经验和达到的新水平，并将此作为制定下一步学习、活动计划的依据。对于教师来说，通过审视活动过程中出现的问题，以及活动结果的不足之处，可以为自己的教学改进提供有益的反馈。

笔记

例如，在《神奇的纸杯》教学活动一开始，教师拿出一些纸杯，并问："大家知道纸杯有什么用途吗？"幼儿们回答："喝水的"。教师又说："老师要请小朋友用这些杯子来玩'纸杯运水'的游戏，谁想参加？"幼儿纷纷举起小手，要求参加游戏活动。然后教师把小朋友分成男孩队和女孩队，每人先拿一个杯子在水桶后站好。教师接着说："当老师喊'开始'时，小朋友就拿杯子去装水，然后再运到对面的盆子里面。我们来比比看，哪队的小朋友能最先将盆子装满水。"但是在运水游戏过程中，有的幼儿把水喝了，有的幼儿不小心将水洒在了地面上。最后，在老师问"为什么男孩队没有女孩队装的水多"时，小朋友争抢着回答："小朋把水喝了""李强用水洗手了""罗意的杯子漏水"。

课后，这位教师在课堂反思笔记中写道：这节课在幼儿取水、倒水的环节没有组织好，事先也没想到有小朋友会把水喝了，有的还用水洗手了。这两个状况的出现影响了游戏的教学效果。这些经验教训我要及时吸取，避免在以后的活动中再犯类似错误。

终结性评价是针对教师（或幼儿）的活动结果进行的评价。它一般只关注结果，基本不涉及对过程的评价。终结性评价可以通过对幼儿的测评、调查来进行，也可以直接评价幼儿的作业或作品。

3. 形成性评价

形成性评价是在课程目标实施期间，评价者运用询问、观察等方法对幼儿是否掌握课程内容，教师创设的环境和提供的材料是否适宜，教育教学方法是否有效等进行评估的具体方法。幼儿科学领域课程目标实现的形成性评价，对于幼儿来说，主要是了解幼儿的学习过程、进展，以便给予幼儿及时而适宜的支持和帮助，顺利实现相应的目标；对于教师来说，就是对教师的教学环境创设是否适宜、提供的材料是否充分、教学方法的选择是否恰当进行评估，以便为教师及时发现问题进而改进教学提供依据。

在活动过程中，教师要十分重视幼儿的言语回答、面部表情及其活跃程度，这些对于教师评价幼儿是否弄懂了内容，是否对内容有兴趣，以及教师运用的方法是否适当都有着重要的作用。

例如，在《磁铁到底能吸起什么》的教学过程中，教师通过"磁铁具有与其他物体不同的特点，大家想不想知道"这一问题将幼儿的注意力吸引到这个话题上。但是，在让幼儿自己操作看磁铁能吸起哪些物体的实践过程中，有两位幼儿争夺了起来，还互相说着"这是我的，我先来"。教师过去一看，原来只有一块磁铁，而他们都想先来操作，教师便将自己手里的磁铁递给了其中一个幼儿，并说："取用东西时我们应互相谦让，不能互相争斗。"随后活动又按照先前的预想顺利进行并圆满完成了。

在上述案例中，我们可以看到，教师在课堂活动中对幼儿的动作、言语等进行了及时的观察和询问，并很快意识到了自己在材料准备上的不足，及时通过相应的策略保证了教学活动的有序进行，也保证了课程目标的最终实现。

4. 表现性评价

表现性评价即通过实地观察被测人的日常行为表现来进行评价。这类评价工具的开发和实施需要投入大量的时间和人力成本。表现性评价也叫替代性评价、真实性评价或"3P评价"（Performance，Portfolios，Products），它是一种要求学生在某个特定真实情境中完成一项任务，教师根据事先确定的评价标准对学生的表现或者作品进行评定，以确定学生学业成就的一种评价方法。这种评价方法围绕着具体的任务展开，强调情境的真实性（情境不是虚假或虚构的，但可以是虚拟真实的），要求评价对象开发出一种有形的产品或进行某种表现。

例如，有这样一个表现性任务："夏天到了，天气炎热。你一定喜欢喝凉的饮料吧！这里有三种装饮料的容器：纸杯、塑料杯、金属罐，如果要保持饮料的冰凉，你会选择哪种容器？请动手验证一下你的想法，并和大家交流。"这是一个具有很强任务性的现实问题，它营造了一种比较真实的生活情境。由于表现性任务和真实的生活情境比较接近，幼儿会对这种生活化的问题产生兴趣，从而更积极主动地投入到此类活动之中。

表现性评价是对幼儿在完成任务时的具体行为、表现的评价，因此必须事先确定评价的内容，并将它分解为构成表现成果的可观察的具体行为。成功实施表现性评价的关键，在于清楚、明晰地界定幼儿活动表现的评价标准。一个好的评价标准应该用具体、简练、易操作的目标术语描述出来。在制定评价标准时，我们可以借鉴以下几项行动策略。

（1）教师自己先实际操作一下，记录和研究自己的活动表现，以及任何可能出现的结果，并对它们做出评价。

（2）列出这些活动表现的重要方面，作为指导和评价幼儿活动表现的标准。

（3）按活动表现出现的顺序列出评价的标准，以便观察和判断。

（4）活动表现评价标准的数量指标不宜太多，一般限制在10~15项之间。

（5）尽可能采用可观察、可测量、可量化的幼儿行为和成果来界定表现性评价的标准，避免使用含糊不清的字眼。

实施幼儿表现性评价主要包括：确定表现性评价的内容和评估标准，设计合适的表现性任务，规划评分标准，编制评分量表，观察评价、恰当处理评价结果。

表7-1是依据表现性评价编制的幼儿科技制作活动能力与兴趣评价表。

表 7-1　幼儿科技制作活动能力与兴趣评价表

	不能完成（0分）	在教师帮助下完成（5分）	能独立完成（10分）	不感兴趣（0分）	兴趣一般（5分）	兴趣很浓（10分）
幼儿 1						
幼儿 2						
幼儿 3						
幼儿 4						
幼儿 5						
幼儿 6						

笔记

　　以上诊断性评价、终结性评价、形成性评价和表现性评价四种类型的评价，不仅运用的时段不同，在幼儿科学教育活动中所起的作用也不一样。诊断性评价的主要功能是诊断，即帮助教师在开展教育活动之前了解幼儿的发展水平和学习准备状况；终结性评价则更多地表现出鉴定和鉴别的功能；形成性评价关注的是整个科学探究的过程，也关注幼儿在探究过程中表现出来的情感、态度等，而不关注结论的正确与否，使评价更具现实意义；表现性评价能较好地评价幼儿的实际操作能力和解决问题的能力。在具体的评价方法上，有的比较正式，有的则不太正式。

　　幼儿科学教育活动的评价，只有在不同的时段对幼儿及时开展，并将评价的结果加以对照，才能追踪幼儿发展的全过程，看到幼儿发展的真实面貌。

三、按照评价的主体划分

　　评价主体可从专业性和内外部维度进行分类。所谓专业性，是指评价主体接受过系统的专业教育，掌握了较为系统的专业知识和技能。根据评价主体掌握专业知识的程度不同，可以把专业性分为三个层次，即专业性、半专业性和非专业性。专业性和非专业性分别指专业程度较高和较低的两端。半专业性指具有一定的专业知识和技能，但没有接受过专业训练，或掌握的专业知识、技能不够系统和全面。从这个角度看，专业团体和教师具有更多的专业性，政府管理人员和家长通常具有更多的半专业性，社会人员则具有非专业性的特征。

　　这里主要介绍内部和外部维度。所谓内部和外部是指评价主体是否直接、经常参与幼儿园的相关教育活动。从这个角度看，专业团体、教育行政人员和社会人员属于外部评价主体，教师、家长和幼儿属于内部评价主体。

　　外部评价通常是由专门的人员组织实施的。从外部来评价幼儿科学教育活动，往往能够获得比较客观、可信的结果，并且具有一定的可比性。例如，园长为了了解教师的教学情况，就要对教育活动进行评价，这就是一种外部评价。通过对不同班级之间的比较，园长还可以对不同教师的教学情况、教学效果进行比较客观的评价和鉴别。

尽管外部评价比较客观，但也有不足之处：由于评价者是外在于教育活动的观察者而没有参与到活动中，甚至对教育活动的过程一无所知而只是对活动的结果加以评价，容易导致评价信息的不完整。因为评价者是教育活动的"局外人"，往往不能亲历教师在特定教育情境下的感受，也无法体验幼儿自身的学习过程，其评价结果也就失去了一定的"真实性"。相反，在内部评价中，无论是教师评价还是幼儿评价，被评者就是评价者，这种"主观"的评价反而更能深入教育活动过程中，从而更好发挥评价工作的激励功能和改进功能。

教师在组织教学活动的过程中，不仅要考虑自己怎样教，也要了解幼儿怎样学，并且要根据幼儿学习的情况调整自己的教学策略，而这一切都离不开评价。教师自觉或不自觉地扮演着评价者的角色。

"反思型"教师的一个重要品质就是能够在教学过程中进行持续不断的评价，并根据评价结果及时改进教学。

在一次教学活动结束后，或者在一个阶段的教学结束以后，其他类型的教师也可以对自身的教学进行反思性的评价，这些评价活动都将成为教师改进自身教学的重要前提。由于"反思型"教师实现了评价实施者和教学实施者的统一，其评价的信息能够及时、完整地反馈到教学过程中，因此，"反思型"教师的评价便能更好地发挥其改进教学的功能。

内部评价不仅是指教师对自身教学的评价，还包括幼儿对自身学习过程和结果的评价。当代的教育评价实践越来越强调"多元评价"的观念，而"多元评价"的一个重要方面就是评价主体的多元化，尤其是要让幼儿参与到教育评价的过程中。幼儿作为教育活动的参与者，完全可能也应该参与到对教育活动的评价中。教师鼓励幼儿对自身和同伴的学习进行反思和评价，可以促使幼儿的学习更自主，同时促进幼儿与同伴之间的相互学习和交流。

除了在科学教育活动中展示和交流各自的学习成果之外，幼儿还可以在活动结束之后将各自的学习结果（如作业）展示出来，并和同伴交流。例如，在一次活动中，教师让每个幼儿尝试把一个长方形变成一个梯形。幼儿完成后，教师又让他们把自己变成的梯形都展示在白板上，引导他们比较自己和别人做的有什么不同。这实质上就是一种自我评价。幼儿的自我评价能够促进他们的反思性学习，同时也能激发幼儿的学习动机。

在幼儿科学教育活动的评价中，外部的评价和内部的评价各有其作用。这几种不同的评价之间是相互补充、相互印证的关系。而由不同主体、从不同角度进行评价得出的结果，则可以使评价者（包括教师、幼儿乃至局外人）对幼儿科学教育活动有更丰富、更全面的理解。

总之，对幼儿科学教育活动评价的分类，可以从不同的维度来进行，以上所做的各种分类，其目的就是使我们对幼儿科学教育活动的评价产生更为丰富的理解。

第三节　幼儿科学教育评价的方式

一、集体评价

　　集体评价是指教师把幼儿集中在一起进行讲评，这是幼儿科学教育活动中常用的一种评价方式。在集体教学活动中，教学评价也是一种重要的指导方式，具有多方面的功能：既可以对幼儿的学习结果做一个总结，又可以对幼儿的探索行为进行强化。在幼儿进行稍复杂或探索式的活动后，教师可进行集体评价，这样既可以面向全体幼儿，也为后面的活动环节做了铺垫。

　　教师的评价有多种方式，既有语言的评价，也有非语言的评价（如眼神、动作、语气等）。教师应充分利用这些评价方式，多开展积极的评价，即肯定和强化幼儿在活动中的好的行为，对于幼儿积极参与科学活动，专心探索、积极思考、勇于表达及其创造性的行为给予充分的鼓励，让幼儿体验到发现和成功的快乐，而不是简单地以幼儿答对了没有、是否遵守纪律等作为评价的标准。

二、相互评价

　　让幼儿以小组为单位进行评价活动，既有利于幼儿对活动的正确认知，也增加了幼儿间合作交流的机会，还可以帮助幼儿在相互评价的过程中发现问题，获得更多的操作经验。例如，大班科学活动《小刺猬》要求幼儿运用山芋和吸管做一只小刺猬，做好后教师又组织幼儿说说自己做的刺猬，也说说别的小朋友做的刺猬。评价对他们来说也充满了游戏性：他的刺猬长的刺最多！他刺猬的刺长得最结实！她做的刺猬眼睛大大的。他的刺猬没有尾巴！她做的刺猬只有一只眼睛等等。

　　这种评价方式也体现了专家提出的"同伴影响法"，即教师创造机会，鼓励幼儿在评价时相互讨论、相互介绍、相互启发、彼此交流，不断了解、学习同伴在活动中如何用自己的方法来解决困难与问题。相互评价打破了传统评价中教师言谈的呆板模式和严肃气氛，给幼儿保留了更多的活动和交流的自由。在观察类、实验操作类科学活动，以及科技小制作活动中常采用这种评价方式。

三、个别评价

　　个别评价是指教师针对个别能力较弱的幼儿进行单独的评价，体现了教学中关注幼儿的个别差异，让每个孩子都得到不同程度发展的宗旨。例如，在《制作拖把》的活动中，有的幼儿没有检测、比较材料的"吸水性"，就以塑料作为拖把头。教师发现后，轻轻对小朋友说，塑料也能吸水呀！这实际上就是教师对幼儿操作行为的否定性评价。

四、家长评价

家长是幼儿园的宝贵资源，幼儿教育的特殊性使得幼儿园很多活动都离不开家长的参与。在科学教育活动中，教师也可以充分利用这一资源，尤其是相对于班级幼儿人数特别多的幼儿园，科学活动的评价常常在课堂中来不及完成，这时教师可以利用家长资源，让家长对幼儿的操作进行初步评价，使幼儿对自己的操作活动有一个初步的认知，这样教师再评价时就可以节省很多时间。

五、即时评价

即时评价是指在教学活动过程中，教师根据幼儿操作的完成情况进行即时的评价。此时不需要集中幼儿，可由教师走到幼儿所在的位置上对幼儿的操作活动进行评价。当幼儿进行简单的操作活动或第二次纠错活动后，教师可进行即时评价。

教师在进行即时评价时要注意评价策略。肯定幼儿在探究学习和问题解决中付出的努力，可以帮助幼儿形成对科学的积极态度，从而提高其探究的兴趣，并促使他们继续努力发现更多的信息。认知研究表明，当幼儿是由于个体努力而非智力因素而受到成人表扬时，他们会更加关注工作的过程，会一直坚持完成任务。相反，当幼儿由于智力因素而受到表扬时，他们的探究动机和表现就会减弱。同时，他们的表现也不如那些由于努力而受到表扬的幼儿那样出色。面对一些有挑战性的、也许无法成功完成的任务，因智力因素受到表扬的幼儿就会避免参与，而当探究真的失败时，他们就很可能放弃活动。

当教师非常重视和强调幼儿的正确行为表现而非幼儿付出的努力时，他们很容易运用一些机械而又含糊的表扬来控制幼儿的行为，将幼儿固定在"任务"中。过多空洞的表扬会干扰幼儿对活动的自发兴趣，削弱幼儿的学习动机。为了得到教师的表扬，幼儿常把注意力都直接指向正确的行为表现而不是正在学习的事情上，从而失去了对活动本身的兴趣。美国教育家阿尔菲·科恩（Alfie Kohn）认为，过度表扬会刺激幼儿只是去追求表扬。他建议教师对幼儿取得的成就只给予简单的、非评价性的反馈意见。表 7-2 说明了机械的表扬与真正鼓励之间的不同。

表 7-2　机械的表扬与真正的鼓励

情境	机械的表扬	真正的鼓励
Amelia 检查她种在罐子里的小苗。她欢呼："我的幼苗长叶子了！"	"你真聪明！"	"你非常认真，发现了新长出的叶子。"

续表

情境	机械的表扬	真正的鼓励
Jake 使天平两端的重物得到平衡，他高兴地笑了。	"做得好！"	"让天平两端平衡，这太棒了。"
Nina 向大家汇报了昨天在家里做的实验，她用一种新的方法改变了光线的方向，结果成功了！	"你是一位超级科学家！"	"找到新方法来做实验，这真令人兴奋。快告诉我们你是怎样做的？"

六、作品分析评价

在幼儿科学小制作活动评价中，可以通过分析制作的作品间接了解他们的学习情况，从而做出评价。比如，在观察认识类科学活动中，观察记录是由幼儿以形象化的绘画、图表来表达他们对自然物、科学现象的观察结果的。它既是幼儿观察活动的一部分，也是一种表达的方式。通过对观察结果的记录、描述和交流，幼儿可以反省和评价自己得到的信息。幼儿的观察记录能反映出他们的观察水平及其对观察对象认识的正误，是重要的评价资料，教师通过对幼儿观察记录的分析，可以对幼儿的观察效果做出评价。作品分析法的主体一般是教师，但幼儿的作品展示还可以向局外人开放，以便使更多的人参与到对幼儿作品的评价之中。

七、幼儿自我评价

幼儿自评是指在操作活动结束后，幼儿在教师的引导下对自己的操作结果进行简单的评价。自我评价有利于帮助幼儿进行自我认知，充分发挥幼儿的主体性，提高幼儿参与活动的积极性。

幼儿作为教育活动的参与者，完全可能也应该参与到对教育活动的评价中。教师鼓励幼儿对自身和同伴的学习进行反思和评价，可以促使幼儿的学习更自主，同时促进幼儿与同伴之间的相互学习和交流。例如，在《自制喷水壶》的活动中，幼儿观看了同伴的制作过程及作品后，教师引导他们比较自己的作品和别人的作品有什么不同，这实质上就是一种自我评价。幼儿的自我评价能促进幼儿的反思性学习，同时也能激励幼儿的学习动机。在这一教学过程中，教师扮演着引导者、支持者的角色，而幼儿扮演着学习者和评价者的双重角色，也就是说，幼儿通过自我评价来掌握学习内容。

幼儿自我评价更多地体现了评价主体的多元化。在自我评价活动中，幼儿既可以展示自己的作品，也可以欣赏自己的作品。

总之，教师必须坚持评价的科学性、有效性和可行性，要充分认识到评价在幼儿科学教育中的作用，不是为评价而评价，而是树立起"发展性评价"的观念，使之真正成为促进幼儿发展的手段。幼儿科学教育评价的方式还有很多，而评价的最终目的是要促进幼儿的进一步发展。因此，在评价中，教师要多关注、表扬幼儿在操作过程中的努力与点滴进步，从而激发幼儿的自信心，更好地发挥幼儿的主体性。

笔记

 思考与练习

1. 幼儿科学教育活动评价有哪些类型？
2. 幼儿科学教育活动评价有哪些方式？
3. 什么是诊断性评价？
4. 在制定表现性评价的标准时，有哪些可以借鉴的行动策略？

 技能实训

1. 认真阅读以下两张表格，并对这两张表格做出简要分析。

幼儿园区域活动评价表

园所：_____   班级：_____

项目	评价要素	评价 （反思与改进）
区角设置	能充分利用现有的空间设置区角，合理规划操作区、语言区、科学区、数学区、美工区、结构区等基本的活动区域	
	活动内容符合本年龄班幼儿的发展需要，与周教育重点或阶段目标相吻合	
材料投放	活动材料能物化教育目标，有益于激发幼儿的活动兴趣，启发幼儿思维	
	活动材料丰富多样，体现层次性、操作性、有效性和趣味性	
	针对幼儿实际及时调整更换	
	充分利用废旧物品及乡土资源制作活动材料，材料牢固、安全、卫生	
	材料摆放有序，便于幼儿取放	
教师观察与指导	引导幼儿共同制定区域活动相关规则	
	尊重幼儿对区域活动内容的选择，并给予适当的引导	
	观察分析幼儿活动，进行针对性指导	
	引导幼儿专注、持续地开展活动，培养幼儿良好的活动习惯和常规	
	为幼儿提供讨论、分享、交流的机会，帮助幼儿梳理和提升经验	
	根据活动开展情况，及时记录、反思、调整	

续表

项目	评价要素	评价 （反思与改进）
幼儿表现	自主选择区域活动内容，情绪愉快	
	正确操作材料，探究玩法，获得经验	
	有始有终完成某项活动	
	遇到困难尝试解决	
	遵守活动规则，不影响同伴活动	
	活动结束能将材料放回原处，协助老师整理场地，乐于分享经验	

评价者：_____　　　　　　　　时间：_____

幼儿园游戏活动评价表

序号	项目	评价内容	优 （10分）	良 （8分）	一般 （6分）	得分
1	游戏环境 与材料	创设有利于引发幼儿多种经验并支持幼儿与之互动的游戏环境				
		游戏环境符合本班幼儿的年龄特点、兴趣与需要，并保证创造性游戏的持续开展				
		材料丰富多样，具有层次性、开放性，有利于发展幼儿的想象力和创造力，能支持幼儿游戏活动的开展				
2	游戏 指导	尊重幼儿的意愿和想法，体现游戏的自主性				
		观察幼儿的表现，看到并理解幼儿的游戏行为，适时介入和指导				
		教师的指导具有引导性和启发性，支持游戏的进展。游戏过程体现教育整合的思想，帮助幼儿获得有益的经验				
		结合幼儿在游戏中的表现和各种问题进行适宜的评价，提升幼儿的经验，为下一次游戏做好必要的铺垫				

笔记

续表

序号	项目	评价内容	优（10分）	良（8分）	一般（6分）	得分
3	幼儿游戏水平	积极投入游戏，体现自主、自发性，不断丰富游戏情节，具有一定的想象力和创造力				
		有角色意识和规则意识				
		能在游戏中较好地体现合作意识和交往能力				
总评价			总分			

评价者：_____   时间：_____

2. 下面是某学前教育专业学生的一份见习听课记录表，请你将表中的"见习生对本节课不同的教学设计"和"综合评议"两项内容补充完整。

教育见习听课记录表

课程名称	神奇的指纹	听课时间	2018.5.18（10:00–10:30）
授课教师	×××	授课对象	大三班
授课章节	第十八章		
听课记录			

听课记录：

1. 课堂导入

（本课之前教师曾组织了艺术活动"有趣的手指画"，因此导入活动教师先让小朋友参观自己的手指画展，以激发幼儿的探索兴趣）

教师："小朋友们，我们一起来看看你们以前画的手指画好吗？"

（小朋友说好，幼儿观看手指画）

教师继续提问："你发现了什么？和我们平时画的画有什么不一样的地方？"

（孩子们都回答这些画是用手指印出来的）

2. 教师引导幼儿观察手指指纹，帮助小朋友了解指纹的外部特征。

教师提问："你有指纹吗？指纹在哪里？"

（小朋友回答指纹在手指肚上）

教师给每组小朋友用放大镜观察自己的指纹，或是用油印将指纹印到纸上进行观察，并鼓励幼儿将自己的指纹与同伴的指纹进行比较。

（教师巡场指导幼儿观察发现指纹的形状、数量不同）

教师：（1）"你的指纹是什么样的？"

（2）"你的每个手指的指纹都一样吗？"

（3）"你的指纹和别的小朋友的指纹一样吗？哪里不一样？"

教师小结：指纹的罗圈形状和数量都不同，每个人都有自己的指纹；它是每个人的特征之一。

续表

课程名称	神奇的指纹	听课时间	2018.5.18（10:00-10:30）
听课记录	3. 观看录像《黑猫警长》，了解指纹的用途。 教师："指纹有什么用呢？请大家观看《黑猫警长》录像，看完你就明白了。" （幼儿观看录像《黑猫警长》） 教师提问："黑猫警长是如何破案的？" （黑猫警长是通过罪犯留下的指纹找到罪犯的）		
见习生对本节课不同的教学设计			
综合评议			
	见习生：××× 日期：2018 年 5 月 18 日		

笔记

《幼儿科学教育与活动指导》试题库

参考文献

[1] 吴立岗. 教学的原理、模式和活动 [M]. 南宁：广西教育出版社，1998.

[2] 王志明. 学前儿童科学教育 [M]. 南京：南京师范大学出版社，2015.

[3] 张俊. 幼儿园科学教育 [M]. 北京：人民教育出版社，2004.

[4] 许卓娅. 幼儿多元能力实践操作手册（教师用书）[M]. 南昌：江西高校出版社，2015.

[5] 许琼华，李槐青. 幼儿科学教育 [M]. 西安：陕西师范大学出版总社有限公司，2015.

[6] 邱淑慧. 学前儿童科学教育与活动指导 [M]. 北京：教育科学出版社，2014.

[7] 教育部教育管理信息中心. 全国优秀幼儿科学教育活动课例评析 [M]. 重庆：西南师范大学出版社，2011.

[8] 刘占兰. 学前儿童科学教育 [M]. 北京：北京师范大学出版社，2008.

[9] 杨莉君. 幼儿园科学教育活动设计与指导 [M]. 长沙：湖南大学出版社，2014.

[10] 朱家雄. 幼儿园课程 [M]. 上海：华东师范大学出版社，2003.

[11] 彭琦凡. 3~6 岁幼儿科学探究的年龄特点及其引导 [J]. 学前教育研究，2010（12）：27–30.

[12] 刘云艳. 幼儿好奇心发展与教育促进研究 [D]. 重庆：西南师范大学，2004.

[13] 贾芳，刘晓燕. 基于因材施教指导下的学前儿童科学教学模式探究 [J]. 科技展望，2015（33）：133.

[14] 席小莉，袁爱玲. "儿童作为研究者"的兴起与发展 [J]. 学前教育研究，2013（4）：18–24.

[15] 许琼华. 陶行知幼儿科学教育思想述评 [J]. 教育探索，2009（1）：8–9.

[16] 席岳歆. 幼儿园科学集体教育活动中的儿童行为研究 [D]. 成都：四川师范大学，2010.

[17] 刘彤. 近代美国幼儿教育理论的形成与发展 [J]. 河北大学学报（哲学社会科学版），2001（4）.

[18] 张建伟，陈琦. 从认知主义到建构主义 [J]. 北京师范大学学报（社会科学版），1996（4）75–82.

[19] 崔景贵. 建构主义教育观述评 [J]. 现代教育科学，2002（5）：22–25.

[20] 杨兴国. 幼儿园科学领域课程目标研究 [D]. 重庆：西南大学，2011.

[21] 张维倩. 儿童科学学习的心理年龄特征研究综述 [J]. 学前教育研究，2007（1）：23–26.

[22] 王春燕. 儿童需要什么样的科学——对我国儿童科学教育价值取向的思考 [J]. 学前教育研究，2009（5）.

[23] 俞芳. 幼儿科学教育内容框架的分析与展望 [D]. 上海：华东师范大学，2010.

[24] 张军. 设计适合儿童的科学探究活动——以指南针一课为例 [J]. 小学科学（教师），2015（1）：11–11.

[25] 唐海燕. 优化幼儿园集体教学活动设计三步曲 [J]. 基础教育研究，2009（8）：63–64.

[26] 丁敏.让自然角成为幼儿探索科学奥秘的启蒙角——浅谈如何构建引发幼儿主动探究的自然角环境 [J]. 新校园（中旬刊），2015（12）：180-180.

[27] 甘甜.结构游戏在幼儿科学教育中的应用价值探究 [J]. 课程教育研究，2014（31）：9-10.

[28] 赵龚.幼儿多元智力评定量表常模的建立和评价 [D]. 太原：山西大学，2008.

[29] 刘慧.幼儿园科学教育的价值取向 [J]. 学前教育研究，2011（5）：64-66.

[30] 华中师范学院教科所.陶行知全集（第5卷）[M]. 长沙：湖南教育出版社，1985.

[31] 华中师范学院教科所.陶行知全集（第2卷）[M]. 长沙：湖南教育出版社，1985.

[32] 周升群.科学教育中幼儿的探索性行为研究 [D]. 重庆西南师范大学，2003.

[33] 韦钰，[加]罗威（P. Rowell）.探究式科学教育教学指导 [M]. 北京：教育科学出版社，2005.

版权声明

根据《中华人民共和国著作权法》的有关规定，特发布如下声明：

1. 本出版物刊登的所有内容（包括但不限于文字、二维码、版式设计等），未经本出版物作者书面授权，任何单位和个人不得以任何形式或任何手段使用。

2. 本出版物在编写过程中引用了相关资料与网络资源，在此向原著作权人表示衷心的感谢！由于诸多因素没能一一联系到原作者，如涉及版权等问题，恳请相关权利人及时与我们联系，以便支付稿酬。（联系电话：010-60206144；邮箱：2033489814@qq.com）